U0935284

汉字的世界

中国文化的原点【下】

[日]白川静 著
张浩 刘幸 译

后浪
四川人民出版社

卜文——受黍年

龟板卜文例。中间有一条缝线，称为千里缝，在其左右刻写卜文。其右方是“丙辰卜，贞，我受黍年”，左方是同样的“丙辰卜，㱿贞，我不受黍年。四月”。这是一个案例，表明这套刻辞是以右为肯定命题，以左为否定命题，对称地刻上去的。沿着这一刻辞，面向中间，左右均有“卜”形的细线驰走，这是灼烧了龟甲的内面，由此产生的龟裂之线。此外，在“卜”形的地方，还刻有从一到五的数字，左右均为五连卜，由此来判断吉凶。这块龟板，左边文字较多，乃是武丁时期的卜辞。

金文——秦公簋铭

这是仅有的一件春秋时期的秦器，不过其器制完整，上有细密连钩虺文，乃是典型的春秋末期的图案。铭文分刻在器盖上，共四百字。其文曰：

秦公曰：丕显朕皇祖，受天命鼏宅禹迹，十又二公，在帝之坯。严，恭夤天命，保业厥秦，虩事蛮夏。余虽小子穆穆，帅秉明德，剌剌超超，万民是敕。咸畜胤士，䢦䢦文武，镇静不廷，虔敬朕祀。作□宗彝，以卲皇祖，其严□各，以受纯鲁多釐。眉寿无疆，畯疐在天，高弘有庆，灶有四方。宜。

关于文中“十又二公”当从何者数起，众说纷纭，如果“虩事蛮夏”，乃是指哀公三十二年（公元前505年）成功救楚一事的话，那么这里指的就将是文公以后的十二公。秦国声名，远振中原，自穆公以来，便是以救楚一役为最，那么这件器物也被认为是为纪念此事所作。

该文是押韵的。另有一钟铭，文辞稍有差异，但大致相同。这乃是整齐穆茂之文。文字同所谓的秦篆比较相近，可以和石鼓文一样，视为秦篆的源流之一。秦在西周畿内，承接西周文化较多，其文字也可以说是西周后期文字的延续。文中重文之字，字形完全相同，看“秦、公、不、朕、皇、祖、受、天、命、在、严、以”这十二个字，可知当时使用了字范。

目　录

第七章　言灵崇拜 …… **1**

关于语言 …… 9

言部杂说 …… 14

祝祷文学 …… 24

金柜之书 …… 34

第八章　原始法的问题 …… **47**

“法”的原义 …… 53

古代的审判 …… 61

古代的刑罚 …… 76

修祓仪式 …… 83

第九章　神圣之地与祭祀场所…………………………… 91

高木神 …………………………………………………… 101

社的形态 ………………………………………………… 109

奠　基 …………………………………………………… 117

宗庙仪礼 ………………………………………………… 124

斋敬的少女 ……………………………………………… 133

第十章　生产与科技……………………………………… 143

生产的形态 ……………………………………………… 155

农耕仪式 ………………………………………………… 165

都邑的营建 ……………………………………………… 179

关于职能者 ……………………………………………… 188

第十一章　人生在世……………………………………… 199

家族关系 ………………………………………………… 211

感情与表现 ……………………………………………… 226

人体文字 ………………………………………………… 236

关于医术 ………………………………………………… 246

第十二章　生命的思想…………………………………… 253

寄物陈思 ……………………………………………… 261

寄托于衣 ……………………………………………… 274

死者之书 ……………………………………………… 281

真和僊 ………………………………………………… 291

参考文献…………………………………………………………… 301

后　记…………………………………………………………… 309

平凡社文库版后记………………………………………………… 312

译后记…………………………………………………………… 314

第七章

言灵崇拜

言◉ ◎

7–1

罰◎

7–2

干◎ 敔◎ 言系◉ ◎ 䜌◎

7–3

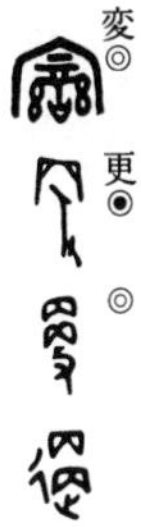

変◎ 更◉ ◎

7–4

苟·敬◉ ◎ 詣·稽◎ 旨◎

7–5

解

釆

番

7–6

擇

皋

7–7

行

行系

玄

幻

7–8

析

單

7–9

辞◎ 衙◎ 司（嗣）◉ ◎

乙◉ ◎

7–12

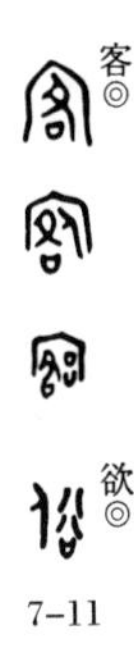

7–11

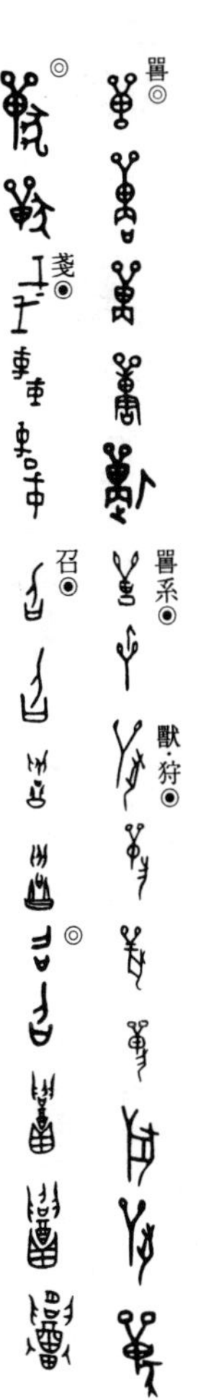

7–10

宕◎ 嚴◎ 厥◎ 敢◎

叩系◉ ◎

品◉ ◎ 喿◎ 㗊系◉ ◎ 囂◉

7–15

肇◎ 肈◎

肁◎

石◉ ◎

7–14

启◉ 啓◉ ◎

7–13

嚻◎

哀◎

句◉

◎

7-16

章◎

意◎

7-18

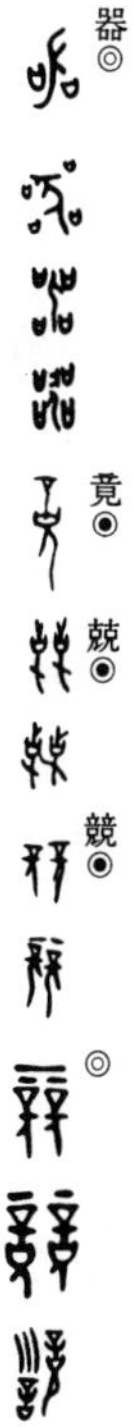

器◎

竟◉

兢◉

競◉

◎

7-17

占◉

卜◉

◎

固◉

7-19

关于语言

有人相信，肢体语言成熟后才有了语言。其实，肢体语言与语言相去甚远，它既无词汇，亦无语法。在人和人进行交流的时候，肢体语言固然能起到作用，然而倘若向神明祷告，肢体语言就很难充分派上用场了。人类的语言之所以能发展起来，正是因为语言是人类与神明交流的必要媒介。换言之，逻各斯（logos）与语言是共同孕育出来的。所谓“逻各斯即语言”，便是此意。自那以来的语言，便始终拥有一种神力。所谓语言，并非仅仅是某一单个的声音或某一串声音流，它是某种具有实体的存在。人们相信，若呼唤神明之名，可将某位神明请至身旁，若让逝者之名从自己嘴里说出，则有招致亡灵的危险。所谓“言灵招福”[①]，并不仅仅出现于古代日本，事实上，这种现象普遍存在于人类语言的产生进程之中。

可以说，语言是将内在之物外显化的产物。内在之物通过语

① 古代的日本人相信语言中有一股不可思议的力量，可立誓诅咒，也可招来幸福。日本又有“言灵招福之国（言霊の幸はふ国）”之称。——译者（本书注释如无特殊说明，均为译者注）

言实现客体化，这便是与自我发生了“分离”。这样，我们才能为之赋予形象，使之成为某种东西，这便是所谓“表达”。这种客体化之后的产物，便脱离了我们的管辖。

> 出言宜郑重，有似朝颜花，花开不过穗，隐恋深无涯。①
>
> 《万叶集》十·二二七五

如其所言，即便是我们最私密的爱情，也未必就是能诉诸语言之物。古代的日本人在悼念去世的贵族时所作的“祷文”亦是如此。为了悼念安积皇子②，大伴家持③在创作长歌（《万叶集》三·四七五）时以“欲道多威仪，欲言太严明”开篇，听闻讣告时则“忽然恶耗来，忽然狂言生”。④“狂言”表达了悲痛欲绝的作者希望噩耗不实的愿望。言灵又可占吉凶，故古人可行“言占”之事，中臣连⑤的先祖兴台产灵即占卜之神，被人们认为是掌管着言占的神明。正是因为承认语言有如此的功能，故而语言还可立誓。如《仁德纪·二二年》所言：“贵人立言有此说，诸弦备为绝间继，是以并置八田女。”⑥由于誓言是在神明面前所立，所以绝对不得

①《万叶集》，杨烈译，湖南人民出版社，1984年版，页438。

② 安积皇子（728—744），日本奈良时代的王室成员，圣武天皇的第二皇子。

③ 大伴家持（718—785），日本奈良时代著名政治家、诗人，和歌集《万叶集》的主要编者，也是该歌集收录作品最多的诗人。

④《万叶集》，杨烈译，湖南人民出版社，1984年版，页112。

⑤ 中臣连，日本神话传说里的神，日本古代近畿地区豪族中臣氏的祖先神。传说天儿屋根命大神是中臣连的祖神，也是后文提及的兴台产灵的亲神。

⑥ 舍人亲王敕撰，浦木裕注译《新编〈日本书纪〉·仁德纪·二二年》：“贵人间有着这样的约束，预备的弓弦是为了本弦断绝之时所储备，之所以并置八田皇女，也是考虑到万一你不在时而准备的啊。”

背弃。

关于言三上，《说文》曰："言，直言曰言，论难曰语。"这个字义符是"口"，声符是"辛"。辛三上，依《说文》，训辠（罪）[1]，表示罪愆之义，指"言出祸入""祸从口出"。然而立足甲骨卜辞、金文字形[2]，"言"字明显是以"辛"为义符，而"ㅂ"则多指收纳祭祀或起誓文书的容器，几乎没有被用来指人的嘴的用例。"辛"是用于执行墨刑的针状刑具。因此，有观点认为"言"指犯人的口供。不过，考虑到古人将言语视为神圣之物，故而此说不可能成立，不可能以犯人的口供来表示言语。在日本，"言"表示"言立て"，即誓言，指人在神明面前起誓，日后若言行不一，则须承受墨刑的惩罚，换言之，"言"表示一种自我盟誓的行为。古人一般是在会盟或诉讼时宣誓。《周礼·秋官·司盟》曰："有狱讼者，则使之盟诅。"《周礼·秋官·司约》曰："若有讼者，则珥（即一种清洗的仪礼）而辟藏（盟书）。其不信者服墨刑。"由此可见，古人对于立誓有着非常严格的规定。"言"这个字表示的是一种在神明面前起誓时的仪礼。

背誓当罰（罚）四下。《说文》曰："罰，辠之小者。""詈"和"刀"会意。"未以刀有所贼，但持刀骂詈，则应罚。"也就是说，"罚"虽然可以解作行使暴力和威逼他人之罪，但"罚"这个字并非指向犯人的恶行，而是指向犯人所承受的制裁。

周初有师旂鼎，其上记载师旂麾下有兵卒厌战，率兵者伯懋

---

①《说文》中另有"罪"字，为区别两字，本书引用《说文》时保留"辠"字字形。——编者

②《古文字诂林》（李圃编）引《甲骨文编》中"言"作"[illegible]"；引《金文编》所录"鬲比盨"中"言"作"[illegible]"。（《古文字诂林·第二册》，上海教育出版社，2000年版，页712。）

父命令这些厌战之人缴纳罚金，如不能缴纳，则将其流放。“罚”在这里就表示罚金之义。春秋列国时期的齐国有叔夷镈，其上记有“谏罚朕庶民，左右毋讳”。这里的“罚”则应表示训诫之义。然而，笔者依据字形，认为“罰”之本义应更具象征性，而非特指某种具体的惩罚行为。

“罰”，由在詈七下的基础上添加“刀”构成。《说文》：“詈，骂也。”“网”“言”会意，“网罪人”，许慎认为这个字表示逮捕之义，但笔者认为该字或许应该表示向人施加诅咒之义。“网”在“言”上，以遮盖表示立誓无效。古人在亡国神社之上加修屋顶，使之不再受到阳光照射，应当与之是同一个意思。此外，如《诗经·大雅·桑柔》的“覆背善詈”，也是表示一种违背盟誓的行为。“覆背”即改变心意。当时应该有一种诅咒的方法，对这样的人进行惩戒。“罰”字是在“詈”的基础上添加一个“刀”，表示通过用刀斩断骂詈之器，迫使诅咒失效。无论是出于攻击，还是出于防御，所有这类行为都是以一种象征性的方式进行的。这便是古代的祝咒之术。

与“罚”意思相同的还有罪七下。“罪”，依《说文》则本义为捕鱼竹网。捕捉鸟兽虫鱼当以罔罟，捉拿触犯刑律之人当以罪罟。罪，初文作辠十四下，《说文》曰：“辠，犯法也”，从“自”、从“辛”，“言辠人蹙鼻，苦辛之忧”，许慎认为该字表示犯人蹙着鼻子，表现出痛苦辛酸之貌。然而笔者认为，这个汉字表示用辛这种刑具，向犯人施以墨刑。有人认为，早先秦始皇不满“辠”与“皇”字形相近，遂为其新制“罪”这一形体。秦始皇大概是在一统汉字时进行的这一变动吧。对于一个想要将全部文字进行一番改变的实权者而言，这类肆意妄为之举并不少见。

“言”，指在与他人立誓或自我起誓时，向神明宣誓的话语。这是以此来宣扬自己的正当性，并向对手展现出攻击姿态。与其相对应的则是语三上，可以说，这个字表示的是具有防御性的话语。《说文》曰：“语，论也。”论三上：“议也。”议三上：“语也。”许慎在解释这些汉字时进行了循环递训。而“语”的本义则保留在吾三上这个字当中。也即是说，“吾”是“语”的亦声部分。《说文》曰：“吾，我自称也。”许慎认为它是第一人称代词，认为“五”是“吾”的声符。笔者认为，“吾”最初并不做第一人称代词，该义由假借而来，必然不是“吾”的本义。我们可以尝试将“吾”解作会意字。依《说文》，许慎认为“五”表示阴阳二气交互错综之貌，也有观点认为“五”指议论交错。然而在金文字形中，“吾”是由在“𠙵”的上方叠加“五”而构成的[①]。将重叠的“五”这一形体覆盖于“𠙵”之上，可以表示捍御祝告之义。可知，“吾”最初当读作“御”。

在金文中，有“干吾”这种将汉字连用的用法，这便是后世的“扞敔三下”。西周末年有师询簋，其上记有“率以乃友干吾王身”，又有毛公鼎，其上记有“以乃族干吾王身”，其中“干吾”都表示皇亲拱卫君王之义。“扞”表示持干（盾）防御，“吾”最初指保护祝告的咒能。“𠙵”，是祝告之器，表示保护它的汉字有“吉”“咸”“古”等，而表示割裂它、击破咒能的汉字则如前文所述，有“舍”“害”“昏”等（详见上卷第二章）。从构造上看，“吾”可归为前一类汉字，这一类汉字均是在“𠙵”上添加有宗教

---

①《古文字诂林》（李圃编）引《金文编》所录“毛公宝鼎”中“吾”作“[illegible]”。（《古文字诂林·第二册》，上海教育出版社，2000年版，页25。）

意味的兵器。倘若击打“吾”“古”，则有“敔”“故”，这两个字与“敃”“敲”等字相同，应该表示某些与咒术相关的行为。

“言”具有攻击性，“语”具有防御性，因此语言本身就具有了一对相对的属性。同时拥有两种属性的言灵，自“口合战”[①]“歌合战”开始，便成了先人的斗争工具。此类斗争行为多由巫职人员操控。巫言为诬三上，“诬”，依《说文》训“加言”，可能是由于巫之言多荒诞无稽的缘故。在日语中，“语言（ことば）”也被写作“こと”。所谓“こと”，既可以表示言辞，也可以表示特殊，指代不同的事物，但无论其所指为何，均读作乙类音[②]。“もの”与“こと”相对，泛指一般。据此而来，“そんなことがあるものか”（这种情况会有吗？）这句日语，表示的就是将特殊的情况，放入一般的情况中进行否定。语言拥有一种特殊性，即在语言最为紧张的地方，便是咒语最能发挥效用的地方。语言的发达，是因为它可以充当人类与神明交流的媒介，也正是因为相同的道理，人们才认为逻各斯与语言共同孕育。至于文字，则可以认为是将语言所拥有的功能，固定在字形之上的产物。

言部杂说

《说文·言部三上》共收字二百四十五，其中形声字居多。这当中被许慎认定为会意字的有十三字，如“訔”“信”“訇”“説

① 古代的日本人在战场上对峙时，为了鼓舞士气，全军会发出呐喊（鬨の声），希望从气势上压倒对方，此即“口合战”。此外，口合战也包括对敌人的谴责和辱骂。

② 奈良时代的日语较之于今天的日语有更为复杂的元音构成，区分为甲乙两类。

（说）”“計（计）”“設（设）”“譂”“訥（讷）”“䜌”“討（讨）”“謚（谥）”“譶”等。被许慎认定为亦声字的有五字，如“誂（诜）”“詔（诏）”“警”“誼”（谊）等。被许慎认定为省声字的有十字，如“譞”“訇”“詟”“讋（詟）”“訴（诉）”等。许慎将剩余的其他汉字均判断为形声字，但其中也包括声符表义的情况，如“謁（谒）”“許（许）”“諾（诺）”“誾（訚）”“謀（谋）”“誥（诰）”“話（话）”“謳（讴）”“評”“詣（诣）”“誣（诬）”“譖”“詪”“訟（讼）”“訶（诃）”“譴（谴）”“讓（让）”“詰（诘）”“譯（译）”等，这些汉字的本义暗藏于其声符之中，因此应视为亦声字。在《说文》中，被许慎判断为会意或亦声的汉字也不乏此类问题，六书之间的相互区分绝非易事。

前文所罗列出的汉字，本书在此选取数例，略作考析。䜌三上，《说文》曰：“䜌，乱也。一曰治也。一曰不绝也。”许慎列出三义，并认为“䜌”从“言”从“絲（丝）”，属会意字。但是，从“言”从“絲”的字形为何可以含有此三义，许慎并未讲明。根据《说文》“䜌”下所收录的重文来看，“䜌”的古文字形象三“糸”并置，并在其上下各添一“手”，其形体与“𤔔”颇为相似，故许慎可能因此误将“䜌”“𤔔”认作一字。在“䜌”的形体中，位居中间的“言”显然是最为核心的构成部分，其两侧的部分像是游丝状的咒饰，故“䜌”的字形表示在“言”上添加丝饰。这里提到的“丝饰”，可能与日本的“木棉幅条”[①]类似。天平五年[②]，日本向中国派出了遣唐使，一位母亲思念即将远赴他乡的儿子，遂诗

---

① 在日本，神龛前的常绿树枝或稻草绳上通常会悬挂木棉纸条（木綿四手，ゆふしで）。

② 天平是日本圣武天皇的第二个年号，天平五年即公元733年，时值唐玄宗开元二十一年。

曰:"……我独一子，亦比鹿侔；宿野枕草，征行遐游。我用穿竹，贯之珠玉；载斋缶酒，施之帛幅。以享神明，载祷载祝；我祈吾子，惟其有福。"[①]（《万叶集》九·一七九〇）如其所言，古代的日本人会将竹珠串起，缠木棉于其上，以向神明祈福。根据"䜌"的字形来看，古代的中国人在制作咒饰时可能选取麻作为原材料。这些都是基于这一字形而产生的想法。

"䜌"指咒祝祭器，以其为基础，新添"攴"则可能表示对祭器有所变更。變（变）三下，依《说文》训"更也"，其音与"䜌"不同，故"變"并非形声字。成书于六朝初期的《广雅》在《释诂三》中记载道:"變，䫏也。""䫏"，依《广雅》训"侮也"。由此可知，"䫏"与"攺"相似，其字形表示击打拥有咒灵的易（即蜥蜴）。本书认为，"變"字是在"䜌"的基础上添加"攴"构成，表示打碎含有咒能的祭器，从而有了改变其诅咒效力的含义。若如此推理，则"舍（舍）""害"应该指以咒祝文书为对象的诅咒仪式。《礼记·礼运》曰:"大夫死宗庙，谓之变。"《易·系辞传上》曰:"精气为物，游魂为变。"由此可知，"变"指的是异变。置䜌于宗庙之中为"𥨊"，散氏盘有"爽𥨊"之语，表示违背约定。古代的中国人置䜌于宗庙，正如日本古人用木棉幅条装饰酒罐，都是咒祝行为，或以变恶为善为目的。金文中记有"䜌旂"，指用鑾（銮）铃装饰的旗帜，古人在行军时持此旗以袪除邪灵。

此外，金文中又有"䜌夏"一语。这是蠻（蛮）十三上的初文。《说文》曰:"蠻，南蛮，蛇种。"认为其声符是"䜌"。在金

① 《万叶集精选》，钱稻孙译，中国友谊出版公司，1992年版，页165。

文中，“䜌方”“百䜌”等用法，均写作“䜌”，而非从“虫”。《诗经·小雅·角弓》在描述雨雪交加之后有言：“如蠻如髦，我是用忧。”可见，“蠻”指长发散乱之貌。“䜌”可能因为指咒饰众多的咒祝祭器，转而被用来表示乱发披肩的蛮族。

“变更”一语中的更三下，其形体的上半部分由二“丙”重叠构成，下半部分则由“攴”构成。“更”依《说文》训“改也”，许慎认为其声符是“丙”，但“丙”“更”读音并不相同，故而“更”可能也指某种咒祝仪式。“丙”可以表示摆放器物的台座，“商”“矞”从之，此外，“丙”的字形也象位于枪杖尾端、与地面接触的石突部分。因此，二“丙”重叠之形应象某种器物。“改”即毅改[①]，笔者认为，“变更”与其相同，也是一种以驱邪为目的，希望改变邪灵的咒祝仪式。

警三上，依《说文》训“戒也”，许慎认为“敬”亦声。“敬”在金文中的初文作“苟”，又作“苟”。苟九上，依《说文》训“自急敕也”，即自我警诫，其字形的上半部分是“羊”的省形，下半部分由“包”与“口”构成，表示谨慎言语之义。此字从“羊”，因而与“義（义）”“善”“美”等字表示相同的意思。《说文》的艸部一下中，另有“苟”字，训“加也”[②]，“苟”“苟”字形不同。此外，“苟”字形上方的部分与“羊”形体不同，该部分象巫女或其他巫职人员特有的发束。殷初有大保簋，其上记载有“大保克苟，亡譴”，表示恭敬的说法还有“敬夙夕”“敬雍”“敬德”“敬

---

① 毅改，一种古代的配饰，用以祛除鬼邪。

②《说文解字》，许慎著，中华书局，2013年版，页20。“苟，艸也。”白川静说“苟”字训“加”，未详出自何处，且按原文直译。

念”“敬明”“虔敬”“敬恭”等，但在这些字中，形体的下半部分多为跪坐之形。“令”象人跪受神意之形，“苟”与其相同，其字形象巫女跪受神托。在“苟”的基础上添加“攴”则为“敬”。加上这个表示打的“攴”，是对祝告进行殴打，从而祈求祝告成功之义。因此可知，“敬”的初文是“屰”“苟”，其本义是儆戒，随后人们在“敬”的基础上添加“言”，从而构成“警”。“警戒”的“戒”，其字形象双手将戈奉上，本书认为，“警”是以祝告为对象的诅咒仪式，所谓“警戒”，便是以兵器保护该仪式。敬九上，依《说文》训“肃也”，许慎认为这是一个“攴”“苟”的会意字，但并未讲解具体的会意理据。若“屰”“苟”形义不明，则由其构成的一系列汉字都难以得到合理的解释。“警”指对祝告行为进行保护，察七下是通过在祖庙中举行祭祀以求洞察神意，这两个汉字均与神明息息相关，与律法则难以产生联系。倘若只斤斤计较于律法的细枝末节，是难以通达于神明的旨意的。

詣三上依《说文》训“候至也”，该训释不甚明了。段注曰：“节候所至也”，“凡谨畏精微深造以道而至曰诣。”段玉裁认为，“詣”有造诣之义，但该字的原义并不应如此精深微妙。许慎认为“詣”的声符是“旨”。旨三上，《说文》曰：“美也。从甘，匕声。”由是可知，“詣”“旨”读音并不一致。稽六下，依《说文》训“留止也”，许慎认为该字亦以“旨”为声符。本书认为，“旨”有“脂”“詣”两种读音，“稽”与“嵇”均应以“禾”为声符，“旨”当为“稽”之义符。“詣”字所含的“旨”，与“脂”字所含的“旨”相比，二者声义可能完全不同。换言之，“詣”与“召”相同，都是将神明召至身边的祝告行为，表示该义的“旨”即“詣”

的初文。构成“脂”的“旨”则象用小刀或汤匙从食器中获取食物，因此可以表示美味可口之义。这里就出现了一字两声的情况，两个汉字在意义上没有关联，最初的构造也不相同。

“拜手䭫首”一语多见于金文，这是答谢天子隆恩的拜礼。其中的“䭫”应是“诣”“稽”的初文。“旨”指一种祝告行为，表示神明自天而降。在“旨”的基础上新添“言”则有繁文“詣”，故而“詣”有至、到之义。“䭫”表示拜迎自天而降的神明。“頁（页）”表示举行仪礼时人表现出的礼貌。因此“䭫”可表示䭫首之义。其后“旨”的音义被遗忘，人们在其基础上新添声符“禾尤”，乃有“稽”。《尚书·尧典第一》的篇首有“曰若稽古（‘稽古’指阅读古籍）”，该文献所使用的“稽”字，究其形义，已非古时产物，故而此处或有伪作古书之嫌。

譯三上，《说文》曰：“传译四夷之言者。”许慎认为这是一个以“言”为义符、以“睪”为声符的形声字。虽然是形声字，但若从声义关系上看，“睪”应该是亦声部分。睪十下的上半部分是“目”，下半部分是“幸”，其字形象套在手上的枷锁，故《说文系传》中将“睪”解释为“司视也”，“令吏将目捕罪人也”，其言甚是牵强。段玉裁在注解时，认为“睪”表示官吏用标记捕捉犯人，并援引《后汉书》中虞诩的事迹为例，“虞诩令能缝者傭作贼衣，以采线缝贼裾”，即安排裁缝暗中为贼作衣，通过在衣襟上缝入彩线为标记，最终轻易地捕获了贼人，这便是一个利用眼线的实例。此外，“幸”与皋十下的字形颇为相似，故而“九澤”“九皋”可以表示相同的含义。有人认为，“睪”与“幸”同出一源，但二字最初的字形均难以追溯。

“睪”的上半部分并不是指眼睛，而是兽头，下半部分的“幸”或“幸”则像是野兽摊开的四肢，整个字形象野兽的尸体之形。究其原因，对于远古先民而言，目睹野兽暴尸野外可能是极其稀松平常的事情。肢解野兽尸骸则为殬四下。《说文》训“殬”为“败也”，认为其声符是“睪”。“歺”，依《说文》训“列骨之残也，从半冎”，即残骨，因此“殬”应指被肢解的野兽尸骸。《尚书·洪范》曰“彝伦攸斁”，“殬”在这里用作引申义，其字形也作“斁”，表示以击打的方式分释骨肉。釋（释）二上，依《说文》训“解也”。解四下，其字形是在“牛”“角”的基础上添加“刀”构成，表示用刀切取牛角之义。“釋”从“采”。采二上依《说文》训“辨别也”，许慎认为其字形象野兽之爪。番二上的字形中包含“采”这一部分，《说文》曰“兽足谓之番”，故兽肉谓之“膰”。《国语·楚语下》称熊掌为“熊膰”。所谓“释”，即表示以野兽的利爪切分兽尸。自野兽尸骸上割取兽肉，谓之擇（择）十二上。野兽尸骸的肉块连属不绝，谓之繹（绎）十三上。《说文》训“繹”为“抽丝也”，即用丝线来表现络绎相连的状态。“驛（驿）亭”之“驛”亦是同理。从“睪”的汉字均继承“睪”的声义，其义均源自连属兽尸。“譯”“解”“釋”均出自同一系统。

“譯”，《说文》曰：“传译四夷之言者。”该训释便继承了“睪”的声义。《周礼·秋官》记载了“象胥”这一官职名，该官员负责迎接来自蛮、夷、闽、貉、戎、狄等国的使者，翻译其语言。虽说通夷狄之言者为“象”，但根据《礼记·王制》记载，译者的名称根据语言所处方位的变化而有所区别：东方曰“寄”，南方曰“象”，西方曰“狄鞮”，北方曰“译”。《国语·周语》中记载有

“舌人”这一官职名，该官员的职务也是负责传译。在日本古代则设有“をさ（訳語）”这一官职，担任该职的人基本都是迁居日本的移民。在和歌中有“ことさへぐ（言喧ぐ）、から”这一枕词[①]，从此可见，异邦之语在当时便已不乏受众。常人难以察觉到外族语言所持有的言灵咒能，故而时常轻视之。

与“罜”相同，皋十下也象暴尸之形。《说文》曰：“皋，气皋白之进也。”即雾气皞白。许慎认为顥（颢）九上与其义近，《说文》训“颢”为“白貌”。本书认为，在“皋”的字形中，“白”这一部分表示兽尸之头，“皋”与“罜”形义相近。罜主要强调的是殬败，皋主要强调的是皋白。总而言之，这两个汉字都可以指暴露在野外的兽尸。

野兽尸骸暴露野外的状态谓之暴七上。《说文》训“暴”为“晞也”，许慎认为从“日”“出”“収”“米”四字会意，表示曝晒谷米之义，本书则认为“日”下的部分应是饱经风雨摧残的野兽尸骸之形。“罜”“皋”“暴”这三个汉字，分别表现了野兽尸骸的多种形态。所谓“暴虐”，便是以残忍的手段置对方于死地，其中虐五上的字形即可表示虎爪伤人。《礼记·檀弓上》[②]记载了孔子的一句话：“苛政猛于虎也。”其中，“苛政”指统治阶级的重税压迫。

暴露荒野，活力尽失谓之霏十一下。《说文》训“霏”为“雨濡

① 枕词，亦称垫词、冠词，是日本和歌特有的一种修辞方法。与汉语相比，日语的声调是高低型，声调的强弱变化差别较小，音节结构相对简单，因此其诗歌相对缺乏抑扬顿挫的乐感。枕词多由5个音节构成，用在特定的被修饰词之前，能够起到调整音调的作用。根据《万叶集》等和歌语料来看，文中所列举的枕词“言喧く、から”可以修饰“唐”“韓”“百済”，作者据此判断当时汉语、韩语已传入日本。

② 此语出自《礼记·檀弓下》，此处当属误记。

革也”，笔者认为这个字是“霸”的初文。霸七上,《说文》曰:“月始生，霸然也。”月色之白谓之“霸”，头盖骨之白谓之“白”,“皋”从“白”。“暴”与“霍”这两个汉字均指饱受日晒风雨的野兽尸骸。

“译”表示传译,“谚”依《说文》则训作“传言也”。《国语·越语下》韦昭注曰:“谚，俗之善语。”此处应是古义。在日语中，与之相应的是“ことわざ(諺)”，指自古流传民间的那些具有讽刺、规诫、趣味等内容的简洁语句。这些拥有咒能的语句可见于《常陆国风土记》的序词部分。例如:

> 国俗谚曰“筑波岳黑云挂，衣袖渍国”是也。
>
> 风俗谚曰“白远新治之国”是也。
>
> 风俗谚曰“水依茨城之国”是也。

由是可见，古人将谚语用作平息地灵的颂赞之辞，并且在其中多用序词。无论是序词还是枕词，其最初的成立理据大抵如是。

《说文·行部》收有衙二下，训曰:“行且卖也。”许慎将其判断为会意字，表示以欺诈方式将质量不佳的物品售出的行为。后作“衒”字，“衒鬻”指推销叫卖。《越绝书》曰:“衒女不贞，衒士不信。”如其所言，本书并不认为“衙”与“衒”的本义是叫卖。道路之上亦会被施加种种的诅咒,“述”①与“術”②即利用动物的灵

①《常用字解》:“‘朮’为持有灵力之兽。‘述’义示在道路上用此兽占卜，决定军队是否应该前进。据此，‘述’有了依从占卜结果之义。”(《常用字解》，白川静著，苏冰译，九州出版社，2010年版，页206。)

②《常用字解》:“‘行’为大路的交叉路口。十字路口为各种灵来来往往之处，此处举行各种巫术活动。……‘述’、‘遂’，都属于巫术。此种巫术、技艺称‘術’。”(同上，页207。)

力进行诅咒。“衙”可能也是指某种在道路上举行的诅咒行为，其目的可能是为了眩惑他人。有时，神灵也会附着他物并发声，这或许就是所谓的“ことわざ（諺）”吧。

《楚辞·天问》中歌颂了大量与传承相关的神话，例如“妖夫曳衒，何号于市”。翻阅《国语·郑语》可知，周宣王时期，童谣盛行，曾有“檿弧箕服（桑木制成的弓与竹木制成的箭袋），实亡周国”那样匪夷所思的预言。随后，一对夫妇便因从事童谣中所描述的买卖而惨遭杀戮。所谓“衒”，可能指的就是那些被神明凭依的男男女女，癫狂地走上闹市中高声喊出的那些言论。“行”指大路的交叉路口，“衒”既可以指那些发生在路口且具有蛊惑力的行为，也可以指陷入了癫狂的巫职人员口传神谕。在卜辞中，有一些字形是在“行”的基础上添加象被杀死的媚女之形，那些汉字就表示处死衒媚的巫女之义。“衛”的古文形体中包含“方”这一部分，“方”为将死尸吊于横木上之象。“衒”是在道路上进行的诅咒，倘若举行该诅咒时会招致“曳衒”或“衒媚”等神明附身的现象，那么由“行”与象吊尸之形的“方”构成的汉字表示的则应该是对这一类诅咒咒法的制止行为。

“衙”与“衒二下”均是形声字，“言”指咒语，“玄”则可能指某种咒物。“玄”是黑色的线。幻四下依《说文》训“相诈惑也”，许慎认为它是“予”的反文，但予四下是“机杼”之“杼”的本字，故“幻”不应是“予”的反文，其字形应该是指将玄四下的黑线四散开来，将其用作咒物以诈惑他人。“御”的初文亦从“玄”。《尚书·无逸》曰：“民无或胥，诪张为幻。”这里表达的是禁止人民去触碰神意、幻惑他人。“幺”指卷线轴，用木棍穿过其

三体石经

魏正始年间，洛阳太学中所立石刻经书，用古文、篆、隶三体撰写。三体石经，又称正始石经。在此之前，后汉熹平年间也进行了经书刻石的活动，称为熹平石经。然而，这两者都只有若干残石存世罢了。三体石经乃是出于当时的名手邯郸淳，当然相关异说也颇多，不过，仍不妨视之为邯郸淳书风的产物。图片为残石中《尚书·多士》一篇的一部分，各行为“在今后、家诞淫、大丧隹、辞于罚、有命曰、适予其、即于殷、居西尔”，字里行间欠缺十七个字，由此可知，石经原本该是二十字一行。

中，其拗转线轴之状可称为“拗捩”，“幼”即“拗”的本字。幼小之义则是幼四下的假借义。

综上所述，“諺”“衙”“衒”“幻”，此四字意义相通。“諺”与“衙”指的是通常意义上的谚语，其字里行间充斥着咒能。“衒”与“幻”则侧重于指称咒物。古人将其所使用的语言中蕴含的咒能植入了文字之中，故而与上述诸例情况类似的汉字还有很多。

祝祷文学

在日语中，“祝”这个汉字既可以读作“いのり”，也可以读作“いはふ”。若立足本义，则日语中的“いのる”与汉语中的

"祝"关系更为密切，此时这个汉字的音读与"祝儀（しゅうぎ）"中的"祝（しゅう）"相同。在日本的古语中，可以读为"いはふ"的汉字有"斎""忌""鎮"等，如"斎児（いはひご）"[①]、"忌瓮（いはひべ）"[②]、"鎮へる国（いはへるくに）"[③]。《大殿祭》有祝词记载道："愿神奇的祷言，让骚乱平息（奇護言をもちて言壽き鎮め白さく）。"由是可见，"いはふ"可以参与构成"護言（いはひごと）"一词。"斎"与"忌"指保持自身的洁净与圣洁，"護言"即"祷言"，而"言壽き"则是祝祷。另外，"言壽き"也可以是"神賀の吉事"这样的"称辞"。所谓"祝祷"，指的是斋祭神明，宣读咒言，以求天降福祉。

海上诸神众，何神应祭先，使君来往便，才得速行船。[④]

《万叶集》九·一七八四

每思逢所恋，欲见有何缘，神社持斋室，墙头明镜悬。[⑤]

《万叶集》十二·二九八一

以上两篇诗歌均是古人斋祭祈福时的情景写照。

---

① "斎児（いはひご）"，由父母悉心照顾而得以娇生惯养的子女。见《万叶集》（九·一八〇七）："胜彼深闺女，绫锦裹身躯。"（錦綾の中に包める斎児も妹にしかめや。《万叶集精选》，钱稻孙译，中国友谊出版公司，1992年版，页166。）

② "忌瓮（いはひべ）"，为了供奉神明而保持洁净的瓮缶类容器。见《万叶集》（十七·三九二七）："祭神盛酒器，我置在床边。"（草枕旅行く君を幸くあれと斎瓮据ゑつ我が床の辺に。《万叶集》，杨烈译，湖南人民出版社，1984年版，页691。）

③ "鎮へる国（いはへるくに）"，被悉心镇守捍卫的国家。见《万叶集》（十九·四二六四）："天监大倭国，大神镇其方。"（やまとの国は大神のいはへる国そ。《万叶集精选》，钱稻孙译，中国友谊出版公司，1992年版，页265。）

④《万叶集》，杨烈译，湖南人民出版社，1984年版，页365—366。

⑤ 同上，页529。

祈一上是一个形声字，古人在金文中使用旂七上来表示这个汉字，其字形多作“旟”，也偶有写作“旜”的情况。“旂”“旟”“旜”属于一字三体，若将其判断为“祈”的初文，那么“祈”的本义应该表示祈愿狩猎或军队远征成功。單（单）二上为战事或狩猎时使用的圆盾之形，方盾则谓之“干”，盾上有雕饰者则谓之“周”，能够用手举起、护在身前的谓之“盾”。考虑到“單”指的是插有羽饰的椭圆形盾牌，嘼十四下可能指一种需要用到羽饰圆盾的仪礼。戰（战）十二下与獸（兽）十四下这两个汉字均从“單”，这里的“單”便如前文所言，其字形象羽饰圆盾。“戰”的初文是“戔”（戋）。“戔”由二“戈”构成，其字形或指干戈相向。“獸”是“狩”的初文，“口”这一部分为“𠙵”，“犬”这一部分可能指祭祀时的牺牲，这个汉字可能指一种举行于出猎之际、祈愿此行成功的仪礼。“旜”字从“言”，正如同“獸”字从“𠙵”，二者都是为出行而祈福的祝祷。“言”在这里可能指即将踏上征程的人在进行祝祷时所宣读的咒词。

祈祷要以词汇的形式表现出来，这是一个先决条件。本来，语言倘若不能以声音流的形式实现外显化的话，就不可能发出咒能。在日语中，“いのる（祈る）”这个词中包含着“告る（のる）”，《万叶集》（十二·二九八一）所说的“かけてぞしのぶ”，指的正是凭靠（かける）语言进行祷告（のぶ）。口语终究是一瞬即逝的，人们不得不想方设法将其中蕴含的咒能保存下来。因此，人们将祷言植入文字之中，此时的文字只是对祝词的记录。随后，人们将记录下来的祝词贮藏于祝告之器内，希望通过这样的做法，使得咒能可以更为自由地发挥效果，且能够得以长久保存。如前文所述，“ㅂ”是象祭器之形的汉字，笔者在此将进一步讲解一些与之相关的汉字。

呼唤神明，祈求诸神从天而降，谓之召二上。古人宣读咒词，进行祈祷，神灵有所响应则下降人世。《说文》训“召”为“評也”，又用互训的方式训“評三上”为“召也”。“乎”象呼子板之形，与钟、铃一样，古人会借其声响以召唤神灵，相比之下，“召”凭借的则是祝告。在说到“召公”或其族人时，其字形偶尔也会写作“䵻”，字形下方的“酉”是酒，也就是祭祀时使用的酒瓮。神灵降临谓之“昭格”。宗周钟上记载有“用卲各丕显祖考先王”，“卲各”是“昭格”的初文。卲九上，其字形象跪迎天降之神。拜迎自天而降的神明谓之“詔”，其金文字形作“䪰”。“诏”继承了“召”的声义，后人用为诏敕字。在日语中，“みことのり”（詔）一词表示最高统治者下达的圣旨，其中所包含的“みこと”（尊）一词最初表示神谕，故而后人也使用“命”这个汉字记录之。命二上的字形象头戴礼帽的巫祝跪受神托。立足本义，则“诏”最初用为诏相，即在祭神方面协助他人，“䵻”也有表示该义的用例。无论是“诏”抑或是“䵻”，这些汉字起初均与诸如接收神托之类的祭事息息相关。

“召”指呼唤神明，与其对应的汉字为“各二上”，表示神灵从天而降，亦称“降各”。《说文》训“各”为“异词也”，兼以“夂者，有行而止之，不相听也”释其义。本书认为，其字形的下半部分是代表祭器之形的“ㅂ”，上半部分则指步履自天而降，与日语中训读为“きたる”的汉字“来”相对应。金文中作“卲各”，亦作“卲客”，表示从天而降之义，后世亦作“洛”“格”，也有假借“假”为之的情况。《说文》训假八上为“一曰至也”，援引《尧典》兼以“假于上下”释之。《诗经·大雅·抑》曰：“神之格思，不可度思，矧可射思。”神无声无味，其行踪难以预测，凡人只能隐约察觉到神灵之气。神气为人所凭依则谓之兑八下，其字形下半部分的“兄”指巫祝，其上半部分则象降临的些许神灵之气。“悦”与“説”则指巫职人员神魂痴迷的状态。此外，“脱”与“挩”指的也是该种状态。

巫祝从他处招来的神明（客神）种类不一，“各”或因而可表示各异之义。在宗庙中迎接神明的到来谓之客七下。《说文》训“客”为“寄也”，许慎认为其声符是“各”。这个汉字与古代日语中的“まらうど”或“まうと”对应，二者均是对远道而来的宾客的尊称。在中国古代也有将他族之神称作“客”的用法。《诗经·周颂·振鹭》记载了为周庙进献飞舞的白鹭一事，其中有“我客戾止，亦有斯容”这样的诗句。《诗经·周颂·有客》曰：“有客有客，亦白其马。”骑着白马、出演受降仪礼的殷商祖先神，均被称作“客”。

“亦有斯容”中的容七下这个汉字，指的便是神灵的姿容。《说文》训“容”为“盛也”，会意字，但却没有充分解释理由。此外，《说文》也收录了一例从“公”的重文，在字形难以确定的情况下，应该先对“谷”的形义进行考释。溪谷之“谷”，与“欲”“俗”这两个汉字中所含的“谷”相比，其形体相似，但最初的形义却并不相同。欲八下，依《说文》训“贪欲也”，许慎认为其声符是“谷”。在金文中有用“俗”字为之的情况，如毛公鼎上记有“俗（欲）我弗作先王忧”，又有“俗（欲）女弗以乃辟函于囍（艱）”。若为之分类，则“俗”“欲”“容”“裕”应同属一个系列。“谷”的字形，由“兌（兑）”的上半部分与“八”构成，形容神气降临。在宗庙中举行祝告，神灵之气自天而降谓之“容”。文献中用“俗”表示期盼目睹神灵姿容，本来应为“欲”。神灵之气显现，或天降神佑谓之“裕”。乡土民谣谓之“风”，后来也有“国俗之歌”或“风俗之歌”等其他名称。“风俗”一词，是将风土、风气、习俗等全部包含在内。“风”表示风神在某个地域施行的神意，“俗”表示的则是为迎神而将神的旨意外显出来。所谓“国俗之歌”，即人们自发地将某个地区神灵的神意写作歌谣并加以传唱。地区的兴衰，只能通过歌谣加以反映。因此，目睹了近江国[①]都城一片衰败的人麻吕[②]，不禁感慨成诗。

此地国神在，神心应寂寥，荒都悲若此，处处见萧条。[③]

《万叶集》一·三三

《诗经》包含风、雅、颂三个部分，每个部分各有所指：风指地方乡土民歌，雅指中原贵族民歌，颂指宗庙祭祀之歌。

《说文》训诗三上为“志也”，声符为“寺”，其古文以“之”为声符，然而无论哪一个字均为形声字。《毛诗·序》曰：“诗者，志之所之也。在心为志，发言为诗。”该观点认为诗歌代表了人

---

① 近江国，滋贺县的古名，位于日本东山道。由于境内拥有被誉为日本第一大湖的琵琶湖，故得名“近海（江）之国”。

② 人麻吕（约660年—约720年），全名柿本人麻吕，日本飞鸟时代著名诗人，在日本文学史上拥有重要的地位，其作品收于《万叶集》中。

③《万叶集》，杨烈译，湖南人民出版社，1984年版，页10。

的志之所向，将志歌咏而出则为诗。志十下这个汉字从“之”、从“心”。然而，《毛诗》终究是从文学角度对文字学问题的解读，后人所谓的言志诗并非远古时期的产物。周人申伯被赐封申地（大约位于今天的河南省西南部地区），其友人尹吉甫在辞别时赠长诗一首以表祝贺，此诗即《诗经·大雅·崧高》，是目前被认为最早的亲友赠诗。

吉甫作诵，其诗孔硕。其风肆好，以赠申伯。

该诗有这样的诗句，由此可见，诗是通过“诵”这样的方式表达出来的。所谓“诵”，便是祝颂时诵读的咒歌。将自己的诗作像“其诗孔硕”那般加以赞颂的话，可以使蕴含在诗文中的咒能变得愈发强劲。《万叶集》中收有《乞食者咏歌》两篇，该诗由一边歌唱祝福之词、一边叩门乞讨的民间游历艺人所作。在《万叶集》（十六·三八八五）这篇长歌的结尾处，有“老奴但有此一身，七重八重花历历，为我传世庶啧啧，为我传诸共啧啧”[①]这样的诗句。其诗获誉愈多，则其咒能愈强。

诗也可以用来进行咒诅。受政治腐败与社会不安的影响，在颓势尽显的西周贵族阶级中信任危机不断蔓延。《诗经·小雅·巷伯》记载了西周贵族对敌人的言语攻击：

彼谮人者，谁适与谋？取彼谮人，投畀豺虎。豺虎不

①《万叶集精选》，钱稻孙译，中国友谊出版公司，1992年版，页231。

食，投畀有北（北方之神）。有北不受，投畀有昊（天神）！

字里行间充斥着诅咒之言。“有北”和“有昊”指的都是有令人畏惧的鬼神存在的地方。在诗尾处，作者道出了自己的名字：

寺人孟子，作为此诗。凡百（各位）君子，敬而听之。

《诗经·小雅·何人斯》亦如前文所言，既对诅咒行为有所提及：“出此三物（诅咒时献祭的猪、犬、鸡），以诅尔斯。”在诗尾处亦有自矜：“作此好歌，以极反侧。”古人将诗和歌当作咒歌使用，《诗经·大雅·卷阿》曰：“矢诗不多，维以遂歌。”“诗”和“歌”同时出现在了一部作品之中。所谓“矢诗”，是将已经备好的诗篇作为咒歌加以诵读。这种情况大致相当于《万叶集》中的“当所诵咏之古歌”。所谓“当所诵咏”，最初是指古人航行到险要海域时，为了祈求航道安全而行献咏，这当中有一些歌谣曲目是固定的。

奈良京，缭绕白云横；放眼久望，饱看不厌情。[①] 《万叶集》十五·三六〇二

这首古诗由人麻吕创作。“饱看不厌情”，乃是一种带有振魂意味的行为。《诗经·大雅·卷阿》的末章，讲的便是“矢诗不多，

①《万叶集》，赵乐甡译，译林出版社，2002年版，页648。

维以遂歌”。人们会将一些诗歌视为祸乱之兆，并称其为“诗妖”。由是可见，某些诗句有时也会产生与谚语相同的作用。

战国晚期，中国南方出现了继《诗经》之后的又一座文学丰碑——《楚辞》。《楚辞》中最早的一批作品是祭祀歌谣，例如《湘君》及《湘夫人》祭祀的是江南的河神，《大司命》及《小司命》[①]祭祀的则是掌管人的寿夭之神，洹子孟姜壶上亦刻有祭祀该神的金文，除此之外，还有《东君》《河伯》《山鬼》等祭祀歌谣共计十一篇，并称《九歌》。《楚辞》的发展壮大，是以祝颂之辞为源头的。

辭（辞）十四下是可以化解纷乱的语言。《说文》训“辭”为“讼也”，许慎认为“𤔔”指治理辠愆，并收录重文“𤔲”，在金文中古人将其用为“有司”的“司”字，其字形有时也作“𤕌”，该字形与“辭”在构造上极为相近。位于“辭”“𤕌”右侧部分的均指针型器物，与“辭”相比，“𤕌”的形体中还包含“㇇”这一部分，故含祝祷之义。

“辭”字的用例多和诉讼相关。在《左传·桓公十年》中即有“有辭”，指被怀疑的一方所进行的据理抗辩。𤔔四下依《说文》训“治也”，关于其字形，许慎解释为“幺子相乱，𠬪治之也”，笔者从字形出发，认为这个汉字的字形表示上下用手清理纠缠在一起的丝线，因此“𤔔”应该表示难以治理之义，是今天表示杂乱之义的“亂（乱）”字的初文。亂十四下的字形由表示杂乱之义的“𤔔”与象骨签之形的乙十四下构成，表示凭借骨签去理清杂乱之

① 应为“少司命”，按原文保留。——编者

物。因此，治理之义才应该是“亂”的本义。《说文》将“𤔔”与“亂”均训为“治也”，由此两个汉字不能区分开来。“亂”既可以表示治理义，亦可以表示杂乱义，同一个汉字可以表示相反的两种含义，是谓“反训”。也有学者对该观点持肯定态度，认为中国古代的训诂学中含有辩证法的思维。然而，所谓的“反训”往往是以训诂学或字形学中的某些误解为源头，严格而言，具有相反之义的反训字是不应存在的。中国古代汉字的世界是一个既直接又具体的世界，对这种诡辩思维是持抗拒态度的。

“辭”从“辛”，正如同“亂”从“乙”，凭借象针之形的“辛”即可解开杂乱的丝线，移之言辞则谓之“辭”，因此，庭审时的据理抗辩之言可称作“辞”，其古代文献用例可见于《诗经》。西周末年，由于统治阶级的腐败无能，国家招致了天神的盛怒。在政权即将倾覆之时，《诗经·大雅·板》应运而生，作者想要借此表达“辞之辑矣，民之洽矣。辞之怿矣，民之莫矣”的观点。作者在诗尾处写道：“敬天之怒，无敢戏豫。”如其所言，该诗认为统治者不应轻视天神的怒火，而应该谨言慎行。诗中的“辞”具有据理抗辩的性质，这是它区别于普通言语之处。若以化解神怒这样的目的为着眼点，则“辞”与日本的祝词大体相当。在祝词中，“辭”也可以写作“𤔲”“𤕌”，由此看来，这些都应当属于同系字。

从本质上看，《楚辞》这部文学作品采用祝诵的形式，通过对神明的哀告，表达了巫祝者对自身命运的控诉。为了应对外患重重的诸侯纷争，楚国的政局发生了剧变，传统遭到摒弃，国力也开始急剧衰退。楚巫，作为中国古代的最后一批巫职人员，诞生于楚国内忧外患的窘境中。“辞”，最初曾是被修饰过的可以向神明祈祷的祝词文学。然而，从巫职人员借它控诉自身命运的那一刻开始，“辞”在历史舞台上便不再是祝祷文学了。

金柜之书

“書（书）”这个汉字，如前文（详见上卷第二章）所言，指的是“书面祝词”。其字形中的曰五上，表示将书面祝词置入某种器具之中。古人在举行某些尤其重要的祭祀时，会用金属铸造的柜状容器贮存祝词。《尚书·金縢》中记载了一件关于周公的故事，又称“金縢故事”。武王罹患重病，忠臣周公秘密向神明祈愿，希望自己能够顶替武王去承受恶疾，并将祝词保存于金縢柜中。然而，众人却误会周公意图暗中诅咒武王，便在新即位的周成王面前谗害周公，使其被流放到了东方。某夜，风雨骤起，田里的庄稼作物都被吹倒，天下惶恐不安。人们打开了金縢柜，发现柜中确实保存着周公舍身祈盼武王康复的书面祝词。成王开启书封，化解了对周公的怀疑，被吹倒的庄稼也重新站立起来，仿佛是天地有所回应。

开启书封谓之启二上，《说文》训“启”为“开也”，认为这是一个从“户”、从“口”的会意字。笔者立足字形，认为如若表示开启窗户，其字形应由“户”和“手”构成，不应用“口”这一部分来组构形体。尽管也有观点认为“口”这一部分表示命令他人去打开窗户，但笔者则认为“𠙵”应指祝词，而“户”当指门扇，字形表示祝词被收藏于门扇之内。《尚书·金縢》中记有“启籥（锁钥）见书”，其中的“启”便是开启书封之义。啓三下[①]，依《说文》训“教也”，许慎又援引《论语·述而》“不愤不啓”释之。在“啓”的古文字形中，“攴”这一部分当为“又”，因此该汉字本应表示“启籥见书”。

“啓”又可以表示启示神意，即“天啓”。《左传·僖公二十三年》记有“天之所啓，人弗及也”，又《国语·晋语四》记有“天将啓之”，《国语·郑语》记有“天之所啓”，均是其例。由是可见，“啓”指提出某种诉求后被给予某物，而非教诲之义。

与“啓”同系的汉字还有“肇”“肈”。从字形看，虽然肇三下中有“又（手）”，肈十二下中有“戈”，但笔者认为“戈”与“吉”“咸”“古”“吾”诸字均表示使用圣器捍御象征着祝告的“ㅂ”。聿三下是“筆（笔）”的初文，其形体象以手持“𠂉”。“𠂉”的字形似由砍削“木”的前端部分得来，当时的先民已经开始在占卜书写中运用毛笔，占卜残片上也有相应的笔迹保存至今。此外，有些甲骨刻辞也有可能是以毛笔书写的草图为基础，通过统一契刻纵横笔画而成。在一版甲骨卜辞上，所有的纵向笔画和部分横向笔画均由契刻而来，便是一个很好的例子。

在金文中，“肇”与“肈”是同一个汉字的不同写法，此外也有借用“啓”或其他同义汉字的情况。西周初年有𧊒圜器，其上记有“𧊒公啓进事，旋走事皇辟君”，其中“啓”即表示肇始义。肁十二上，《说文》曰：“始开也。从户，从聿（筆）。”训“肇”为“击也”，又“肈，上讳（规避东汉和帝的名讳）”，《尔雅·释诂上》

① 《说文》中字形为“启”，原书作“啓”。今简化为“启”。——编者

则训“肇”为“始也”。《说文》虽训“肇”为“击也”，但并无文献用例。“肁”“肈”“肇”应同字。列国青铜器中有滕虎簋，其上记有“滕虎（人名）敢肁作氒皇考（父）公命仲宝尊彝”。西周青铜器中有宗周钟，其上记有“王肇遹省（巡查）文武堇（勤）疆土”，又有善鼎，其上记有“今余唯肇䌛先王命”。《诗经·大雅·江汉》中有“肇敏戎公（徭役）”，相似的还有叔夷镈上记载的“女肇敏于戎公”，“肇敏”与“肇敏”当为一语。

有时，古人也会将某些重要的祝词置于石函或其他类似的容器中。石九下，《说文》训“山石也”，认为象悬崖下的石块之形，该部分形体作“ㅂ”，本书并不认为其是石块的象形。秦有琅琊刻石及绎山刻石，其上铭刻的“石”字形均从“ㅂ”。祏一上，《说文》曰：“宗庙主也。《周礼》有郊宗石室（收藏神主牌位之处）。一曰大夫以石为主（神主）。”此即祝告祭祀的场所。庙中祈祷谓之宕七下，《说文》训“宕”为“过也，一曰洞屋”。西周晚期有不𡢁簋，其上记有“宕伐”一词，又有塱盨，其上记有“䌛宕”一词，此二者均应表示诅咒祝告后讨伐侵攻之义。

祝告之器为“ㅂ”，其存贮之处并不唯一，必要时也会置于屋顶。嚴（严）二上的初文为“厰”，进而言之，该字继承了敢四下的声义。“敢”依《说文》训“进取也”，许慎认为其义符是“𠬪”，声符是“古”，若依此解则字形不合，且“敢”“古”读音不一。参照金文，“敢”的字形表示将酒从容器中舀出，用以清洁祭祀场所，即“灌鬯”。由于这是一种舀取鬯酒的请神仪式，故其执行者须秉持庄严恭敬之心。所谓“敢请”，即须保持恭谨。例如，西周中期有君夫簋，其上记有“君夫（人名）敢敏扬王休，用作文

卜文欠刻例

干支表的横画欠刻一例。刻文乃是从上到下刻写的，此外还有很多欠刻的例子。从左行中间的“甲子、乙丑、丙寅”开始，到右侧最后的“辛酉、壬戌、癸亥”结束。只刻写了竖画，横画欠缺。

父丁（父的庙号）䵼彝”，又如西周晚期有虢叔旅钟，其上记有“旅敢肇帅井（规范）皇考威仪”。随后，“敢”也可以指进行忤逆灵威之事，例如西周中期有录刻卣，其上记有“淮夷敢伐内国”。“敢”最初指心怀敬畏行事，其后引申出表示“敢于、敢为”的用法。

灌鬯仪式的目的在于恭迎神灵，因此须保持严肃敬诚。举行灌鬯仪式时，古人会在屋顶布置大量的祝词。由于屋顶是神灵往来行经之处，古人在举行招魂仪式时，也会登上屋顶并挥舞衣物。古人可能相信，藏纳祝词的容器愈多，则祝告效果愈强。吅二上的字形由两个“𠙵”并列组成。《说文》训其为“惊呼也”，解释为惊呼喧哗，但笔者则认为该汉字表示的是举行祝祷仪式时的喧闹之貌。此外，《说文》训品二下为“众庶也”，段玉裁在注解时认为该汉字以三口指代三人，笔者则认为该汉字指的是各式各样的祈愿。“區（区）”“毆（殴）”“歐（欧）”“謳（讴）”诸字均从區十二下，區指秘密举行祝告仪式。有时，古人会将多个祝告之器置于木上并将其举起，此即喿二下，依《说文》训“鸟群鸣也”，笔者则认为该汉字表示将祝词置于有灵性的树木之上并大声地进行祝祷。嵒二下亦然，《说文》训其为“多言也”，并指出“嵒”“聶（聂）”同音。据此推断，“嵒”可能与“囁（嗫）”义近。

咠三上与“戢”同音。“咠”以及由其构成的“缉”“辑”诸字均含集中之义。因此，“咠”可能指同时举行多种祝告的祈祷仪式。嚚三上依《说文》训“语声也”，《尚书·尧典》以“父顽，母嚚”形容舜的父母。嚚讼是吵闹得难以休止的意思。笔者认为，“臣”是神的仆从，而“嚚”则是将“臣”进献给神。“嚚”的原义可能是为神明准备牺牲祭品，以举行某种喧闹的祭祀仪式。囂（嚣）三上依《说文》训“声也”，其字形由在四个“ㅂ”之中添加“頁”构成，頁九上指人在神明面前祈祷时庄重的姿态。古人有时也会在类似的祭祀过程中安排有姿色的女性参加。囂三上依《说文》训“呼也”，许慎认为其声符是“莧”，笔者认为莧十上可能指眉目精心装扮过的巫女形象。寬（宽）七下从“莧”。《说文》训“寬”为“屋宽大也”，笔者认为，该汉字的字形表示装扮过的巫女在宗庙中起舞。《诗经·卫风·淇奥》记录了民众载歌载舞的盛况，作者以“宽兮绰兮”描述了当时的舞蹈样貌。其中，“宽”“绰”均指舞蹈缓慢优雅。《国语·晋语九》有人名曰叔宽，字褒。舞者褒袖，褒袖，即衣袖宽大，叔宽其人名、字相应。

举行祝告，与神明沟通，可以说几乎贯穿了古人的一生。幼儿降生，为其命名时，古人会向宗庙进贡祭肉，此仪式谓“名”。有人离世时，古人也会举行哀悼仪式。人们会为死者更名，并将其铭刻于棺椁之中。丧葬时的祝告仪式极其烦琐，这可能是因为古人对那些能够取人性命的死灵异常畏惧。

哀二上的字形由在衣襟中增添“ㅂ”构成。《说文》训“哀”为“闵也”，笔者认为该字或指哀悼仪式。人们可能借“ㅂ”表示对死者复活的祈愿，也可能希望祓除恶灵，无论如何，古人通常会将“ㅂ”置于死者身旁。局二上的字形表示对死者进行屈身葬，死者身旁即置有“ㅂ”。《说文》训“局”为“促也”，认为该字由“尺”构成，但笔者认为此解不通。“尸”象尸体之形，将尸体手足屈折即是“局”。屈身葬可见于古代彩陶文化圈，在战国及其后的墓葬中所占比例则逐渐增高。在古代墓葬中，仰身葬及伸展葬较为主流。句三上与“局”构造相仿。

哭二上，《说文》训其为“哀声也”，认为其声符是“狱”而形体有所简省，此即“省声”。但笔者认为，哀哭之声未必独出自“狱”，也可以认为其声与犬的叫声相似，由于“哭”由“犬”构成的理据无从知晓，各式各样的解释层出不穷。“哭”的字形中包含“ㅂ”，同样由该部件构成的汉字还有“喪（丧）”“器”。“喪”指安葬死者，“器”指明器，即葬礼用器，由此来说，“哭”也与丧葬仪式息息相关。其哀悼形式是不出声的垂泪吊唁。人因伤感而颤抖身体、发出哀声，则谓之“恸”。虽然今有“恸哭”一词，但二字起初所表示的行为并不相同。据《论语·先进》记载，颜回去世，孔子在追忆爱徒时极度悲痛，以至于毫无顾忌地放声恸哭。孔子是确定葬礼的始祖，自然不应违反其自身所订立的制度，故而身旁的弟子们连忙提醒道："子恸矣！"孔子这才意识到自己的失态，回答道："有恸乎？"即便如此，孔子也解释道："非夫人之为恸而谁为？"并继续恸哭不止。在《论语·阳货》中，孔子曰："礼云礼云，玉帛（向神明的供奉之物）云乎哉？"所谓礼的本质，正应超脱于这些形式之外。

在"哭"的基础上再增加并列的两个"ㅂ"即构成器三上。"器"应指明器，即葬礼用器。《说文》训"器"为"皿也"，认为"象器之口，犬所以守之"，此说缺乏依据。古人会在多种祝告仪式中使用犬牲，例如用于明器或祭器。《周礼·秋官·大行人》中的"器物"，郑玄注曰："器物，彝尊之属。"犬多在祭神仪式中被用作牺牲，"獻（献）""猷""就""獄（狱）""類（类）""伏""軷"等从"犬"之字，均与祓禳仪式相关。"祓"也是表示犬牲的汉字。此外，也有一些从"東（橐）"、从"糸"，与"器"构造相似的汉字，应该指古人诉讼时供奉与神灵之物。从"虎"的一些汉字，应该也与从"犬"相同，与祓禳仪式密切相关。

祝告之器为"ㅂ"，放置祭神祷词的容器为"曰"，为了起誓，将入墨的针——"辛"置于"ㅂ"之上，即构成"言"。使用祝告容器的目的在于保护贮藏其中的祷词，并使其可以传达神意。笔者认为，表示传达神意的汉字或为音三上。《说文》曰："音，声也，生于心，有节于外，谓之音。"许慎将其解释为人所发出的声音，笔者则认为这是由器物所发出的声音。"言"指可以传达神意的祝告之器，该器发声，便应是神的回响。《日本书纪·卷二·神代纪下》曰:“夜者若熛火而喧响之,昼者如五月蝇而沸腾之。”此即发自自然且非人为之声。

《神代纪》的正文中记有“彼地多有萤火光神及蝇声邪神,复有草木咸能言语”。《祝词·大祓词》中记有“神反复申说,反复申说,大家互为反省,令磐石草木也平静下去(荒ぶる神等をば、神問はしに問はしたまひ、神はらひにはらひたまひて、こと問ひし磐根樹立、草の片葉をも語止めて)”,描述的正是天照大神的孙子琼琼杵尊从高天原降临日本时的场景。

竟三上,依《说文》训“乐曲尽为竟”,即乐曲终止,认为这是一个从“人”、从“音”的会意字,但这样便无从解释为何“人”在“音”下。与“竟”构造类似的还有“兢”“竸(竞)”。兢八下,《说文》曰:“竸也。从二兄。二兄,竸意。……一曰兢,敬也。”该说全然不得要领。竸三上,《说文》曰:“彊(强)[①]语也。一曰逐也。从誩,从二人。”“竸”的金文字形象两个头顶载有“言”的人。“言”指祝告,因此“竸”的字形表示两人竞相祈祷。“巺”与其构造相近,其字形象两人并排起舞。“兢”应与“竸”声义相近,笔者认为“兢”当从“ㅂ”,“竸”当从“言”。祝祷仪式结束谓之“竟”,祈祷得到了神灵的回应,故而“竟”从“音”。《说文》训章三上为“乐竟为一章”,但其本应是“文章”之“章”,字形象刺墨用针——辛器的针尖部分已饱蘸墨汁之貌,与“音”无关。

所谓“音”,便是神意的显现。这种神灵之音发自自然,昭示着神灵的意志。意十下,《说文》曰:“志也。察言而知意也。从

① 《说文》中另有“強”字,为区别两字,本书引用《说文》时保留“彊”字。——编者

心，从音。”志+下则与之互训，为“意也”。“意志”是古人凭借祝告祷辞“言”祈求神意时，神灵所赐予的启示。神意，必然与常人所使用的言语有所不同，当如前文“夜者若燎火而喧响之，昼者如五月蝇而沸腾之”所叙述的那般神秘莫测。想要解读神意，只能通过推测的方式。臆测揣度神意谓之“憶（忆）”。有时也作“意”“億（亿）”。《论语·子罕》曰：“毋意，毋必。”“意”即推测。《论语·先进》曰：“億则屡中。”指行商贾之事时未卜先知，孔子的门生子贡便擅长此事。

前文中的“喧响”“沸腾”属于神灵之音。夜深人静，邪灵跳梁，怪火突然出现，草木发出了神之声响。比及风雨交加之夜，自然万物都发出了沸腾的喧响。可以说，黑夜是“音”的世界，故而“暗”“闇”诸字从“音”。在甲骨卜辞中，有一部分卜辞正体现了古人对夜间声音的恐惧。其中，某些卜辞旨在占卜军队是否会骚乱一事，例如：

今夕，弗曡王𠂤。　《卜辞》八九

庚辰贞。今夕，𠂤亡曡。　《粹编》一二〇一

某些卜辞则旨在占卜城邑是否安泰一事，例如：

乙丑卜，㱿贞。兹邑亡曡。　《续编》三·一·三

邑人曡。　《乙编》三〇九三

关于军队是否会在夜间惊乱一事的贞卜数量众多。这可能是因为

古人认为部队行军时最容易受邪灵之音的影响。兵卒可能是被鸟类的振翅声或某些野兽发出的声音所影响，认为情况异常，遂无来由地陷入骚乱。

在卜辞中，针对丧众一事的贞卜也很常见。例如：

> 戊午卜，穷贞。毕不丧众。《宁沪》三·四三
>
> 贞，我其丧众人。《佚存》四八七

这些卜辞针对特定的氏族军队进行占卜，其占卜内容应当是他们在作战中的事情。喪二上在卜辞中写作“喿”，其字形象附着众多祝告之器的树枝，可能是“噪”的初文，假借为“喪”。在金文中，“喪”是一个由“哭”与“亡”构成的会意字，《说文》曰：“丧，亡也，从哭，从亡。”

甲骨卜辞中“丧众”“丧人”诸语中的“丧”字被认为不仅仅只是假借字。“喿”指大声地向神明祈祷，也可能指部队在夜间因邪灵之音的惊吓而吵吵嚷嚷之貌。大声喧哗之后，军队开始骚乱，将领无从指挥。兵卒因惶恐而四散逃离，这应该就是发生了丧众。那些诡异的声音会令信仰咒术邪灵的人陷入无尽的恐惧之中。

对于古人而言，声音经常扮演着让人陷入恐惧的未知角色。古人多将这些声音视为难以忖度的启示或神意。《左传》多次记载了古人对鸟兽之音的解读。《左传·襄公三十年》记有宋大庙中神明借助鸟鸣传音，其声为“譆譆出出”。亳社中亦有鸟鸣，其声为“譆譆”。“譆譆”是表示炎热的拟声词。随后宋国果真遭遇了大火，宋伯姬也因这场火灾而去世。所谓“出出”，则是劝人逃难

的话。

在《左传·僖公二十九年》中，记有葛庐从东夷介国启程访问鲁国。听到某头牛的叫声后，葛庐告诉其他人，说这头牛所生的三头小牛均已被用于祭祀，“其音云”，即牛在通过叫声传达此事。其他人询问调查后发现果然如此。在《左传·僖公三十二年》中，记有晋文公去世，将要葬于曲沃（晋国的国都），在出殡时，棺椁内传出了声音，仿佛牛鸣。大臣谨慎地聆听此声，推断这是已故的国君在警告道：“西方边境将有外敌来犯，迎击则可取胜。”第二年，晋军在殽之战中大破秦军，预言灵验。秦朝末年，相传陈胜发动起义时，曾在林间神庙点燃灯火，模仿狐狸的声音叫道：“大楚兴，陈胜王。”虽然这是人为的声音，但也足以证明古人会将声音视为不可知的某种神圣存在，换言之，古时存在神化声音的信仰。

“音”是一种使人敬畏的禁忌存在。因此，从“音”的汉字，诸如“暗”“闇”“瘖”“喑”“諳（谙）”等，均含有幽深阴静之意。天子居丧之礼谓之“谅闇”，也作“亮阴”。所谓“谅闇”，是在寒凉幽阴的凶庐中居丧。“闇”由在“門（门）”中添加“言（祝告）”构成，如其字形所示，应指等候神意。闇十二上，《说文》曰：“闭门也。从門，音声。”又训問（问）二上为“讯也”，认为“門”是声符。“闇”“問”构形相似，均是通过在“門”中添加“音”或“ㅂ”构成，均应表示某种与门扉相关的祝咒仪式，此举应是旨在倾听神明之音。倾听神明之音谓之“聖（圣）”，能够心领神会则谓之“聽（听）”“德”“聰（聪）”。此外，“闻”与“聖”的古代字形也非常接近。可以说，正是在“音”的世界中，人与神方能相互沟通。

在古代，言灵崇拜不仅与祭祀、咒术等仪式息息相关，它还渗入了古人的日常生活，很多生活习惯因言灵崇拜的影响而产生。在有“言灵招福之国”美誉的日本，也曾存在形式多样的言语占卜。例如，站在十字路口为人占卜谓之“辻[①]占”，站在桥梁附近为人占卜谓之“桥占”，因在傍晚时分占卜而得名“夕占”。各式各样的占卜在古诗中均得到了记载。例如：

> 黄昏占又卜，都道今夜应至；不见阿哥来，等到几时。[②]　《万叶集》十一·二六一三
>
> 卜龟延卜部，占问八十路；不知由何道，得与君相晤。[③]　《万叶集》十六·三八一二

占三下最初指举行祝告仪式，向神明问卜。卜三下象龟甲裂纹之形。将“卜”置于卜骨之中则为“卣”，指占卜文辞。殷商王朝在处理王室贵族之事时，会举行占卜仪式，向神明问卜，并在卜片上铭刻文字，记载占卜文辞与结果。其后，时人再将文字涂抹为朱红色或赭褐色，将其神圣化，希望神明占卜的效果永存。这种方法与金柜之书异曲同工，都是为了延展祝告效果。在这种环境下，文字应运而生。可以说，在古代，汉字的世界曾是一个深受言灵信仰统治的世界。

---

① 辻，和制汉字（由日本人自创的汉字），表示十字路口。

②《万叶集》，赵乐甡译，译林出版社，2002年版，页499。

③《万叶集精选》，钱稻孙译，中国友谊出版公司，1992年版，页226。

第八章

原始法的问题

去◉

◎

8–3

貞◉

◎

鼎系◎

8–4

善◎

慶◎

鹿◉

◎

鹿系◉

◎

8–2

瀘◎

鷹◎

鷹系◎

8–1

次◉ ◎

8–5

齋◎

員◉ ◎

賊◎

則◎

8–6

静◎

加◎

賀◎

敗◉ ◎

8–7

曹◉ ◎

棘◉ ◎

8–8

讎◎

獄◎

8–9

爰◉ ◎

金◎

均(勻)◎

傳◉ ◎

專◉

叀◉ ◎

鼎殺之字◉

8–10

劓◎

8–13

盭◎ 血◉ 血系◉ ◎ 自◉ ◎

自系◉ ◎ 彝◉ ◎

8–14

辟◉ ◎ 乂◎ 刑◉ 井◎

8–12

劓◉ 豖◎ 蜀◉ 益(縊)◎ 益(溢)◉ ◎

8–11

興◉
与◎
同◉

8-17

憲(害)◎

8-18

祼(鬲)◉
醴◎
賜◉

8-16

鬱◎
鬯◉
攸◉

8-15

“法”的原义

1861年，英国人梅因[①]的著作《古代法》初版刊行。虽然距今已有超过百年的历史，但该书依然被奉若古典名作。梅因在《古代法》中率先将原始法的问题纳入法学历史研究领域并加以探讨。他强调，法律是社会结构中不可割离的一部分，为了让古代法成为社会科学诸领域中的一员，历史的研究方法和比较的研究方法便尤其必要。欲证明某事，则方法有三，那就是“观察者对于同时代比较落后的各种文明的记事，某一个特殊民族所保存下来的关于他们的原始历史的记录，以及古代的法律”[②]（安西文夫译，第96页）[③]。塔西佗的《日耳曼尼亚志》采用的便是第一种方法,《摩奴法典》[④]则多被认为使用了第二种方法。在那之后，梅因对原始法的兴趣愈发浓厚。1884年,《古代法》第十版刊行，梅因在序言部分说“自本书初版于1861年付梓以来，对那些野蛮种

① 亨利·詹姆斯·萨姆纳·梅因（Henry James Sumner Maine，1822—1888），英国法律史学家，在西方法学界影响力巨大，著有《古代法》等书。

②《古代法》，梅因著，沈景一译，商务印书馆，1996年版，页69。

③ 白川静原书中所援引的是日文译本。

④《摩奴法典》（*Manusmriti*），古印度婆罗门教的一部经典法论，托名由教义中的人类始祖摩奴（Manu）所著，具体成书年代不详。

族，即极度未开化的种族的观察，为我们研究一些非常古老的时代，以及同著者曾经介绍过的情况有所不同的社会组织形态中法的起源投来了光明”，并将他之后的相关研究成果编入《古代法律与习惯》中出版。

在梅因之后，对于未开化社会的习惯法研究，以马林诺夫斯基[①]为先导的一大批学者搜集了数量丰富的成例，并尝试从法律思想史的角度加以整理。然而，这些工作不过是将作为文化民族例证的《圣经》或古希腊经典，同近东地区的古代记述加以比照罢了。日本固然也有相当丰富的神话传承至今，但接下来我们考虑的问题是：作为一种古代的文字，汉字在这一方面能够发挥何种作用？

“法”，古作“灋+上”。“灋”字的用例可见于《周礼》。据《隶释》可知，“法”在汉代碑刻中存在用例。比对字形可知，“灋”将“廌”这一部分简省即作“法”。廌+上，《说文》曰：“解廌兽也。似山牛，一角。古者决讼，令触不直。”即古人在神判仪式中使用的某种兽类，也作“獬廌”“獬豸”。“廌”是一个象形字，其字形象某种近似于鹿的兽类，也有观点认为其形似羊或熊，究竟是何种生物的象形已无从得知。《太平御览·卷八九〇》引《神异经》曰：“东北荒中有兽，如牛，一角，……似熊。忠直，见人斗则触不直，闻人论则咋不正。名曰獬豸。”东汉的王充在《论衡·是应》中也提出，所谓獬豸，是一种只有一角的羊，能够分辨出有罪之人并用角

---

① 布罗尼斯拉夫·卡斯珀·马林诺夫斯基（Bronislaw Kasper Malinowski，1884—1942），英国社会人类学家，在人类学与民族学领域有着卓越的贡献，建构了以客观民族志记载田野调查研究成果的方式，被尊奉为“民族志之父”。著有《文化论》《自由和文明》等书。

抵触他，古时的政务官员皋陶在处理狱讼之事时，会借助这头羊来寻找有罪之人。因此，古代的执法官员会头戴一种叫作“獬豸冠”的冠帽，其状貌已经无从得知。在中国古代，人们确实会在神判仪式中运用解廌。《墨子·明鬼下》曾列举大量例证，试图证明鬼神的存在，其中有一则狱讼故事被记载在了齐国《春秋》之中：齐庄君（公元前794年—公元前731年在位）执政时期，王里国与中里徼二人在村中争讼，持续三年仍悬而未决。为了惩罚有罪之人，齐庄君举行了神判仪式，命令王里国与中里徼各准备一头羊，随后在齐国的神社中分别进行盟誓，惩罚对象由仪式的结果决定。盟誓的具体做法是，用割喉的方式将羊杀死，并将颈血洒于地上。王里国在诵读誓词时并无异样发生，而中里徼诵读誓词尚未结束，羊便一跃而起，用角撞断了中里徼的脚。随后，中里徼在神社中被认定有罪，遭到处决。该过程正是所谓的“羊神判”。

“善”“義”“美”等字俱从“羊”，它们均含有一定的价值取向，由此推测，古人确实执行过羊神判。善三上[①]指在狱讼中进行定罪。《说文》曰：“善，吉也。从誩，从羊。此与義同意。”誩三上，《说文》曰：“竞言也。从二言。……读若竞。”所谓“从二言”，绝非单纯指口舌论战。“言”指立誓，如上文所述，王里国与中里徼为了分辨黑白而在齐国神社中进行盟誓。由此可知，競三上指两人在神明面前竞相祈祷，“善”从二“言”，与“競”义近。《说文·兄部》收录有兢八下，训其为“彊语也”，其义不明。此外，《说文·兄部》有“兢”，训为“兢也”，笔者认为，“兢”指竞相祈祷，

①《说文》字形为“譱”。——编者

而“兢”指战战兢兢之貌。

“善”的古字形作“譱”，由“羊”与“誩”构成，其字形中的“羊”即神判仪式中所使用的解廌。依据《墨子》的描述，进行狱讼的当事双方须各备羊一头，“譱”的字形中仅含有一“羊”，可能是指那位已经在审判仪式中取胜的人。

“廌”象神判用羊的侧面之形。慶（庆）十下与其字形相似，表示喜庆之义，《说文》曰：“慶，行贺人也。从心，从夊，吉礼以鹿皮为贽，故从鹿省。”被当作贺礼的鹿皮，也作“麗”或“儷”。麗十上，《说文》曰：“旅行也。鹿之性，见食急则必旅行。”位于“鹿”之上的“丽”这一部分即指麗皮，麗皮多用作婚庆贺礼，故有“伉儷”这一说法。“廌”“鹿”同形，“慶”当从“廌”。从内心欢喜、献上贺词等角度对“慶”的解读，均是肤浅之说。

“慶”由在“廌”的基础上添加“心”构成。在那些与表示文身的“文”字相关的汉字中，“心”这个形体屡屡出现，指文身的花纹。古人或像为人体文身那样，也在廌的身上制造花纹。若如此做，神判中胜出的那一方便会被神圣化，进而获得神明的赐福，故而“慶”又含有喜庆、庆贺诸义。“慶”曾被用作狱讼审判用语，西周晚期有两件琱生簋，稍晚的一件上曾两次出现“余告慶”这样的用例，其作用是在纠纷场合中引出解决方案。

在神判仪式中分出胜负后，胜诉一方的解廌被神圣化，那么败诉一方的解廌会受到何种处置？败诉者的所行背弃了盟誓，玷污了神明，为了祛除不祥，古人会废弃其解廌。败诉者本人也难以苟全，其用于盟誓的祝告之器的顶盖会被剥夺，败诉者自身也会被驱逐。“灋”，最初被用来表示“废”之义。金文中有封官之文，其文末多有“勿灋（废）朕命”这样的语句，其中“灋”便使用了“废”的声义。

“灋”,《说文》曰:“刑也。平之如水，从水。廌，所以触不直者。去之，从去。”许慎认为法律如水般公平公正，所以从“水”。神判旨在保证公平，廌会抵触不正直者使其离去，因此从“廌”、从“去”。去五上,《说文》曰:“人相违也。从大，𠙴声。”将“去”判断为形声字，但并未释明其字义。

“去”在甲骨卜辞中的字形由“大”与“𠙴”构成。到了金文中，“去”参与构成了“灋”的形体。有时“灋”中“去”的这一部分会由“𠙴”构成，其形体象揭开顶盖的“ㅂ”，该形体应指顶盖被损坏的盟誓用器。由此可知，“灋”的形体指神判中落败的那一方，连同其所拥有的盟誓用器以及解廌，一并被弃入水流，时人通过该字形表示厌弃污秽之义。将污秽弃入水流以追求清净，是一种原始的修祓方式。日本自古便有大祓式，该仪式在每年的六月及十二月举行，“御殿仕奉”的大臣们为了祓除“犯过的种种罪事”，据《祝词》记载，他们先悉数罗列天之罪与国之罪，然后道出那些神话起源的驱邪方法。其后神明有所反应，罪孽或是被风吹逝，“如科户（风穴）之风，吹散九天八重云”，或是被水冲入大海，为“在荒潮之潮八百道的、八潮道之潮八百会的速开都比登云布神”所吞噬，最后被气吹户主神吹散到黄泉之下的根之国、底之国等地，污秽遂烟消云散。由于大祓式多举行于海边，因此在各地担任神职的卜部人员，都是奉行着“退出大川边，祓秽完毕”的理念，在自己所在地的河边加以实践。

中臣陈祝词，清祓罪秽；祈求长寿命，非汝又为谁。[①] 《万叶集》十七·四〇三一

此乃《造酒歌》，相传由大伴家持所作。如诗歌中描述的那样，中臣氏一族司掌太祝词，在向神明祈求延寿时，将酿酒作为祭物，并用其洗去污秽。关于祭物，《日本书纪·卷廿九·天武纪下》中亦有提及，时人有将“马一匹，布一常”作为“祓柱”[②]（天武天皇五年）；当天下大祓时，各地的国造[③]受命将“奴婢一口”献祭（天武天皇十年）。

前文所述的大祓仪式，是以须佐之男被流放至高天原的神话传说为原型的，《大祓词》的开篇便讲述了该传说。在中国古代也有将天下四凶流放至不毛之地的神话，或许伯夷创典刑的神话，原本就带着这样的意味吧。原始法在形成自身基调时，其秩序原理多是依托神话形式，带有法律意义的行为通常配有贴合实际的执行方式。伍子胥的事迹可以视为中国古代实际执行法律的例子。

伍子胥出身楚地望族，其祖父伍举侍奉楚庄王，帮助国君成为春秋五霸之一，为楚国的霸业立下了汗马功劳。伍子胥之父伍奢侍奉楚平王，担任太子建的太傅（司掌教育）。太子获罪逃亡时，伍奢及伍子胥之兄因连坐而遭处决。遭到追捕的伍子胥追随太子建逃亡至宋国，随后又进入了吴国，伺机向楚国复仇。吴王阖闾即位三年（公元前512年）时，吴国发兵伐楚。六年时，吴

①《万叶集》，赵乐甡译，译林出版社，2002年版，页744—745。

② 祓柱，日本古代举行修祓仪式时，为了赎罪而向神明进奉的供物。

③ 国造，日本古时为了实现对全国的统治而任命的地方官员，多由曾经的当地豪族所担任。

伍子胥画像镜

后汉的画像镜。中央居下刻“忠臣伍子胥”，故知为伍子胥像，描绘的是其怒目散发，按剑自刎之状。右为吴王夫差，上为越王和范蠡。上海博物馆藏。

国再度伐楚，大破楚军。九年时，吴军攻陷楚国的国都郢。伍子胥掘开楚平王的陵墓，为报杀父杀兄之仇而鞭尸三百余下。当时的吴国拥有伍子胥及孙武两位名臣，在中国南方得以称霸。不久后，阖闾在与越国的战争中因伤去世。伍子胥辅助继任的吴王夫差兴兵复仇，在会稽生擒了越王勾践。当时，伍子胥谏言处决勾践、灭亡越国以绝后患，结果夫差的近臣却接受了越国的贿赂。在谗言的影响下，夫差下令赐死伍子胥。受吴王赐剑属镂行将自刎时，伍子胥留下了有诅咒意味的遗言：“必树吾墓上以梓，令可以为器；而抉吾眼悬吴东门之上，以观越寇之入灭吴也。”《史记·伍子胥列传》曰：“吴王闻之大怒，乃取子胥尸盛以鸱夷革，浮之江中。吴人怜之，为立祠于江上，因命曰胥山。”传言在东海的潮头，经常有人目睹伍子胥的冤灵骑着白马。随后，在重臣范蠡的辅佐下，越王勾践准备一雪会稽之耻。在越军逼近吴都东门时，海里突然涌起了巨浪，冲破了城门。据说曾有人目睹伍子胥骑着白马在浪尖上冲杀的英姿，伍子胥也因此被尊为怨灵神。

吴王夫差曾用鸱夷包裹伍子胥的尸体并将其投入江中，鸱夷究竟是何物已难以知晓。裴骃在《史记集解》引应劭注，认为鸱夷是用马革制成的装运酒器的大袋子。关于其材质，也有人认为是由牛皮制成。“夷”也作“鶇”，《说文》曰：“鶇，鶇胡，污泽也。”即今天所说的鹈鹕（pelican）。西汉扬雄著有《酒箴》曰：“鸱夷滑稽，腹大如壶。”其中“鸱夷”与“滑稽”均指大肚状的水袋。鹈鹕的下嘴壳与皮肤之间虽然有相连接形成的大皮囊，但很难相信其大小足以容纳一个人。因此，鸱夷应是将牛马的内脏掏空后，使用其皮囊制成的大皮袋。西周晚期有史颂簋，其上记有“灋友”，其中在“灋”的字形（详见前文文字资料中第四例）中，“廌”这一部分像是被皮囊所包裹。如字形所示，被包裹着的解廌应该属于那位在神判中落败的人。这可能就反映了古时一种被称为“灋”的修祓方法，古人如此做，应该是希望将那些对神明不敬的污秽转移至解廌的身上。

灭吴之后，越王勾践便独霸中国南部，怀拥天下无双的美女西施，极享荣华富贵，群臣均身着锦衣，国力盛极一时。曾为勾践霸业鞠躬尽瘁的范蠡却于此时幡然离去。后人推断，这是因为范蠡判断勾践此人可与共患难而不可与共乐。范蠡化名鸱夷子皮，走海路北上赴齐经商，在政坛之外逍遥自得，成了后世人人称颂的巨贾陶朱公。范蠡离开越国时，之所以化名鸱夷子皮，应该是想到了被鸱夷包裹、弃置江中的伍子胥。作为逃亡者的范蠡在与国家诀别时，应该希望自身能够更接近那些被法所抛弃之人，更名为鸱夷子皮这种寓意自我抛弃的名字，也应该是一种离开国家的离弃之礼。

此外，也有一则与孔子有关的鸱夷故事。据《墨子·非儒下》记载，孔子逃亡到齐国，齐景公想要重用他，却因晏子的反对而作罢。对齐景公与晏子心怀怨愤的孔子，"乃树鸱夷子皮于田常之门"。后代注释《墨子》的人大多认为孔子是将一位叫作"鸱夷子皮"的男性安置在了田常的门下，而认为"鸱夷子皮"就是范蠡的人也为数不少。然而范蠡赴齐时，孔子已经离世六年，时间不合。笔者认为，孔子此举是在行将离弃齐国时向田常行礼。田常是孔子逃亡齐国期间的庇护者，孔子在即将返回鲁国时，通过这样的行为自我抛弃，以逃亡者的身份与田常及齐国就此诀别。

"法"，初文作"灋"，原指为了修祓而弃置负罪之人，除此以外，逃亡者可能也会进行形式类似的礼仪，二者之间的关系，正如投降礼仪经常与丧葬礼仪形式相同。这种法律的实践形式，应该是以远古流放四凶的神话为原型的。联系到"廌"的形义，我们更能确定对"灋"做出如此阐释是具有合理性的。对于神灵的亵渎，连同与其相对应的修祓仪式，共同构筑了原始法的核心成分，日本的《大祓词》恰恰也能反映相同的法观念。

古代的审判

那些《墨子》所记载的齐国宗庙神判，以及伍子胥等人与鸱夷相关的传说，均属春秋末期之事，可见这类神判体系的知识在当时尚有残留。神判是最为原始的审判方式，放眼世界各地的其他未开化文明，当时业已成文的法典有日耳曼诸法典、萨利克法典以及里普利安法典，诸法典均对神判做出了若干规定。印度是古代法典的宝库，有着《那罗陀法典》《摩奴法典》以及《阿帕斯檀跋法经》，这些法典在神判方面做出了多种多样的规定：用烧红的金属熨烫人体并检查是否会受伤，谓之火神判；将人浸没在水中一段时间，谓之水神判；令人数次称重，观察前后结果是否不同，谓之秤神判；令人摄入有毒物质并检查其反应，谓之毒神判；令人饮用浸过魔像的水，观察其是否会患病，谓之神水神判；将烧热的油倒入装有钱币的壶中并令人取出钱币，谓之沸油神判；将蛇置入装有钱币的壶中并令人取出钱币，谓之毒蛇神判。其中部分神判也可见于《大唐西域记》。在日本，古人在审判或确定姓氏时，会运用毒蛇神判和盟神探汤等方式，其例可见于《日本书纪》(《允恭纪·四年》、《应神纪·九年》、《继体纪·二十四年》)。相传中臣连的祖先是探汤之主(《垂仁纪·二十五年》)，他可能是这种神判的掌管者。《论语·季氏》曰："见不善如探汤。"如此可见，日本古代的探汤民俗应当源于中国。反映探汤的汉字应当就是我们今天所言"贞卜"时的"贞"。

貞（贞）三下在卜辞中用作贞卜之义，其字形象鼎之形。早期的学者在解读"貞"这个汉字时煞费苦心，所幸有《说文》训其曰："貞，卜问也。从卜，貝（贝）以为贽（赠物）。"人们方确定卜辞中的"貞"之所指。"貞"的字形从"貝"，许慎将"貝"理解为赠物，该观点有误。"貝"的形体象鼎之形，因此"貞"表达的或许是行探汤之事。《周礼·春官·小宗伯》记有"大贞礼"，遇大疑则以蓍（筮）龟（卜）贞卜之。《左传·哀公十七年》记有“卫侯贞卜”,《国语·吴语》记有“请贞于阳卜”，均是“贞”的文献用例。探汤审判这种习俗自古有之，在金文中，有在“鼎”的上方添加“卜”而构成的汉字“鼑”，这个汉字表示的是贞卜问询，其用法可能由甲骨卜辞传承而来。今天的关帝庙或其他寺庙中依然沿用杯珓占卜，这便是一种通过投掷卜具、根据正反来判断凶吉的神判仪式。清人袁枚著有《续子不语》，其中记载了众人赴温元帅庙对神明发誓诅咒的故事，也是对自古以来的神判习俗的反映。

中国的成文法形成较早。据《左传》记载，在春秋时期，郑国子产作有刑书，晋国赵鞅、荀寅作有刑鼎，郑国邓析作有竹刑。若再向上追溯至金文时期，则会发现西周晚期有数量众多的契约铭文刻录于彝器之上，其中对民事法相关问题的规定甚是完备。究其原因，当时的土地经济已经获得了充分的发展，因此土地持有者便迫切渴求着社会层面的法律认可。

在古代的氏族社会，犯人的罪行通常属于触犯禁忌之事，其次才是涉及身份权、财产权的罪行。今言“犯罪”，关于犯十上，《说文》曰:“侵也。从犬，㔾声[①]。”该字形象人在野兽的背后施暴，相当于《大祓词》中提及的“犯畜罪”。至于“盜（盗）”“竊（窃）”等字，最初也并非表示财产掠夺。《说文》认为，盜八下从“次”，并训次八下为“慕欲口液也”，即垂涎之貌。羨（羡）八下训“贪欲也”。《说文》曰:“盜，私利物也。从次，次欲皿者。”若如

①《说文》作“巳声”，段玉裁注为“㔾声”。——编者

此解释便不符合盗窃之义。

在古代文献中，“盗”并非单纯表示盗窃物品，这些大盗贼固然还不到盗国贼的程度，但也是与此相近的大盗、亡命者和群不逞之徒，一般来讲是抗逆社会秩序的人。据《左传·襄公十年》记载，郑国的执政官公子騑、公子发、公子辄被“盗杀”。事件的起源是公子騑为了扩大自己的私人园地，而夺取了司氏、堵氏、侯氏以及子师氏等人的农田，这些失去土地的人遂“聚群不逞之人”，发动了叛乱，在西宫的朝堂之上杀害执政，将郑伯幽闭在了北宫，放了宫中的家臣与妾婢，又将器物钱财四散出去。最终，公子发遇害后，其子子产击破贼军，“盗众尽死”，残存的主谋者逃奔他国。为了抚慰民心，子孔制作盟书，但此举又使得不满之声日益高涨。为了平息众怒，子孔最后在仓门外焚烧了盟书。《春秋》在描述这次政变时记载道：“盗杀郑公子騑、公子发、公孙辄。”据《左传·襄公十五年》记载，为了惩办逃奔宋国的“余盗”，子产用“马四十乘”贿赂宋国，宋人遂将这些罪犯引渡回郑国。最终，这些人遭到处决，死后被剁为肉酱，用盐腌渍。

在《春秋》中，有时作者即便明知施事者的身份，依然会称其为“盗”。例如，《春秋·定公八年》曰：“盗窃宝玉、大弓。”这里的“盗”即指阳虎。当时，鲁国受三桓（孟孙氏、叔孙氏和季孙氏，鲁国的三大家族）统治，大臣阳虎希望压制三桓，实现独裁。争权失败后，阳虎出奔齐国。自封建以来，鲁国便坐拥夏后氏之璜与封父之繁弱（良弓之名），阳虎在出逃前将这两件镇国之宝一并窃走。在这种情况下，即便贵为一国之掌权者，也可以被称作“盗”。所谓“盗”，指的是那些不遵守秩序之人，他们即便不着手破坏秩序，至少也会意欲脱离秩序。《庄子》中记载有“盗跖”，相传是一个从者数千人、纵横天下的大规模团体。在《左传》中经常有大盗在其他诸侯国为非作歹，他们或是进行政治暗杀，或是破坏秩序。成为盗的首要条件，便是舍弃自己原有的封建户籍，亡命天涯。即便像子孔[①]那样的人，一旦逃亡也会被当成“盗”，杀之无罪。

由此可见，所谓“盗”，绝非觊觎皿中之物那样的小偷小摸，而是某种否定政治体制、叛离氏族社会的严重行为。其字形中的“皿”当是盟誓之器，指氏族成员之间的盟约。而“盗”便是破弃这一氏族纽带，并从氏族团体中脱离而出。在秦石鼓文中，“盗”的字形上半部分新增有二“水”（参见本页图）。在容器上添加“水”这一部分，应指玷污盟誓。“沓”，即在代表盟书的“曰”

石鼓文：汧殹石，盗

汧殹石的一部分。第二字刻的是竹下盗。这个字历来有蒞、筵等解释，但《玉篇》中的盗字便是这一字形，因此当视为一个从“盗”的字。在皿上从二水和欠的这个字，应当和“沓”一样，表示进行盟誓的行为。石鼓字是表示捕鱼用的笼子的意思。当理解为“将其捕获，尚鲜”的意思。拓本称作后劲本，乃是旧拓。石鼓字形尚能看见。

① 原文作“孔子”，恐为笔误，此人当为“子孔”，郑国大夫。

之上添加“水”构成。《诗经·小雅·十月之交》有“噂沓”，即诽谤之言。将“水”置于起誓文书或用于血盟的祭器上，指的是一种试图切断氏族纽带、侮辱氏族之神的亵渎诅咒，而行此事之人即谓之“盗”。构成字形的“欠”这一部分，亦可见于“歐”“歌”等字中，指诅咒行为。为了平息神怒，背弃盟约之人必须承受法的处置，即遭族人放逐，正如《古事记》里记载的伊耶那岐命驱逐须佐之男命那样。

賊（贼）十二下，《说文》曰：“败也。从戈，則（则）声。”认为“賊”的声符是“則”。段玉裁注曰：“敗（败）、賊皆从貝会意。”认为字形通过用戈毁貝之形，表毁坏之意。在金文中，“賊”的字形由“則”和“戈”构成。則四下并非仅用作声符，其字形本由在鼎上添加“刀”构成，指在鼎器上铭刻誓约之辞。“則”表示盟誓约定。《说文》训“則”为“等画物也”，认为字形是将贝货一分为二，但该观点并不适用于古字形。《周礼·秋官·司约》曰：“掌邦国及万民之约剂。……凡大约剂书于宗彝。”可见，重要的盟誓契约会被刻录在鼎彝之上。劑（剂）四下，《说文》曰：“齊（齐）也。”认为“劑”如“則”一样，都指的是均分，但其字形中的“齊”这一部分应指“齋”，即方鼎，如員（员）六下指圆鼎。所谓“剂”，是在齋上铭刻契约关系等誓言，亦称“约剂”。所谓“賊”，是对约剂鼎铭挥戈相向，毁坏铭刻其上的文字。“盗”表示亵渎氏族盟誓的背信弃义之行，“賊”表示的行为则与其类似。此外，“賊”也可以指那些背弃盟誓之人。

“盗”与“窃”，表示的不是来自外界的掠夺攫取，而是那些发生于内部的自相残害。竊七上，《说文》曰：“盗自中出曰竊。从穴，从米，禼、廿皆声。”[①]通常而言，汉字几乎不会包含两个声符。“竊”指仓库中的米谷所生的蠹虫。谷仓中贮存的谷物极易生虫，谷实经常会在人难以察觉的情况下被由内而外啃噬殆尽。因此，“竊”在日语中被训读为“ひそかに”，即不为人察觉地暗地做某事。财产的损失，大多属于此类。在古代，即便不依靠门户对自家进行守卫，也不会发生外来的盗窃事件。“贼”均是由内而起的。

古代亦有争讼之事。爭（争）四下，《说文》训“引也”，但并未解释所“引”为何物。不过从靜（静）五下从“爭”这一点来看，受牵引之物当为“力”，即耒耜。在古代，农时结束后，负责农耕的人需要将所有的农具都贮藏在神仓中，在下一次农耕开始时再进行农具的配给。本书认为，“争”所表示的正是农具再分配时的争讼行为，但为何被赋予神事形式的农具分配行为会招致纷争，以及纷争何时会发生，这些问题尚不可知晓，或许还有更深一层的其他未知原因。在围绕农具而争讼时，为了将其神圣化而使用丹青颜料，即“靜”。如果将“爭”理解为争夺耒耜，那么“靜”便是祈求丰年的占卜仪式。

笔者并不认为“爭”是运用耒耜举行占卜，究其理由，今言“胜败”，其中勝（胜）[②]十三下亦从“力”。《说文》训为“任也”，认为“勝”指可以胜任，“力”指肌肉力量，“朕”充当声符。笔者认为，“勝”应该表示一种将耒耜献上的祭祀仪式。“月”这一

① 《说文》中该字字形为“竊”。——编者

② 《说文》中另有“胜”字，为区别两字，本书引用《说文》时保留“勝”字，并根据原文情况采用作者所用字形。——编者

部分形体本作“舟”，“舟”即“盤（盘）”；“关”这一部分则象两手捧持之形。“勝”的字形表示凭借耒耜进行占卜，双手持盘向神明有所供奉。加十三下，《说文》曰：“语相增加也。”笔者认为其字形由“㠯”与“力”构成，表示使用祝祭之器与耒耜祈祷丰年。“嘉”“賀（贺）”等汉字均继承其音义。与“賀”相对应的汉字应是“敗”，以敲击貝之形表示败毁之义。此外，古代有使用杯珓占卜的神判仪式，“賀”与“敗”也有可能分别指称该仪式的成功与失败。今言胜败时可用“胜”“败”等字，究其源头则均为农谷占卜之事。

古代的纷争更多侧重于人格权而非财产权。究其原因，可能是因为当古人论及财产问题，习惯法已经对赔偿机制做出了规定，所以问题相对简单。一旦纷争发生，当事双方需要前往氏族守护神所在的祖庙进行争讼，此即訟三上。《说文》训为“争也”，将“公”判断为声符，可能是考虑到“讼”“颂”同音的缘故。然而“讼”“颂”均应是会意字，公二上的字形象祖庙之前的场地。“讼”表示为了争讼的胜利而在祖庙前进行自我诅盟，而“颂”则表示为了赞颂祖先神而献上诗歌舞乐。

审判仪式的第一步是提起诉讼并告发罪行，金文中多称之为告（告）二上，其字形象将祝告之器“㠯”附着于树枝之上。西周有曶鼎，其上记载了曶的收获物为匡季（人名）家臣所侵占，曶因此向拥有审判权的东宫提起诉讼，“以匡季告东宫”。“告”本指有事上告神明，故而可知当时的审判举行于神庙或其他被神圣化的场所。根据《周礼·秋官·朝士》记载，当狱讼之事的当事人来自外邦时，举行地点要设在“九棘”“三槐”之前，“嘉石”“肺石”之间。相传召伯曾在棠树下听取民意、决断狱讼，《诗经·召南·甘棠》即为纪念此事而作，后世也因而称官吏处理民间狱讼为“棠阴”。

坐十三下，依《说文》训“止也”，认为“土”是人所坐下止息的地方，但笔者并不认为“坐”指通常意义上的坐居。《周礼》解释了举行狱讼期间嫌犯的安置问题。《周礼·秋官·大司寇》曰：“桎梏而坐诸嘉石。”结合《周礼·秋官·朝士》可知，嫌犯须坐于嘉石或肺石左右。“坐”从“土”，“土”指社稷之神。据《墨子》记载，古人会在神社前举行神判仪式，换言之，即在社稷之神的面前进行审判。“坐”当指以当事人的身份参加狱讼活动，其用例可见于《左传》。

据《周礼》记载，司法相关事宜由秋官中的大司寇管辖。《周礼·秋官·大司寇》记有“以两造禁民讼”，其中“两造”即“两曹”，指诉讼双方。造二下，依《说文》训“就也”，表示到、去之义。在金文字形中，我们可以认为“造”从“舟”，或从“舟”“告”。此外，也有在其基础上添加“宀”从而构成的“窖”，指在宗庙中举行的某种仪式。“舟”指盘状器皿，“告”指祝告仪式，“造”的原义是用盘盛祭物，供奉神明并有所祷告。如果涉及狱讼之事，那么祷告者自然需要向神立誓并献上祭物。《周礼·秋官·大司寇》曰：“以两造禁民讼。入束矢于朝，然后听之。以两剂禁民狱。入钧金，三日乃致于朝，然后听之。”如其所规定的那样，在审判开始前，当事人须上交“束矢”与“钧金”。

司法机关又称“法曹”。“两造”亦即“两曹”，“造”“曹”义近。曹五上最初的字形是在“曰”上添加“棘”构成。棘六上，《说文》曰：“二東，曹（曹）从此。阙。”许慎知其字形由二“東”

构成，但无从解释其声义。“東（东）”的字形象两头紧束的囊袋，由此可以确定，“棘”指装有诉讼双方缴纳的束矢钧金的囊袋。实际上，缴纳束矢制度确实具有一定的普遍性，在《国语·齐语》《管子·小匡》《管子·中匡》以及《淮南子·氾论训》等文献中均有记载。每位当事人将束矢钧金之类的物品装入囊袋，再将祝告之器（曰）置于其中，一并上交于司法机关。在那之后，两曹正式形成，而审判仪式也可以正式开始。关于“曹”，《说文》曰：“䡴，狱之两曹也。在廷东。从棘。治事者。从曰。”本书认为“曰”为表示自己立誓的祝告之器，而“棘”表示装有缴纳供物的囊袋。《管子·小匡》曰：“不直，则入一束矢以罚之。”《淮南子·氾论训》曰：“讼而不胜者，出一束箭。”由此可见，参加审判的当事人需要预先交纳物品，这是当时的一种担保制度。

与“曹”构造相似的汉字还有“譻”“讐”“獄”“辡（辨）”，这些汉字均从“言”。譻三上，依《说文》训“声也”，但许慎并未解释这是何种声音。东汉张衡著《思玄赋》，其中记有“鸣玉鸾之譻譻”，便是将其用作表示玉器相击之声。本书认为，“譻”中的“言”指立誓之词，之所以在其上增添二“貝”，可以认为是指一种目的与两曹交纳钧金相同的行为。在“言”上增添“雔”则构成讐三上，《说文》曰：“犹应也。”即应对。然而《说文·人部》又有仇八上训“讐也”，“仇”亦有表示相对之义的用例。笔者认为，“讐”中的“雔”，亦指一种目的与交纳束矢钧金相同的行为。校对同一本书的不同版本谓之“校讐”，应由本义引申而来。

獄十上，《说文》中依叠韵其为“确也”。字形从二“犬”，认为“所以守也”，但此说难通。今言“监狱”，古作“犴狱”，其中

“犴”指外地的监狱，“狱”指朝廷中的监狱。段玉裁在《说文解字注》中认为“獄”从二“犬”，是取相争之意。古人在神灵面前举行狱讼之事时，会将犬牺牲以清洁祭祀场所。在以修祓为目的的仪式中，犬牲尤为重要。因此，古人在狱讼立誓时，也会为了修祓而献上犬牲。辩十四下，由在“言”的两侧增添“辛”构成。“辛”是可用于墨刑的大针。《周礼·秋官·司约》记有“有狱讼者则使之盟诅”[①]，又有“其不信者服墨刑”。由此可见,“辩”的字形由“辛”这一部分参与构成，表示其事与墨刑相关。在那些与狱讼相关的汉字中，若形体中有两个相同的构件并排放置，则可推断该汉字或与狱讼两造（两位当事人）联系密切。

獄十上与“獄”字形非常相似,《说文》训其为“司空也”，是形声字。所谓“司空”，即狱官的别称。狱官别称众多，周称“圜土”，殷称“羑里”，夏称“均台”，秦称“囹圄”，汉称“若庐”，魏则称“司空”，至于“獄”则并无用例。《玉篇》训“獄”为“察也”，其读音与表示伺察之义的“司”相同。唐代碑文中则有将“司马”写作“獄马”的情况。

《左传·僖公二十八年 》记载了一起春秋时期实际举行的审判案件。当时，楚国与晋国分别代表着中国南北的最强势力，两国在城濮展开激战，卫国被卷入其中，并发生了一起不幸的事件。晋楚交恶时，卫国国内同时出现了亲晋派与亲楚派两股势力。两派水火不容，卫侯也因此而逃离了国都。晋国在城濮之战中取胜后，卫侯才得以回归。卫侯出奔期间，他的弟弟叔武已经在国都

① 此句见于《周礼·秋官·司盟》。——编者

组建了临时政府。随后，叔武与卫侯订下了誓约，摒弃前嫌，准备拥立卫侯回国复位。然而，卫侯比预定的日期提早进入了国都。叔武当时正在洗发，听到其兄归来的消息后非常高兴，遂散发出迎，却不幸遭卫侯侍卫错误射杀。虽然卫侯很快便处死了射杀叔武的凶手，但其本人究竟有无过失这一问题却陷入了争议。叔武的支持者元咺向晋国提起诉讼，审判就此开始。

在这场审判中，士荣担任卫侯的辩护人。虽然卫侯是被告人，但由于他的身份是诸侯，故由鍼庄子担任其代理人，即“鍼庄子为坐”。“坐”本来应由嫌疑人亲自承担。宁武子是卫侯身边公认的贤人，他在这场审判中负责辅佐卫侯。根据审判结果，卫侯在这场案件中须承担过失责任，即今言过失致人死亡罪，其首席答辩人士荣遭到处死，其代理人鍼庄子遭受刖刑。“刖”，在甲骨卜辞中即象刖刑之形的象形字（详见本书上卷第5页图1–7）。卫侯的辅佐人宁武子虽然在这场审判中全身而退，但人们对其才智品德的评价却一落千丈。孔子在《论语·公冶长》中评价宁武子道：“邦有道则知，邦无道则愚。其知可及也，其愚不可及也。”审判结束后，免于死刑的卫侯先是被逮至晋国，随后又被囚禁于京师深牢之中。卫侯最初并不支持亲晋派，故而我们也可以认为晋国的此番举动是具有报复性的，晋国可能希望通过政权更迭迫使卫国走上亲晋的外交道路。无论如何，晋国以司法审判为手段制裁卫侯，这种选择本身便充满了深意。我们可以认为，此次狱讼行为具有战争审判的性质。此外，当时的审判制度应该已经准许被告获得来自他人的辩护援助了。

审判卫侯的详细过程没能被记录下来，这不得不说是一大遗憾，但根据其所采用的审判形式来看，我们有理由推测当时已经存在一套成文法典，它以宪法，也即法律之法为基础，同时涉及了刑法和刑事诉讼法。至于是否包含民事法和涉及亲属、财产问题的习惯法，我们可以依据西周晚期以金文记载的争讼事件来推定。例如，西周晚期有散氏盘，其上记载有散氏与矢氏之间围绕领土一事展开的纷争，以及两家之间的和解契约。起初，矢氏侵攻散氏，随后矢氏将部分土地割让赔偿于散氏，双方就此和解，重新划定疆界并制定了相应的契约文书。在定界的过程中，双方的有司共同担任见证人，订立契约，举行守约盟誓，最后交付分界地图，并由当时任史正（官职名）一职的仲农认证契约文书。此事与今天公证书的法定认证程序颇为相似。

散氏盘中记载的契约文书，是在双方全体见证人的监督下制成的。见证名单既包括了来自散氏的利害关系人，也包括了来自矢氏的土地用益权提供人。其中，提供用益权的矢氏一方的见证人立下了如下誓约：“我既付散氏田器。有爽实（违反契约），余有散氏心贼，则爰（锾，罚金）千罚千，传弃之。……余有爽变，爰千罚千。”此举与自我盟誓颇为相似。爰四下的字形表示授受金属块，其中“●”这一部分便是“金”字。在“金”的诸多形体中，有部分字形是将“●”重叠而成，该形体即今天“金”的初文。“全”表示将金属熔铸入模具后获得的完整金属块，在“全”的基础上添加“●”即构成“金”。契约中提到的罚金千爰，应该是凭借金属计量单位确定总额。因此，今言“均匀”之“均”，亦是一个从“●●”的汉字。

傳（传）八上这个词原本指的是流放的形式。《说文》中训其为“遽也”，是形声字。“傳遽”，即传车驿马，奉命奔走的急使。《礼记·士藻》中记有“傳遽之臣”，指那些替国君传命的士人。然而“傳”之本义并非传遽之义，而是指某种放逐仪式。日本有一种相仿的放逐刑法，命令被放逐之人必须背负“千座置户”①。“傳”的字形表示“人”背负“專”。專（专）三下，《说文》曰：“六寸簿也。……一曰专，纺专。”段玉裁注曰：“六寸簿，盖笏也。”然而《礼记·玉藻》曰：“笏度二尺有六寸。”尺寸不合，因此这件长六寸之物当为箅五上，即一种直径一分的竹制算筹，又可称“陆簙”“夗专”，字形也写作“塼”。所谓“夗专”，应该是用于收丝的纺锤。今天有“專一”“摶（抟）饭”（捏饭成团）、“團（团）结”等用法，是因为“專”含有将物体抟成一团、拍打使之紧实之义。“專”为象形字，笔者认为，其字形表示从外部用手将放入橐袋中的物体拍实。自外击打当为“尃”。“搏”“缚”等汉字即含有此意。尃三下的初文字形表示手持连根拔起的树苗，树苗的根部被捆扎包裹。西周时期有克钟，其上记有“尃奠王命”；又有毛公鼎，其上记有“尃命尃政”“出入尃命于外”，均是用“尃”作“敷”，表示敷施政令之义。由此可知，“尃”“專”均有使橐袋中的物品紧实之义，其中“尃”侧重于运用从外绑缚的方式，而“專”则侧重于运用从外拍打的方式。

所谓“传弃”，是一种放逐方式，“傳”的字形表示人背负橐，大致相当于日本神话中放逐罪人时令其背负“千座置户”，这种放逐形式非常古老，具体细节可以参照《古事记》。据记载，须佐之

① 千座置户，日本古代举行修祓仪式时，载有大量用于赎罪之物的祓物台。

男触犯种种天罪，八百万众神齐聚一堂，商议将其驱逐流放一事，“命（须佐之男）负千座置户，切上须，及手足爪，祓而放逐之”。在古希腊，也曾存在这种带有象征意味的，将须发、指甲抛入河流的流弃风俗。在甲骨卜辞中，有汉字的字形表示背负着“東”（橐）的人面向鼎，该字形应指探汤之刑。

人们认为，千座置户是为了赎罪而提供出各种各样的财物。在《日本书纪·卷十四·雄略纪》中，记载有“齿田根命以马八匹、大刀八口，祓除罪过”一事，这与中国古代参加神判仪式时须缴纳束矢钧金一样，均以赎罪为目的。

另外，笔者还认为，在《古事记》“负千座置户”这一句中，“负（おふ）”这个字的使用及其语义有着进一步探讨的价值。

> 吾儿仍幼稚，道路尚难明，献币黄泉使，负儿路上行。[①] 《万叶集》五·九〇五
>
> 男儿苦思念，几度负长叹。 《万叶集》四·六四六

又《日本书纪·卷一·神代纪下》记有“即躬被瑞之八坂琼[②]”;《万叶集》（二十·四四六五）记有“不负大伴之名”。在以上四处用例中，“负（おふ）”均表示“蒙受”之义，而非“科罪”之义。

与其相比，《日本书纪·卷一·神代纪上》曰：

---

①《万叶集》，杨烈译，湖南人民出版社，1984年版，页200。

② 八坂琼，又称“八尺琼勾玉”“八坂琼曲玉”，相传是一种巨大的勾玉。在日本神话中，与“八尺镜”“天丛云剑”并称“三神器”。

> 然后诸神归罪过于素戋呜尊，而科（おほ）之以千座置户，遂促征矣。至使拔发，以赎其罪。亦曰，拔其手足之爪赎之。已而竟逐降焉。

《日本书纪》“一书”亦曰：“故诸神科以千座置户，而遂逐之。”在这两则用例中，“おふ”却表示“科罪”之义，笔者并不倾向于将其判断为古义的消亡。“置户”中的“置”和“户”都属于甲类音，其语义不明。那应该与大己贵神被迫让出自己所统治的国家，离开幽神世界，“即躬被瑞之八坂琼而长隐者矣”，被驱逐至偏远之地，且身上有所背负有关联。散氏盘中“传弃”所指的正是这样的放逐方式。由此，“传”之本义明矣。对于须佐之男被驱逐、身背千座置户一事，《古事记》以“负”字描述之，是对那种神话中特定的放逐形式的切实还原。

古代的刑罚

在人类的法律尚处于原始法阶段时，人们通常会将那些违背了氏族秩序，从而忤逆社会全员的行为视作犯罪，而刑罚的目的则是修祓此罪。为了维护氏族的秩序与习惯，这些冒渎之行必须得到祓除。

那些罪孽最为深重的人，须承受放逐之刑。人们相信，那些违背神明意愿的行为乃是受邪神驱使，无论对犯人以何种方式处刑均难以赎罪。为了安抚神明，对于如此重罪之徒，除了将其放逐至邪灵肆虐的四裔之地外别无他法。古人将罪犯放逐至偏远边裔之地，并非是为了供奉邪灵，而是希望将辟邪之力附加在罪犯身上，以求祓除邪灵。“方”“邊（边）”的字形均表示将尸首悬挂于木架之上，“放”则表示将悬起尸首的木架送至邪神身旁。

罪愆的轻重程度未及流放之刑时，古人便会将这些罪犯献与神明，使其成为神的奴仆。“童”“妾”便是进贡给神明的臣仆，这两个汉字的形体中均包含“辛”，表示这些人已承受墨刑。根据字形判断，古时的墨刑应是入墨于鼻，表示此规定的字形当为“辠”，即“罪”的初文。入墨于面部则谓之“黥”，也谓“墨”。入墨于额上则谓之“涿鹿”。古人会对那些试图逃跑的奴婢施加墨刑，该刑罚即便在六朝时期也仍然存在。《太平御览·卷六四八》引《晋令》曰：“奴婢亡，加铜青若墨黥，黥两眼后。再亡，黥两颊上。三亡，横黥目下。皆长一寸五分，广五分。”此为墨刑的相关规定。

《尚书·吕刑》曰：“五刑之属三千。”言五刑之制者极多。所谓“五刑三千”，其中墨刑一千，割除鼻子的劓刑一千，断足的腓刑（也称“膑刑”）五百，去阴的宫刑三百，腰斩的辟刑二百。笔者并不认为古时的肉刑种类曾达三千之多，该数字可能表示古人在执行肉刑时存在轻重程度上的区别。劓四下这个汉字，视其字形可知其意。腓刑，又称刖刑。《说文》训刖四下为“绝也”，《说文·足部》亦有跀二下训“断足也”。在甲骨卜辞中，有字形由“足”和表示锯的“我”构成，该形体我们在前文中已经举出（详见本书上卷第5页图1–7）。随着时代发展，肉刑的残忍程度也愈发上升。清朝有一种肉刑叫作“凌迟处死”，该刑残酷至极，会将犯人的手脚砍断，持续施以折磨，至死方休。

残害生殖器的宫刑，古时亦称“斀刑”。斀三下，依《说文》训“去阴之刑也”，《尚书·吕刑》作椓六上。“椓”依《说文》训“击也”，去阴之法谓之“椓击”。《诗经·大雅·召旻》记有“昏椓”，东汉郑玄笺注曰：“奄人也。”所谓“奄人”，是被切除生殖器的人，后世亦称其为“宦官”。“椓”即“豖九下”，《说文》认为其字形象猪被绳索绊着脚之形，笔者则认为“豖”应与“豛三下”同字，“豛”依《说文》亦训“击也”[①]。豛豖，即为豖去势，被去势之豖又称“阉猪”。《说文》所收录的“牛”“马”“羊”“犬”“豖”诸字，均指已经去势的家畜。古人在将牺牲供奉于神明前，会先为这些家畜去势，其目的应是使之神圣化。以牺牲清洁不祥，加之以歌舞。古人行修祓之事时，运用牺牲的方法不胜枚举。

《说文》认为“斀”这个汉字从“攴”、“蜀”声。蜀十三上依《说文》是一个象形字，训“葵中蚕也”，即蚕的一种。“蜀”字多用作地名，如“巴蜀”，该地也曾被称作“蚕丛”。“獨（独）”“蠲”“屬（属）”等汉字的字形中均包含“蜀”，笔者依据诸字字义，认为“蜀”并非虫名，而是象某种长有牡器的雄性野兽之形，表示葵中之蚕的另有他字。所谓“獨”，指独行的雄兽。蠲十三上，《说文》训“马蠲也”，将其解释为一种类似于百足虫那样的虫类，笔者认为“蠲”应从“益”，该字形表示以绳索勒取雄兽牡器，从而使牺牲更加洁净。“益”的古文字形来源有两种，其一表示两根丝线结起，此即縊十三上之初文；其二表示“皿”上有“水”溢出，此即“溢”之初文。屬八下，《说文》曰：“连也。从尾，

① 这里疑有一处误记，白川静想引的当是“豛”，而非“豛”。豛，《说文》训“椎毄物也”；豛，《说文》训“击也”。

蜀声。”笔者认为，“屬”的字形由“尾”“蜀”相连构成，表示雌雄交尾。由此，则“斀”的字形表示椓击雄兽牡器，即去阴之义，“斀”与“椓”声义相同。将其称为宫刑，当源于女性的闭阴。以绳索斶除男性牡器则谓之“腐刑”。司马迁所承受的去阴之刑可能采用的就是绳索勒除的方式，而后代的宦官也多以此法净身。

辟九上，《说文》曰：“法也。从卩，从辛。节制其辠也。从口，用法者也。”若以甲骨卜辞及金文中的字形为依据，则此解释完全错误。在“辟”的字形中，“卩”象人体屈身之形，“辛”象窄细如针的弯刀之形，“卩”旁的“○”则表示用弯刀从人的身后剜出肉块。所谓“大辟”，是将人从腰部斩为两截的腰斩之刑。由此出发，则“辟”有辟罪、辟邪之义，又有法、辟治之义，以及辟事、辟君之义。在金文中，“辟”多指辟事、辟君之义。周朝早期有献簋，其上记有“朕辟天子”；周朝晚期有师望鼎，其上记有“哲（明）厥德，用辟于先王”。在“辟”的基础上添加“井”，则有㨾九上，《说文》训“治也”，会意字。本书则认为“㨾”应是“辟”的繁文，其中“井”这一部分与剜肉辟刑并无联系。此外也有由“辟”“乂”构成的嬖九上，义为“治”。乂十二下，《说文》曰：“芟艸[①]也。”“乂”与“刈”意义相通，是芟除枝叶的剪刀。毋宁说，在“辥”字之上再加一个“乂”的字形才是正确的。辥十四下，《说文》训其为“辠也”，即罪孽（孽）之义。“辥”的字形表示的是在行军时系上作为神主的𠂤肉，并在其上加一个曲刃的辛器。因此，这个字也含有孽愆之义。

① 艸，今简化为“草”。《说文》另有“草”字，与“艸”不同，故引用《说文》时保留“艸”。——编者

刑，古作荆五下。《说文》曰："荆，罚辠也。从井，从刀。……井亦声。"《说文·刀部》另收录有刑四下[①]，曰："刭也。从刀，开声。"又曰："刭（刭），刑也。从刀，巠声。""刑""刭"互训。在金文中，"刑"作"井"，存在"明井""帅井"等用例。最早的"刑"字用例可见于战国时期的叔夷镈。因此，探求"刑"的本义须从"井"的形义入手。依据《说文》，井五下的字形象井垣之形，《说文》另有异本训"刑"为"刀守井也"（援引《初学记·卷二〇》）。为了避免饮用井水之人陷入井中，在这个意义上加了刀，然而"刑"应与井水无关。"井"应象首枷之形。今言"楚荆"之"荆"字，其在金文的字形表示人被戴上了足枷，"荆""刑"声义相近。手枷谓之"幸"，"執（执）""報（报）"等汉字的字形均表示将枷锁铐于手上。"桎""梏""枷""械"等形声字，指的都是那些戴在手脚上的刑具。"井"的字形表示用枷锁拘束人，即其本是一种限制人身自由的刑罚方式。随后人们在"井"的基础上新增"刀"，这既表示会有后续肉刑施加于身，同时又可以与表示其他含义的"井"进行区分。

此外，"井"也有铸模之义。型十三下[②]，《说文》训"铸器之法也"，认为其声符是"刑"。笔者则认为，从"土"表示其构成材料是泥土，从"井"则是揭示了其外延形状，由此则"型"是铸造器物时作为范式的模具，即范型。"範（范）"即笵五上，《说文》曰："笵，法也。从竹。竹，简书也。氾声。古法有竹刑。"许慎认为"氾"充当了"笵"的声符。然而，正如干漆等制作工艺中

①《说文》字形为"刑"，"从刀，幵声"。——编者

②《说文》字形为"㓝"。——编者

用竹胎一样，这里也是以竹来造型的意思吧。制品既成，形容成品外形美观则谓之形九上。由此可知，“型”“形”等字中的“井”与表示首枷的“井”所指不同。值得注意的是，后世有“簪笄（笄）”这样的用法，从字形上看，“笄”与“刑”“型”“形”等字均包含“开”这一部分，虽然在今天形体相同，但究其字源则迥异。

刱五下，是“創（创）”的初文，《说文》曰：“刱，造法刱业也。从井，刅声。读若創。”笔者则认为，“創”是形声字，而“刱”应该是会意字，其中“井”表示铸模，添加“刀”表示用刀拆解铸模，由此会创始之意。“創”本义为创伤，用作“创始”之义应是由于假借。

刑辟又称“罪臬”。“臬六上”，依《说文》训“射准的也”，关于这个字的构造，诸家众说纷纭。有人认为这个字是会意字；有人认为这个字是形声字，其声符是“自”；还有人举出“劓”字，持省声观点。本书认为，“自”象鼻之形，将其置于“木”上，应指古代的斩首祭枭风俗。“臬”“劓四下”同字。“臬”与“邊”一样，其字形中的“自”这一部分均指鼻孔朝上摆放的首级。《尚书·康诰》曰：“汝陈时臬。”《尚书·多方》曰：“尔罔不克臬。”均是用“臬”表示法律之义的用例。表示举行神判、流放罪人的“灋”有法律之义，表示祭枭的“臬”亦然。前者是传弃本族成员，后者是枭首异族成员，尽管二者手段不同，但它们均是古人向神灵举行的修祓方法。至于“臬”之所以可以表示箭靶之义，可能是因为古人在制作箭靶时模仿了臬首的模样。

手枷谓之幸十下。《说文》曰："幸[①]，吉而免凶也。从屰，从夭。夭死之事，故死谓之不幸。"认为"幸"从"屰""夭"，表示免于夭折死亡或事故死亡等事，由此具有侥幸之义。笔者则认为"幸"应是象形字，其形体象手枷之形。《说文》又收录有"羍十下"，曰："羍，所以惊人也。从大，从羊。一曰大声也。"关于其音，列出了两种读法："一曰读若瓠。……羍，读若籋。"此外，还在没有用例的情况下解释道："俗语以盗不止为羍。"这种俗说并未见于《玉篇》，因此可能是后人所加。"羍"可能是"幸"的异文。"幸"应与"辜"声通。"睪"由"幸"构成，如前文所述，"睪""皋""暴"等汉字均象野兽暴尸之形（详见本书第19—21页）。幽禁铐有手枷之人的地方谓之圉十下，即后世所言"囹圄"。

"執"的字形表示被戴上手枷的人，金文中存在诸如"執訊（讯）"的用例，其中"訊"写作"𬄺"，"執𬄺"指俘虏。"訊"是形声字。在報十下的字形中，"𠬝"象人屈服之形，《说文》曰："報，当罪人也。"段玉裁认为，审判结果须加以上报，故而"報"有奏当报告之义。在汉朝文献中，确实存在"報""当"的用例。然而，笔者认为"報"的本义应是报应。周朝早期有令簋，其上记有"令敢扬皇王宦（休，恩宠），丁公文報（祖先神的报应）"，又记有"唯丁公報"。其中，"報"的字形均表示将罪人制服，故而笔者认为"報"的本义应是对古代的报复刑这一观念的反映。人们多认为，古代肉刑刑罚体系的起源是对罪行的反映刑，换言之，犯下奸淫罪的人须遭受宫刑，犯下盗窃罪的人须遭受断手之刑。

---

①《说文》字形为"㚔"。——编者

然而，古人也会对童、妾等群体施加自由裁量的刑罚。例如，对犯人的头部施加的墨刑，以及用枷锁禁锢身体的执刑或报刑等。倘若我们承认这类刑罚源于古代将臣妾百工作为牺牲祭祀神明，那么可以说，这种自由裁量的刑罚足以展示出反映刑与报复刑之前的古代法的本质。就文字而言，“瀀”“臬”诸字，淋漓尽致地揭示了古代法的性质。

修祓仪式

盩十下也是一个由“幸”参与构成的汉字。《说文》曰：“盩，引击也。从㚔、攴，见血也。”“㚔”在《说文》中有盗窃之义，许慎可能因此认为“盩”指审讯罪状时拷问犯人。然而这种释义缺乏用例支撑，在《说文》中仅列举有“扶风有盩厔县”，宋代的字书《广韵》中记有“水曲曰盩，山曲曰厔”，除此以外，再无他例。本书认为，在“盩”的形体中，“幸”表示手枷，“攴”表示击打戴枷之人，“血”则表示祓除污秽时使用的牲血，其多用于歃血盟誓或涂抹器物。由此推测，“盩”应该指那些使用牲血的仪式。另外，“盩”也可以专门指盟誓活动。西周晚期有史颂簋，记载有周王命令颂去督察成周地区的诸侯一事，其上记有“命史颂省苏（地名）。瀀友里君百生（姓），帅𩫖（偶）盩于成周”。诸侯在举行盟誓仪式时，为了表示对中央王朝的忠诚，会用口微吸牲血。“血”的字形表示“皿”中的血滴。若使用人为牺牲则谓之“衈”。《春秋·僖公十九年》曰：“邾人执缯子（缯国的国君），用之。”《穀梁传》曰：“用之者，叩其鼻以衈社也。”《春秋·昭公十一年》曰："楚师灭蔡。执蔡世子有以归，用之。"《左传》曰："楚子（楚国的国君）灭蔡，用隐太子于冈山。"在上述用例中，"用"均为使用人为牺牲之义，其字本作"亯"。《说文》曰："亯，用也。从亯（享），从自。自（象鼻之形）知臭香所食也。读若庸。"结合《左传》等文献中众多的用人之例，笔者认为，"盩"的字形表示取鼻血以清洁祭祀场所。通过留存至今的绘画，我们可以发现在玛雅文明与阿兹特克文明中，也有将男女用作牺牲的习俗，这些牺牲者的耳血在祭祀时被取出，盛于器皿以献神明。

上述行为亦谓之釁（衅）三上，即血祭。《说文》曰："釁，血祭也。象祭竈也。从爨省，从酉（酒）。酉，所以祭也。从分，分亦声。"然而笔者认为，《说文》对"釁"的解释混乱之处颇多，"釁"不从"爨"省，"分"也非其声符。古人多在落成仪式中进行血祭，当庙宇落成或宝器完成时，古人会取牺牲之血涂抹于其上。《孟子·梁惠王上》中记有牵牛釁钟一事，这一类的祭器在金文中多称"宝尊彝"。彝十三上，《说文》曰："宗庙常器也。"认为字形中的"糸"是装饰用的丝线，"廾"象持"米"之形，"糸""米"都是祭器中的宝物，位于字形上方的"彑"是声符。然而，笔者认为"彝"正如其古文字形所示，人用双手捧持两翼被反剪的鸡，喙下的小点则是鸡血，字形整体表示人取鸡血釁器之意。在实际用例中，"彝"专指修祓祭器，而"釁"则没有特定的修祓对象。

《周礼·春官》设有"女巫"一职，曰："女巫掌岁时祓除釁浴。"从中可知"釁浴"是一种修祓方法。"釁"的上半部分字形象倾倒的深底酒樽，其中所盛之物为祭祀用酒“酉”，该酒散发着香草芬芳，又称“鬱（郁）鬯”。“鬱”和“鬯”五下这两个汉字均表示这种酒的酿造方法。从字形上看，“釁”的原义是指在祭祀活动中使用鬯酒，古人在举行神事时，会将茅束制成扫帚，用鬯酒淋洗后清扫宗庙，以使神明的土地或寝庙更加圣洁。

“釁浴”中的“浴”，其目的在于修洁、净身，亦可谓“修”。修九上的原义是修禊之事。《说文》中训“修”为“饰也”，“攸”为声符，但笔者认为“攸”的字形表示冲洗人的背部，“修”是“攸”的派生字。攸三下，《说文》曰：“行水也。”许慎阐释为水流攸攸，然而该义并非“攸”之本义，表示水流动之貌的汉字应为“滺”。修洁己身以奉神事的状态即谓之“修”，为了表示清洁的意思，古人在“攸”的基础上新增“彡”从而构成“修”，“彣”“彰”等汉字亦是此理。此外，由于在修洁自身的过程中需要使用茅束，因此也有新增“木”而构成的“滌（涤）”字，表示洗涤之意。新增“肉”则构成“脩”，指某种肉，在文献中有“束脩”这样的用例。“修”和“禊”均有修洁祓禊之意，其中“禊”与“潔（洁）”均与“絜”义通。絜十三上，《说文》曰：“麻一耑也。”然而《说文·人部》收有係八上，曰：“絜束也。”“係”的字形表示将麻线织成的线束装饰在人的身上，这种线饰应该也是一种修祓用具，它与日本祭祀神明时使用的白香[1]颇为类似。

修洁其身谓之“浴”，清洗头发谓之“沐”，洗发也是执行神事前的一种准备工作，亦称“釁”。“釁”与“釁”字形极其相似，

① 白香，日本祭神时使用的一种线饰，由麻线之类的材料编织而成。

前者表示灌鬯之义，故从“酉”，后者的字形则是在人头“頁”上用容器灌水洗发，表示一种濯发仪式，此即“沬”的初文。该字与“眉”的读音相同，在金文中存在“万年眉寿”这样的用法，其中“眉寿”多写作“釁寿”。

“釁”又称祼一上。《说文》曰：“祼，灌祭也。”所谓“灌祭”，是在举行祭祀时，先以郁鬯酒浸润土地以祭祀地灵，然后在堂下盛土，随后在上面灌酒。在进行降神礼的时候，也会向尸献酒；行迎宾礼的时候，也会这么做。在甲骨卜辞与金文中，“祼”的字形均表示捧持酒器以浇灌酒水。周朝早期有小盂鼎，其上记有周朝的军队在讨伐鬼方时取胜，为了向周王汇报战果而举行了“献捷”仪式，诸侯伯在进入宫门时，或是行𧶠（祼）礼，或是行服酒礼。周朝晚期有噩侯鼎，其上记有周王南征，噩侯对其表示臣服并献上醴十四下（甜酒），周王也因而对噩侯行祼礼。以上均是修祓仪式的实例。赏赐醴酒这样的行为可谓之“賜（赐）”，其初文作“易”。刚出土不久的德方鼎上刻有“賜”的完整字形，其形体即表示了倾倒器中之物。

神事重在清明。在日本，举行神事时必行“祓（はらひ）”“禊（みそぎ）”之事，中国古代也是一样。依据《周礼·春官》记载，女巫应行“祓除釁浴”之事，笔者认为，中国女巫的“祓除”与“釁浴”分别对应着日本神官的“祓”与“禊”。中日之间的一大差异在于：中国古代在举行祭祀时多用动物为牺牲，但日本古代则有着不食用动物的习俗，因此在祭祀上也有颇大的差异。“釁”既可以指用祼鬯清洁祭祀场所，也可以指用牺牲之血清洁宝器。相比之下，日本古代则视血为禁忌之物，在日语禁忌语中亦有将“血”称作“汗”的用法。

使用犬牲修祓谓之祓—上。《说文》曰：“祓，除恶祭也。”文献中也存在以“弗”为之的情况，例如《诗经·大雅·生民》记有“以弗无子”，其中“弗”即表示拂攘之义。在圣所前面放置针状器具“辛”，从而祛除邪气谓之“除”。《周礼·春官》曰：“女巫掌岁时祓除釁浴。”郑玄注曰：“岁时祓除，如今三月上巳，如水上之类。”《诗经·郑风·溱洧》记载了手持各种香草的青年男女，前往溱水、洧水交汇的岸边载歌载舞。这类活动含有招魂续魄的目的。在中国，禊事不仅是神事，而且随着四季交替，古人举行各类民俗活动，将该形式发扬光大，使其广为流传。《论语·先进》曰“浴乎沂，风乎舞雩”，便是其例。

笔者认为，“浴”或与前文所述的“俗”有一定的关系（详见本书第28页）。金文以“俗”作“欲”，即通过祈祷求神明降临。恐怕，所谓“欲”就是恭迎神明，为求得神明降临而修禊净身则谓之“浴”。神灵降临时人的内心状态谓之“裕”，同理，人在修祓之后的心境谓之“悠”。曾几何时，濯发浴身均与神事息息相关。

“亹”未被《说文》所收录，往往认为该字构造不明。然而，我们可以立足“釁”“釁”等字的构造，推测“亹”的形义。首先，可以比较容易地确定，位于“亹”字形中间的构件与位于“釁”“釁”等字上部的构件相同，表示倒置的、盛酒或水的容器。“且”是“祖”的初文，从“宜”“俎”等字可知，表示摆放祭物的供台。“亹”的字形可以理解为是在供台的上方灌鬯，由此可见，该字与进行神事时的仪礼密切相关。《诗经·大雅·文王》曰：“亹亹文王，令闻（美誉）不已。”又《诗经·大雅·崧高》曰：“亹亹申伯，王缵之事。”以上均是以“亹”表示赞颂之义的用例，赞颂有功之人乃神意之所向。笔者据此推定，“亹”也是一个与修祓有关的汉字。

考虑到字形结构的近似，笔者在此对“興（兴）”字也稍作解读。興三上，《说文》曰：“起也。”认为“興”是会意字，“舁”“同”会意表示同力之意。與（与）三上，《说文》曰：“党與也。”许慎对这两个汉字的解释方法颇为相似。然而，从字形上看，“釁”“亹”均含有高台器物，由此推理，“兴”与“同七下”字相同，表示的均是向梯形器物中浇灌液体，以唤起地灵的方法。《尚书·顾命》中有酒器名曰“同瑁”，正是此器。《礼记·乐记》曰：“降興上下之神。”召唤天神曰“降”，召唤地灵曰“興”。由此可知，“興”表示一种唤醒地灵的仪式。《周礼·地官》设有“舞师”一职，曰：“凡小祭祀，则不興舞。”旨在强调举行小祭祀时可以省略招神仪式。倘若举行那些涉及山河社稷、四方干旱等方面的重大祭祀，则须举行灌地仪式，召唤地神。这种灌地召灵的仪式即谓之“興舞”。所谓“興”，指的正是用鬯酒浇灌地面，唤醒那些寄宿在大地之下的神灵。在《诗经》中，这种唤发联想的方法被称作“興”，不过其原义并不完全明确。“興”当是诉诸某位神灵的言辞，从而唤发其咒灵机能的联想之法。日本的“序词”与“枕词”的原义亦是呼唤地灵，通过词汇的咒能来唤醒神灵，将其视为和“興”颇为类似的一种联想之法也是可以的。正如“亹”字是对灵威的赞颂，“興”指的是恳请神明降临的仪式，即“降興上下之神”。

在祓除不洁的同时，修祓也有振魂仪式的性质。修祓曾是日本古代风俗的一部分，能让我们窥见这一事实的案例便是石田王去世时，丹生女王为其凭吊作歌，曰：

> ……如此后悔事，竟忘人世间。远隔地之极，上高至云天。前去策杖寻，无杖亦向前。夕占又石卜，吾家设祭坛。斋瓮接地放，且置在枕边。竹珠密密挂，木棉带臂缠。天上左佐罗，原野七节菅。手捧去天河，洁身禊水边。悔未能如此，高山岩奉安。[①]　《万叶集》三·四二〇

由此可见，丹生女王在丧葬时使用了种类繁多的祝咒器具。其他对振魂的记述还可见于：

> 明净玉久世，只身赴河畔。禊身祓罪孽，但盼阿妹还。　《万叶集》十一·二四〇三

其例甚多，不再赘述。

在原始法的观念里，所谓罪愆，便是那些违背神意、忤逆灵威的行为。古人运用神判仪式裁断是非曲直。那些被认定有罪的人，或是承受墨刑，或是承受其他自由刑罚，最终失去了自由民的身份，成为神明的臣仆。此外，侍奉神明者还有童与妾，这些人的眉目之处会遭受刺墨，是谓憲（宪）十下，其初文为“害”，

---

①《万叶集》，赵乐甡译，译林出版社，2002年版，页113—114。

可见于金文，“憲”是“害”的繁文。《说文》曰：“憲，敏也。从心，从目，害省声。”然而“憲”“害”读音不合，文献中也缺乏用“憲”表示敏捷之义的用例。《诗经·小雅·六月》记有“万邦为憲”，由此可见，“憲”指法度。在神判中告负的一方会被鸱夷之皮包裹，流弃于江河，是谓“灋”。四裔之地，邪神肆虐，为了祓除之而将犯人斩首祭枭，是谓“梟”。对负罪之人处以墨刑，将其献于神明，这种修祓仪式谓之“害”。“灋”“梟”“害”，均是含有法律之义的汉字。中国的古代文字充分体现了最初的原始法和法原观念，日本的《大祓词》则记述了古代的罪科种类以及相应的修祓观念，比较可知，两者在法律基调上具有一致性。值得注意的是，与中国古代不同，日本古代并不存在斩首祭枭、饮食血液等行为。

第九章

神圣之地与祭祀场所

限◎ 邪眼◉ ◎

9-3

哲◎ 豢◎ 隊◎ 墜◉

9-2

自◉ 陟◉ ◎ 降◉ ◎

自系◉

◎

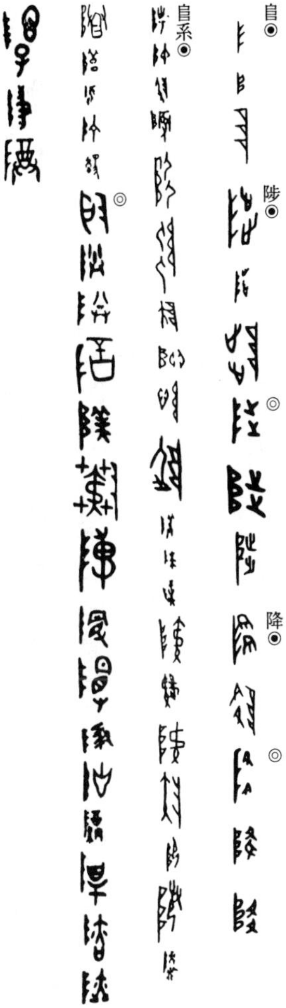

9-1

陽 易 陰 虢 ⿰鼎見

9-4

陵 陸 六

9-5

土 ⿱土系

9-6

埜(野) 里

9-7

尚◎ 向◉ ◎ 廷◎

陶◎ 匋◎ 墨◎ 入◉ ◎ 内◉ ◎ 宀◎

9–9

杜◉ ◎ 宫◉ ◎ 雝◉ ◎ 宝◎ 寃◎

九◉ ◎ 万◉

◎ 祀◉ ◎

9–8

宀系◉

◎

宗◉

◎

廟◎

朝◉

◎

盧◎

廙◎

廣◎

家◉

◎

牢◉

◎

猷 冢 原 泉 邍

畢 至 致

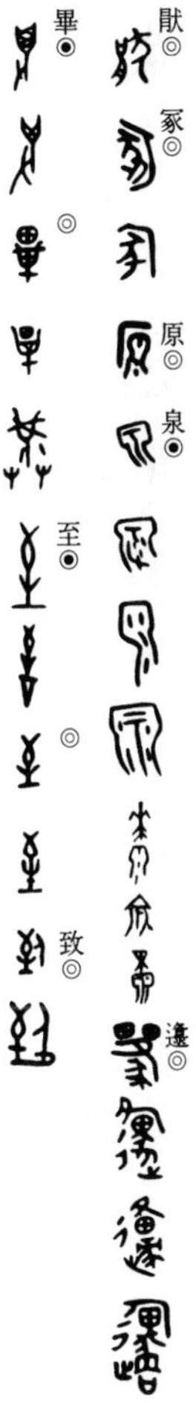

9–12

獻 猷

犬 犬系

伏

9–11

賓（方）◉ ◎ ◉ 宝◎

親◎ 新◉ ◎ 亲◎ 所◎

9–15

祖◉ ◎ 宜◉ ◎ 多◉ ◎ 障◉

◎ 福◎ 禄◉ ◎

祐◉

9–14

廚◎ 射◉ ◎ 室◉ ◎

9–13

9–16

9–17

9–18

9–19

9–20

奔◎

◎

走◎

参◉

◎

齐◎

斋◎

9–21

婦◉

◎

龍◎

9–22

溼◉

◎

絭系◉

素系◉

◎

颿◎

井系◎

𢆶（率）◉

◎

9–23

高木神

神明，本是一种不可知的存在。《诗经·大雅·抑》曰：“神之格思，不可度思，矧可射思。”如其所述，神明来去不定，难以知悉，其姿容更是无人可见，仅有其声偶尔为人听到。神明必须要凭依于什么东西，自道其名，并且指定一些祭祀他的地方。

在日本民间，探讨神明现身问题的传说为数众多，且传承至今。本书将从《出云国风土记》中援引数例，将传说内容与汉字相结合，探讨隐藏在相关汉字之中的问题。当中国的传说在流传过程中出现断层时，本书将一如既往地从其他古文明中借用文献材料作为辅证。在《出云国风土记》中，记有若干条关于阿迟须枳高日子命的传说，它们出自日本的地方传说群，并作为原始资料参与构建了大和朝廷国家神话系统。《出云国风土记·仁多郡·三泽乡》曰：

> 大神大穴持命御子阿迟须枳高日子命，御须发八握于生，昼夜哭坐之，辞不通。尔时御祖命，御子乘船而，率巡八十岛。宇良加志（劝慰）给鞆，犹不止哭之。大神梦愿给：

> "告御子之哭由。"梦尔愿坐，则夜梦见坐之御子辞通。则寤问给，尔时申："御泽。"尔时问："何处然云？"即御祖御前立去出坐而，度石川，至留坂上，申："是处也。"尔时，其泽水活出而，御身沐浴坐。故国造参向朝廷时，奏神吉事，其水活出而，用初也。依此，今之产妇，不食彼村稻。若有食者，所生子辞不通也。故云"三泽"。

在这条传说中，涕泣不止的阿迟须枳，让人不禁联想到《古事记》中欲去根之国寻母的素戋鸣命，"八握之须垂至胸前，哭泣不止"。在两则传说中，阿迟须枳与素戋鸣命都一边渴求着前往某个非去不可之地，一边大哭不止，而最终他们也都前往了自己向往之地。这些传说应该在映射那些求神者。换言之，这些传说人物的行为应该是以降神仪式为原型的。高崎正秀（《〈风土记〉中的传说群》,『風土記に現はれた說話群』）及松村武雄（《日本神话研究·序说篇》第248页,『日本神話の研究』）等学者已经指出，带有伊佐知、伊佐、谏、伊社、五十狭、五十铃等和"いさつ"源出同系的名字的神，均在降神仪礼中自己称呼自己为神人，而伊佐、伊社、伊杂、五十狭狭、五十铃、足摺等地名，则是这一仪礼举行的场所。为了回应那些痛哭不止者，神明不仅亲自现身，还告诉了他们自己的降临之处。这些日本传说中的哭求降神之事，在汉字体系中也有可与之相应的部分。这一部分汉字均与祝告方式相关，例如"哭""䛗""嚚""嚣""喿""噩"诸字，均表示人大声号叫之貌。笔者认为，这种大声呼叫的目的在于求神。在与降神相关的汉字中，"召""各"等字表示借助祝词举行仪式，而

“左”“右”“尋（寻）”“隱（隐）”等字则表示在举行仪式时使用祝咒之器。

寻求神在何方的祭祀仪式谓之祊一上，又作“鬃”。《说文》曰：“鬃，门内祭先祖。所以彷徨。”《诗经·小雅·楚茨》曰“祝祭于祊”。“祊”又作“閍”。古人举行祊祭的目的在于寻找神明之处，故而其又称“索祭”。《礼记·郊特牲》曰：“索祭祝于祊。不知神之所在。于彼乎？于此乎？或诸远人乎？祭于祊，尚曰求诸远者与?”描述了求神者的彷徨不定之貌，今言“彷徨”，其原义便是如此。在举行索祭后，求神者满怀憧憬，心神不宁地祈盼着神明屈尊指出自己所处何方。

另有一则有关阿迟须枳的传说记载于《出云国风土记·神门郡·高岸乡》，曰：“所造天下大神御子阿迟须枳高日子命，其昼夜哭坐。仍其处高屋造可坐之，即建高椅可登降养奉。故云‘高岸’。”此地于神龟三年[①]改字后更名为“高岸”，立足此传说，其最初地名或为“高椅”。“高椅”,《日本古典文学大系》头注曰：“即高梯。可供儿童上下攀爬玩耍。记纪[②]中记载有传说，誉津别命爬下高梯可前往外地，登上高梯可返回都城。”据此可以推断，“高梯”是一种可通天地的圣梯，在天孙系神话中，高木神是其神格化的表现。《丹后国风土记》逸文曰：“国生大神伊射奈芸命，为通行天而作椅立。故云‘天桥立’。神御寝坐间仆伏。”可见该物的制作目的在于登天。本书认为，高木神代表了神产巢日命诸多神格中的一面。在神话中，天稚彦用天羽矢射伤了神武天皇的兄

① 神龟是日本圣武天皇的第一个年号，神龟三年即公元726年，时值唐玄宗开元十四年。

② 记纪，《古事记》与《日本书纪》的合称，通过从两本书的书名中各取一字而来。

长，神武天皇因此发动东征。在行军途中，神武天皇遭到大熊的瘴气袭击，万般紧急之下，天上的众神为了帮助高仓下祓清毒瘴，从天上降下太刀一把，这体现了上天对人间有巨大影响。将那贯通天地的神梯（或神杆）拟人化，其产物应该就是高木神。

高贵的神明一般居住在天上。倘若神明降临，则必然需要一架神梯。在甲骨文与金文中，表示神梯的字形是“阝”。在伊势神宫的内宫中，也有圆柱，其上雕刻有踏足的阶梯，这便是神梯。

由于“阝”被解释为𨸏十四下，因此《说文》训：“大陆，山无石者。象形。”𠂤十四上指行军时的祭肉，而《说文》却训其为“小堆也。象形”。许慎将“𨸏”“𠂤”均解释为象山丘之形的象形字。然而“𨸏”与“𠂤”的字形均是横立状，用其形表示水平延伸的山丘，这种造字方法极不自然，不能成立，故而也有人提出了新的见解，认为“阝”象山上的台阶。依据“陟”“降”等汉字则可以进一步确定，“阝”是用于升降的阶梯。依据甲骨卜辞可知，最初运用阶梯行陟降之事者，应是神明。例如：

> 貞。陟降。十月。《后编》下·二·一四
>
> 戊辰卜。王曰貞。其告。其陟。在□𨸏卜。《文录》七〇九

在甲骨卜辞的用例中，“𨸏”指可供神明陟降的神梯。《诗经·大雅·文王》曰：“文王陟降，在帝左右。”又《周颂·敬之》曰：“陟降厥士，日监在兹。”如其所言，神灵陪伴在天帝左右，自天而降，监临凡间。若是在日本神话中，“帝”即高御产灵，神梯则是高木神。“哲”在金文中有从“𨸏”的字形，该形可能表示人站在

神梯之前，对神明坦诚起誓。

神梯所在之处即圣地，相当于日本的伊佐系统之地。所谓“地”，即神梯所在之处。“地”初文作墜（坠）[1]十三下，《说文》曰：“地，元气初分，轻清阳为天，重浊阴为地。万物所陈列也。”许慎援引天地创世传说加以阐释，并认为“墜”是“地”之重文。笔者认为，“墜”是“地”的初文，同时也是隊（队）十四下的繁文。“墜”“隊”起初为一字。“隊”依《说文》训“从高隊也”，被判断为形声字，但本书认为“㒸”表示用作牺牲的兽类，牺牲的献祭之地即神明的下凡之地。在金文中，“㒸”被用来表示“隊”“墜”等字。周朝早期有燮簋，其上记有“对不敢㒸”；又有趩觶，其上记有“世孙子毋敢㒸”。所谓“㒸命”，是灭国之灾。

从金文字形来看，“㒸”应指犬牲。古人祭祀天神时多用犬牲，例如，《尚书·尧典》记有“类于上帝”[2]，其中“類”也指一种使用犬牲的祭祀仪式。在神明天降之处使用犬牲谓之“隊”，在其基础上添加表示土地神的“土”，即构成“墜”。所谓“墜落”，即从圣梯上落下，在卜辞中还有其他字形存在（详见《菁华》一）。该场所如此神圣，以至于古人为了禁止他人肆意出入而在其附近设置各种类型的咒术。

防十四下，《说文》曰：“隄也。从𨸏，方声。”笔者认为，“方”的字形象尸首悬于木架之形，“防”指枭首祭祀的场所。在圣所中设置骷髅棚，应是一种禁止他人入内的咒术。限十四下，依《说文》训“阻也”，“艮”的初文表示“人”在“目”下止步后退，

---

① 实际上，《说文》中“地”的籀文应作“墬”，而非“墜”，疑有误记。

② 此句出自《尚书·舜典》。——编者

由此展现了不得通行的界限之义。“艮”字形上方的“目”应该是拥有咒术能力的邪眼。古人会在神圣的场所中使用邪眼，乃是为了扩大咒术的影响范围。古人认为，在眼睛周围佩戴具有咒术效果的装饰，可以使其成为邪眼，拥有咒能。

除十四下，依《说文》训“殿陛也”，这是后起义，其本义应与圣处的禁入咒术有关。“余”与“辛”相似，表示某种较长的针状器物，其上端配有把手。运用这种长型针器，在道路上举行仪式，施加或祓除咒术，谓之“途”。“余”含有铲除邪灵之意，将其与表示圣所的“𠂤”相结合便是“除”，“除”的本义应是祓除邪恶。

为了迎接神明、扬其神威，古人会在圣所举行种类繁多的仪式。陽（阳）十四下，《说文》训为“高明也”，认为其声符是“昜”。昜九下，训为“开也”，认为这是一个从“日”“一”“勿”会意、可能表示太阳光芒的汉字，然而本书认为，“昜”的字形表示将象玉石之形的“日”置于台上，“勿”则是一个象形字，象光芒四射之貌。所谓“陽”，是使用玉石彰显神灵的气息，宣扬神明的威光，这种行为亦称“陽光”。陰（阴）十四下从“今”，“今”表示封闭器物。隙十四下，依《说文》训“壁际孔也”，然而“㣻”应表示玉石向上下同时散发出光芒，“隙”则应指玉光外露之貌。虩五上从“虎”，据此我们也可以推断其意象。

場（场）十三下，《说文》曰：“祭神道也。”“道上祭”之“道”的意思。壇（坛）十三下为祭坛，祭坛前的场地即谓之“場”，其上摆放有供祭祀使用的牺牲玉帛，《汉书·郊祀志》有“牺牲壇場”一语。“場”之所以从“昜”，是因为该处摆放有玉帛，可散发光芒。“場”“所”最初均是举行神事之处。在日本，“場（ば）”一词被部分学者认为是从“庭（には）”转换而来，然而“場”最初当指用于祭祀的庭院，即“斋庭”。根据《孟子·滕文公上》记载，孔子仙逝后，众弟子为其服丧三年，而后相继离去，只有子贡在祭祀场地的附近筑造庐屋，又独自守冢三年。在墓室前举行的道上之祭谓禓一上。“禓”的形式与驱除疫鬼的仪式“儺”相同，是一种以袚除污秽为目的，在通往墓穴的道路上举行的道上祭。“場”“禓”等从“昜”的字，都是表示古人运用玉石举行清洁祭场仪式的场合。

“隰”与“顯（显）”均从“㬎”。隰十四下，《说文》训“阪下溼（湿）也”，凭借“濕（湿）”“溼”之义阐释“隰”。㬎七上，《说文》曰：“众微杪也。……古文以为顯字。……或以为繭。”顯九上，《说文》曰：“头明饰也。”将“顯”阐释为头饰。然而笔者认为，“㬎”“顯”“隰”应为同一系的文字，《说文》的阐释似乎颇为混乱。在“㬎”的字形中，其上部的“日”为玉石，其下是用丝线制成的饰物，这种线饰颇似日本的白香，神明可凭依于其上。因此，“㬎”应指神明在世间的显现之处，人们祭拜此处谓之“顯”。“顯”也可以指神德于世间显现，文献中存在诸如“丕顯祖德”之类的用例。“顯”于金文中又作“㬎見”，史颂簋上记有“天子㬎見命”，井编钟上记有“㬎見盄（淑）文祖皇考”，皆是其用例。这些字与形如拜玉的“現（现）”的构造相近，在日语中均可训读为“あらはる（显现）”。古人面对那些被隐藏且不可识别的事物，运用玉石使其显现即谓之“顯”，其意便是神明显现。

神明并非频繁现世之物，通常情况下，神明会隐藏姿容。隱十四下，《说文》曰：“蔽也。从𨸏，㥯声。”“隱”理应是一个继承了“㥯”“㥯”音义的汉字，但《说文》训㥯四下曰：“㥯，所依据也。从𠬪、工。读与隱同。”又训㥯十下曰：“㥯，谨也。从心，㥯声。”“㥯”“㥯”“隱”等汉字的字形中均含有“工”，由此推断，《说文》的阐释并不准确。今言“左右”，其中“左”的字形表示手持祝咒器具，“工”即祝咒时使用的器具。“㥯”的字形表示用两手从上下持拿“工”，此举意在隐藏神明，其间当事人的心情谓之“㥯”。古人在使用“工”这种祝咒器具时会将其填塞到某处，故而“塞”的初文字形从四“工”。所谓“隱”，指的是那些被幽置监禁在圣所的神明，故而“隱”又有死义。陰十四下，依《说文》训“暗也”，即幽深阴静之意，其声符为“侌”，表示云气被遮蔽之意。一首凭吊弓削皇子[①]的挽歌曰：

> 皇子入云去，天空作大神，千层云浪里，遂隐圣明身。[②]　　《万叶集》二·二〇五

在古人看来，神明大多与世隔绝，藏身于昏暗不明之处。

探寻那些隐藏其身的神明谓之“尋”。如前文所述（详见上卷第二章），“尋”是一个由“左”“右”构成的汉字。“左”“右”表示一个人左右两手同时持有祝咒器具与祷辞咒器，“尋”由此可以表示寻求神明藏身之处。人在神圣的场所前举行的裸礼，或谓之隔十四下。“隔”在金文中作“鬲”，“鬲”是一种壶状陶器，鬲三下的字形象运用此种陶器而有所浇灌，是一个表示裸礼的象形字。“隔”

① 弓削皇子，生年不详，卒于699年。日本飞鸟时代的皇族，天武天皇的第九位皇子。早逝。
②《万叶集》，杨烈译，湖南人民出版社，1984年版，页53。

便是以这种行为，分隔神圣与世俗的仪式。際（际）十四下也是这个时候所举行的祭祀仪式，因此可知，后人所言“天人之際”，其中“際”正应表示存在于天神与人类之间的边际。

古人将神明陟降之处视为神圣之地，为了保护该处而施加禁咒，举行隔离的仪礼，即便如此，针对该地的侵陵之举却依然难以杜绝。神灵之力与氏族的前途命运息息相关，倘若能够打破神灵的威能，便可视为给予了相关氏族沉重打击。陵十四下，依《说文》训“大𠂤也”，即丘陵之义，声符是“夌”。夌五下依《说文》训“越也”，即向高处爬升。在甲骨卜辞中，“陵”的字形象人用脚践踏神梯，笔者认为，该形体表示侵陵圣所。“陵”在后世可以表示丘陵之义，应该是由于圣所多位于丘陵之地的缘故。陸（陆）十四下，其字形虽然难以解读，但《左传·昭公四年》中存在以西陆为藏冰之所，“宾食丧祭，于是乎用之”等记载，故而可知，“六”应是一个象形字，其字形象藏冰建筑之形。以六十四下表示数字无疑是假借的用法。

对于上文所述的“𠂤”部的诸汉字，笔者认为，如果将“𠂤”理解为大山丘，便无法对这些汉字做出正确的阐释。若以“𠂤”在甲骨卜辞与金文中的形体为依据，则其字形无疑象长梯之形，即供神明陟降的神梯。古代的日本人倾向于将拥有神性的物体拟人化，而高木神便是将神梯拟人化的产物。

社的形态

有众多的实例可以证明，日本古神道与中国古代的信仰之间具有亲缘关系。在此，笔者再度援引《出云国风土记》加以说明。《出云国风土记·意宇郡·屋代乡》曰：

> 天乃夫比命御伴伊支等远神自天降来，天津子命诏曰："吾将静坐志社。"故云"社"。

依文献所述，神明的宣告决定了"社"的所在之地。又依《出云国风土记·楯缝郡》记载，该郡有座小山，名为神名樋山，其山方圆二十一里，高一百二十丈余，曰：

> 嵬西有石神，高一丈，周一丈。往侧有小石神百余许。古老传云，阿迟须枳高日子命之后，天御梶日女命，来多久村，产多伎都比古命。是时，教诏曰："汝命之御社之向壮，欲生，此处宜也。"所谓石神者，即是多伎都比古命之御托。当旱乞雨时，必令零也。

在这则传说中，社中居住有石神。据此可知，社在起源时的普遍规律是，先由神明宣告自己的坐镇之处，而后社随之诞生。

《墨子·明鬼》中有"神社"一语，古时则独称"社"，其字又作"土"，土十三下即"社"之初文。《说文》曰："土，地之吐生物者也。二象地之下、地之中，丨，物出形也。"依据甲骨卜辞与金文中的字形来看，"土"无疑象土主之形。有一部分"土"的字形中，其上下左右往往还额外添有数点，这些字形应该表示对土神举行灌鬯仪式。在甲骨卜辞中，有"唐土""圃土""亳土"等用例，这些应该都是建有社的地方。“贞，作大邑于唐土。”（《金璋》六一一）这是一条与建筑大邑相关的卜辞，该地已建有社。古人会在社中进行祈祷（如年谷、请雨、宁风等），举行祭祀（如尞祭、御祭、禘祭等）。禘祭最初的祭祀对象是祖先神。（《佚存》四〇、《乙编》五二七二）在周朝，土神是凌驾于地方社神之上的存在，为当时的最高神之一，或因此被追加入先公谱系之中。中国古代的先公，与日本创世神话中的神代七代相当，由此推测，土神应该正是文献中的相土。在周朝，一国之社神所在之处被称为“冢社”。

社一上，《说文》曰：“地主也。”即祭祀地神之处。《左传·昭公二十九年》记载了一则传说，共工之子句龙，被当作社神祭祀，名曰“后土”。这则传说由史官史墨所记载，共工是一位可见于羌族洪水神话中的神。古人在祭祀地方社神时多于丛林地区建社，而后世在建社时亦会种植社树，因此，古人会根据社树的种类为社命名，“槐社”“栎社”“枌榆社”等名称均由此而来。《周礼·地官·大司徒》曰：

> 设其社稷之壝（社坛），而树之田主。各以其野之所宜木。遂以名其社与其野。

此外，《周礼》还确立了每二十五家设一社的规定。野十三下的初文作“埜”，即指林地。居民二十五家所立之社，即里社，依据《出云国风土记》，出云国九郡约有三百九十九座里社。所谓“里”即田社，与农事相关。此外，也有其他种类的土地之神存在，例如战时则设有军社，可在其中举行一些与军事相关的特殊祭祀仪式。

社最为原始的形态已难以明了。《韩非子·外储说右上》记载了一则有关“社鼠”灾患的故事：

> 君亦见夫为社者乎？树木而涂之，鼠穿其间，掘穴托其中。熏之则恐焚木，灌之则恐涂阤，此社鼠之所以不得也。

由此推测，古时建社，先在中央树起束茅之类的东西，然后在其周边涂上泥土，做成类似蒙古敖包的东西。栽种社树可能是以后的形态了。满蒙地区的敖包，便是先在小土丘上堆积石子，再在中间插上柳枝等等，最后在附近设立祭灶。每逢五月，当地都会举行敖包祭祀仪式，牧民们将羊肉、奶制品、白酒用作贡品。此外，人们还会将一种具有礼仪功用的丝织品（哈达）献于敖包前，并将其绑束在柳枝上。敖包的前身很可能就是古时祭祀天神时的祭坛。其左右各摆放六块石头，合称十三石，这一系统在亚洲北部、朝鲜半岛以及日本均有出现。

社也有较为简易的形态，此时仅设有神位。古人把束茅立起来，希冀神明附身其上，是谓之蕝一下。《说文》曰：“朝会束茅表位曰蕝。”《国语·晋语八》曰：“昔成王盟诸侯于岐阳，楚为荆蛮，置茆蕝，设望表，与鲜卑守燎，故不与盟。”所谓“望表”，是一种类似于神杆的木制品，古人以其表示神位，在日本则有“みもろ（御诸）”“ひもろぎ（神篱）”[①]与其对应。这些器物均由竖起树

---

① “みもろ（御诸）”是神明降临时供其寄宿的神圣之所，多设在山林洞窟之中。“ひもろぎ（神篱）”是在神社以外的场所临时举行迎神仪式时使用的器物，人们相信该物可供神明凭依。

木的方法制成，具有供神凭依的功能。

> 神南山上寺，立树作神篱。神可围中祭，人心却可移。[①]《万叶集》十一·二六五七

又有《万叶集》(三·四二〇):“祭坛设宿处，斋磐置枕边。”[②]如其所述，这些器物均有临时性，外形与蕝、望表相仿。

古人堆土成丘，再在其上竖起束茅或是望表，以此作为社主。除了木制品以外，也有以石为社主的情况。后世由石子堆成的敖包可能就是由此演变而来，而那些在神判时使用的嘉石、肺石可能也是如此。据《尘袋》[③]记载，类似于神名樋山石神的还有“塞神”“道祖神”，古人使用这些石制神位进行石占，此外，古时神明的坐镇之处被称为“磐座”，贵人去世则被称为“磐隱る(いはかくる)”。“石”，依《说文》训“山石也”，被解释为象山崖石块之形的象形字。从甲骨卜辞与金文中的字形来看，“石”从“ㅂ”，应指召唤神灵之处，即磐座。“巖(岩)”则并不像《说文》所言，仅仅是一个从“山”、“嚴”声的形声字，应同时继承了表示降神仪式的“嚴”的声与义。祏一上，《说文》曰:“宗庙主也。……一曰大夫以石为主。”祏的器制是中央穿孔，天子所用长二尺，诸侯所用长一尺。有人从石崇拜角度出发，持祏由阳石演化而来的观点。本书认为，石在古代被视为磐座加以崇拜，古人确定石为信

---

①《万叶集》，杨烈译，湖南人民出版社，1984年版，页488。

② 同上，页100。

③《塵袋》(ちりぶくろ)，日本镰仓时代中期的一部类书，作者不详。共收录词目620条，结合中日传说释其语源。

仰对象后，才逐渐开始制造“祏主”“石室”等器物。

最初的社并不包括社庙。用屋宇将社覆盖意味着亡国。《春秋公羊传·哀公四年》曰：“六月辛丑，蒲社灾。蒲社者何？亡国之社也。……亡国之社盖掩之，掩其上而柴其下。”古人认为，为社封顶使其与阳光隔绝，可以使社的威能尽失。这一蒲社乃是受天火所焚，故而可见它是有社屋的。“蒲社”在《春秋》中作“亳社”。亳社是已经灭亡的殷所立之社。依《左传·定公六年》记载，鲁国的阳虎在与三桓争夺国家政权时失利。随后，阳虎在周社与三桓盟誓，在亳社与国人盟誓，在五父之衢（道路名称）诅咒。可见，社在古代也可作为盟誓场所。

“社”在日语中训读为“やしろ”，即“屋代”，是举行迎神仪式时，人们修筑的临时性建筑物，以供神明寄宿。日本自古以来就在山上或者林间建社以祭祀。

灼灼红叶照，三轮神社山。终见纷纷落，着人尽爱怜。[①] 《万叶集》八·一五一七

悬木绵斋祭；倒是恋心激，有意，越过神社去。[②] 《万叶集》七·一三七八

第一篇诗歌描述的是三轮山及其神社，通常版本作“三轮之祝”，其意难明，《类聚古集》[③]将“祝”写作“社”，则词通意达。杜六上

① 《万叶集选》，李芒译，人民文学出版社，1998年版，页82—83。

② 《万叶集》，赵乐甡译，译林出版社，2002年版，页304。

③ 《类聚古集》，日本平安时代后期的一部和歌集，由藤原敦隆编写，将《万叶集》中的和歌按题材重新进行了编排。

在日语中可训读为“もり”，可能是由于“杜”“社”声义相近的缘故。

“宫”即“御屋”，与屋代相比，乃是永久性的建筑。用“宫”表示皇家贵族的居住之地，应是后起的用法。大国主命的让国神话有众多版本流传至今，《日本书纪》中“一书”的记载颇能传达出“宫”的古意。在天孙降临世界之前，大己贵命获准治理神事，但其条件是重修天日隅宫，“以千寻栲绳，结为百八十纽”，“柱则高大，板则广厚”，“又将田供佃”，“高桥、浮桥及天鸟船亦将供造”，“又于天安河，亦造打桥”，“又供造百八十缝之白楯”，“又当主汝祭祀者，天穗日命是也”。大己贵遂“即躬被瑞之八坂琼而长隐者矣”，“退治幽事”，接任国造一职的事代主神“于海中造八重苍柴篱，蹈船枻而避之”。所谓凭借神篱而神隐，正是赴死之意。甲骨卜辞中，有多处对天邑商的公宫中举行衣祀（合祭直系祖先神）一事的记载，这应该是“宫”最早的用例，所谓“公宫”即祖庙。甲骨卜辞与金文中记载有一种建筑物，其名曰“廡”，这应是神殿的雏形。在日本，神社的屋顶会配有“千木”或“冰木”[①]，在甲骨卜辞中则有字形作“乔”，指一种后世谓之“学宫”的圣屋，是“学”的初文。有《祈年祭》祝词曰：“太立宫柱于底磐之根，高天原上千木高耸。”这一句讲的是在巳年出生的皇神们。

宫七下，《说文》曰：“室也。从宀，躳省聲。”然而“吕”应该是象房间并列之形的象形字，周朝有神殿名曰“辟雝（雍）”，

① “千木（ちぎ）”“冰木（ひぎ）”是装饰在日本神社屋脊两侧的X型木制构件，工匠会将木材冲天一侧的尖端部分切平，若其切面与地面平行则为“冰木”，若其切面与地面垂直则为“千木”。

其中雝四上的字形也由“吕”构成。在西周时，古人多在宫庙中任命官职，以求神明见证。例如伊簋上记有“王在周康宫。旦，王各穆大室”，颂壶上记有“王在周康卲宫。旦，王各大室”。如其所言，“宫”“室”均是祭祀祖先神之处。“宫”又作“宫”，该字形表示的应该是宫室的平面构造。

在金文中，“宫”又有字形作“宄”。其形体中“九”并不仅仅充当声符，而是象虺蛇之形的象形字，抑或表示的可能是在此处受到祭祀的神灵。此外，九十四下也可以表示数词，这与象虫之形的萬（万）十四下可以表示数词一样，均是假借的用法。祀一上由“巳”构成，可能表示祭祀蛇形之神。《说文》曰：“祀，祭无已也。”则非其本义。“祀”亦作“禩”。“異（异[①]）”象鬼神之形。《常陆国风土记·那贺郡》中记载了一则有关努贺毗古兄妹的传说。妹妹生下了神明之子，其形如小蛇，其后于该地立社祭祀。《常陆国风土记·行方郡》记载了一则夜刀神传说，夜刀神被当地尊奉为溪水之神。作为世界古文字之一，汉字记载有数量众多的蛇形神灵，本书据此推测，中国古代可能存在蛇信仰，而这也就解释了为何“祀”“宄”等字均与蛇相关。

神殿的最初形态或谓之堂十三下。社在最初并无外屋覆盖，随后古人才逐渐开始在社前修建祭祀之所。“堂”，依《说文》训“殿也”，许慎认为其声符是“尚”。“向”参与构成了“尚二上”。向七上的字形表示在“宀”中放置“㇄”以迎接神明。在“向”之上添加“八”则构成尙（尚）二上，其字形表示神明从天而降，

① “異”今简化为“异”，《说文》另有“异”字。——编者

屋顶处隐约有神明的气息。在“祝”之上添加“八”构成“兑（兑）”，亦是同理。神明附身谓之“惝怳”。堂是用来举行迎神仪式的神圣场所。因此，堂中无室，后世所言“明堂”“灵台”“圜土”等降神的圣所，原本都只是有封土和堂之所。至于用“堂”指称大殿，则是汉朝以后的事情了。

奠　基

随着殷墟小屯遗址的发掘，古代宫庙遗址得以重现天日。与宏伟壮观的殷王陵墓相比，宫庙的遗址规模极其狭小，令人难以置信。殷墟小屯遗址可以划分为三个分区，它们自北向南连属贯通，最北的一处为王宫，位于中央的一处被认为是宫庙，其根基是用黄土筑成的土坛，最南则是较小的遗址群。根据石基的分布情况，我们可以推断，位于遗址中部的最大建筑物为单层建筑，其南北长约八十五米，东西宽约十四五米。宫庙遗址的正西方似乎有类似于日本神社正殿的突出部。所有的建筑物进深均浅，最浅者仅有三米。所有的祭祀仪式均于前庭举行，前庭即谓之廷二下。从字形上看，“廷”指的是一种举行祼礼等修祓仪式的场所，也有个别字形添加了表示土主的“土”。

当时的居所，从原则上讲，都是土屋一类的房子。使用屋柱的情况较少，通常为竖穴式或横穴式的穴居建筑。在盘庚迁都安阳以前，殷的首都位于今天的河南郑州，在当地发现有制造青铜器的工坊遗址，其形式为浅竖穴式土窖。《诗经·大雅·緜》歌颂了商朝的建国传说，其中记有“陶复陶穴，未有家室”，陶十四下即匋五下，指的是在圣所夯土的仪式。在“陶”基础上增添“革”则为“鞷”，这是“鮑（鲍）”的初文。后世以“管鲍之交”指称管仲与鲍叔牙之间的深厚友谊，“鲍叔”在金文中写作“鞷叔”。

《诗经》所言“陶穴”之“穴”，是一个象土窖入口之形的象形字，入五下、内五下诸字亦是同理。因此，根据甲骨卜辞与金文字形来看，《说文》中收录的那些“宀”部的汉字通常都与宫庙相关。宗庙本是安置神位之处。宗七下从“示”，“示”象祭桌之形。廟（庙）九下是举行朝夕礼的场所，在祭政分离以前，古人的祭祀与政事曾是同时进行的。文武百官在天子的率领下，为了迎接旭日而举行朝日礼，是谓朝七上；比及黄昏时，同样也会举行夕礼以送别夕阳。也有“朝”的字形不从“月”而从“水”，该形体即表示“潮”之意，这是由于居住于沿海地区的人会根据潮起潮落判断时间，“汐”亦是此理。

宀七下，如《说文》训“交覆深屋也”那样，其字形象屋檐从两边向下垂之形。广九下依《说文》训“象对刺高屋之形”，指的是只有一半屋檐铺得深的建筑物。“廱”“庭”“廬（庐）”“廙”“廟”等均是从“广”的汉字，其中“廱”与“庭”的初文分别是“雝”与“廷”，而“廬”与“廙”则是形声字。“廬”是一种与“射庐”同类的建筑，用于举行神事。廙九下依《说文》训“行屋也”，即国都之外的行宫，该地如国都的宫庙一样，亦可举行册命（任命仪式）、饗宴等仪式。“宀”与“广”之间的区别并非绝对，“廟”与“廣（广①）”均有字形从“宀”。在古代，那些由屋柱与栋梁支

① “廣”今简化为“广”，《说文》另有“广”字，前文已提到。——编者

撑的建筑是举行祭祀神事或政治仪式的重要场所。

家七下字曾经可以表示祖庙之义。《说文》曰："家，居也。从宀，豭省声。"段玉裁注曰："按此字为一大疑案。"即说明了历代学者对于"家"字的解读众多纷纭。段玉裁在注解中指出，今言"牢狱"之"牢"，实由"牛牢"之义引申而来，"家"也应由豢豕之处引申表示人类聚居之场所。著有《字说》《说文古籀补》等名著的清末金石学家吴大澂，将"家"字形中的"豕"解释为牺牲用豕。在古代，与贵族不同，士与庶人并无祖庙，因此，士、庶人在祭祀父亲时，会置羊、豕等牺牲于屋中，故而"家"可指士、庶人的居住之处。然而在甲骨卜辞中，也有用"家"指称王室祖庙的用例，如"𠤎于上甲家"（详见《拾遗》一）、"王为我家，祖辛又王""王为我家，祖辛弗又王"（详见《缀合》一三二）等。在王室祖庙中，古人会用鼎、尊等祭器盛装犬牲以献神明，是谓之"獻""猷"，这两个汉字在日语中均可训读作"はかりごと"，即尊奉神意做出决断。

"家"并非指在家屋中用豕为牺牲、举行祭祀，而应当是在准备建筑家屋时举行奠基仪式，将犬牲掩埋于地下。参照毛公鼎上的"家"的形体，可以确定是以犬为牺牲并磔杀之。古人建设举行祭祀仪式的神圣建筑物时，为了修袚清洁，会在奠基前将犬牲掩埋在建筑物的堂基以及门基等处，若是修筑陵墓，则会将牺牲掩埋在墓室的四角及棺椁之下。在殷墟王陵遗址中，有一处墓室下凿有坑穴，其中掩埋有盛装武士以及犬，这是一种名曰"伏瘗"的修袚方式。许慎认为"伏"从"人"、从"犬"，将其解释为犬伏身伺人，此非正解。秦国有伏祠，是一种用狗为牺牲以防污秽的祭祀仪式。该仪式举行于夏季，故而后世称夏季为“三伏”。在为祖庙奠基时，牺牲的范围不仅局限于犬及其他动物，有时也会使用人牲。在小屯遗址的最南端有一群台基，其中掩埋着大量身首分离的人牲。此举是为了平息地灵。在墓穴中也出土了为数众多的镇墓兽，故可想象古代人牲也是这样用的。斩首祭枭之类，可以视为与此同一形式之举。

鎮（镇）十四上，指平息、镇压。许慎在《说文》中训为“博压也”，将其解释为赌场使用的棒子，这恐怕并非其本义。所谓眞（真）八上，如后文（详见本书第十二章）所言，象人身倒悬之形，将倒悬之人的尸体填埋即谓之“填”。运用死者的灵魂有所压服，这种厌胜之术谓之“镇”。壓（压）十三下是一个从“厭（厌）”分

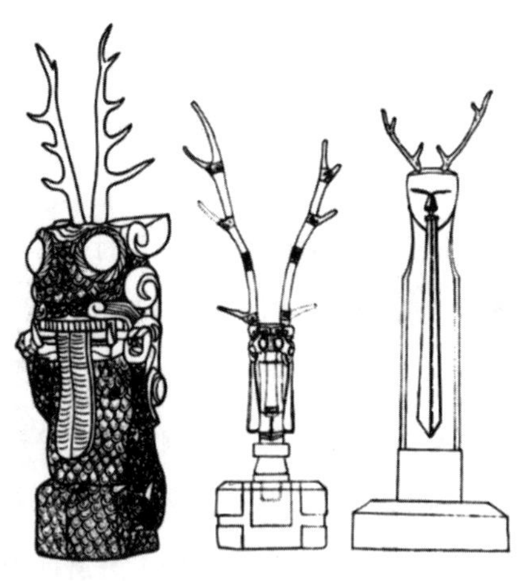

镇墓兽

河南信阳长台关的春秋晚期楚墓出土。通高1.35米，木雕彩色。目、齿、舌等涂有朱色。有鹿角，张口，吐长舌。全身麟纹，故而有说法认为这是龙的一种变形，然而，长沙楚墓中出土的还有完全相同的鹿角长舌镇墓兽，此外还有一些制成了人形。原图著录于《河南信阳楚墓出土文物图录》，现据孙作云的图（出自《考古》1973年第4期）。

化而来的汉字。厭九下依《说文》训“笮也”，即使用力量进行压覆，然而笔者认为猒五上应为犬牲之肉，以犬肉祭祀神明，使神明满足谓之“厭”。《说文》训“猒”为“饱也”，是因为“猒”“厭”本为一字，为了表示供奉神明而在“猒”的基础上添加“厂”，遂构成“厭”。毛公鼎上记有“皇天弘猒厥德”，在该用例中，“猒”表示“满足”之义。对地灵进行厌胜之术即谓之“壓”，镇压本是为了平息地灵而举行的奠基仪式，其对象为神灵而非凡人。

古人为了使建筑场所更加清洁，会以犬或其他动物为牺牲举行修祓仪式，其地点不局限于家屋，还包括其他圣所。冢九上是“塚”的初文，《说文》曰：“冢，高坟也。”“勹”表示其形态高耸，“豖”为其声符，“冢”与“家”字形构造相似，但并非屋室之形，其上恐怕是用土封盖过。《诗经·大雅·緜》歌颂了周的建国传说，其中记有“乃立冢土”，“冢土”即冢社，是可举行祭祀的大社。因此，冢可以被视作是社的另一种形态。《周礼·春官》设有“冢人”一职，“掌公墓之地”，这便是“冢”转义为坟墓之义的用例。“墜”的字形很像是在圣梯前摆设土主，并且供奉有犬牲。今言“原野”，其中原十一下，最初表示源泉之义，而表示原野之义的汉字其初文则为邍二下。《说文》曰：“邍，高平之野，人所登。”关于其字形许慎则言之以“阙”。笔者认为，“邍”字形中的“田”为畢（毕）四下，也有部分形体将两“田”并列。“邍”的字形表示摆设牺牲并用田网笼罩以祀神灵，应该是指狩猎开始前举行的一种祭祀仪式。这相当于日本所谓的矢祭、山口祭等仪礼。

用以举行祭祀的庙屋神圣非常，因此古人会根据其奠基仪式为之命名，“家”“冢”便是其例。古人在为建筑选址时会使用弓矢等武器，“屋”“室”“窒”“臺[①]”等字均从“至”，换言之，即可视作从“矢”。至十二上依《说文》训“鸟飞，从高下至地也”，该训释与“不”相照应，不十二上依《说文》训“鸟飞上翔，不下来也”。然而笔者认为，“不”是象花萼之形的象形字，而“至”是箭矢所到达之处，“不”“至”均与飞鸟无关。在日语中，“至”“到”“臻”等字均可训读作“いたる（到达、达至）”，其本义或与古代根据箭落之处占卜选址的行为密切相关。在金文中，致五下的字形从“人”或从“企”，其字形表示人跟从箭矢抵达某地，并将该处尊奉为神选之地。在古代的神事活动中，射箭普遍占有一席之地。在日本，人们为农耕、狩猎等事划界而举行占卜时，也会借助射箭这一形式，其他国家或地区也普遍存在类似的习俗。根据西周时期的金文记载，古代的中国人在举行神事时也会举行竞射，辟庸中建有举行该项活动的设施，称作“宣榭”，其字形作“廚”。此外，当有男孩诞生时，古人为了修祓驱邪，会以桃弧棘矢射往四方。射五下，《说文》曰：“弓弩发于身而中于远也。从矢，从身。”然而，“射”应是象射箭之形的象形字。甲骨卜辞中有在祭祀时举行射牲仪式的用例。表示建筑物的“室”“屋”“臺”等字形体均由“至”参与构成，笔者据此推测，古人不仅会在祭祀时使用弓箭，还会用射箭的方式划定边界或为建筑选址。此外，由“至”构成的诸字读音不一，这也进一步证明其字形中的“至”并不仅仅充当声符。

室七下是古人举行仪式祭祀先祖之处。《说文》训为“实也”，

① 今简化为“台”，与《说文》中的“台”非同一字。——编者

乃是结合音义而来的训释，至于该字从“至”，许慎则以“所止也”释之。然而在甲骨卜辞中可以见到“中室”“南室”“血室”等名称，祖灵所在之处则谓之“宗室”。在金文中，册命仪式多举行于宫庙中的大室。立足字形，笔者认为，古人在营建宗室前，会运用弓矢占卜选址或修祓驱邪。

屋八上，《说文》曰：“居也。”其尸，乃是尸主，此外也有一解认为尸象屋的形状。“尸”在汉字中有两套系统，其一象人体之形，由其构成的汉字有“居”“屍（臀）”“犀”“屍（尸[①]）”等；其二象房屋之形，由其构成的汉字如“層（层）”。“層”依《说文》训“重屋也”。《礼记·郊特牲》曰：“丧国之社屋之。”古人会为亡国之社加覆庙屋，类似的记载亦可见于《春秋公羊传·哀公四年》。“屋”最初应指用木板制成的小屋。同“幄”一样，乃是在室中制作小板屋，从而安置神位。《诗经·秦风·小戎》记述了某位武将的葬礼，其中有“在其板屋，乱我心曲”之言。诸家注解多倾向于从西戎的板屋之俗出发解释“板屋”，然而本诗却通篇未见西戎事物，故而笔者认为这是一首为某贵族送葬的诗歌。《礼记·丧大记》记有“毕涂屋”，如其所言，古人殡葬时，会在尸体的上方用木板修筑屋顶状的设施并用泥土涂抹。与“家”“室”不同，“屋”最初多指临时设置的建筑，如“行屋”“板屋”等。古人去世后，其尸体在下葬前会被暂时安置于山中的板屋内，今天某些未开化地区依然保留着这种古老的习俗。这种临时板屋或谓之“屋”，古人在建造板屋前，应该也会根据弓矢占卜选址或修祓驱邪。

---

① 今简化为“尸”，与《说文》中的“尸”非同一字。——编者

臺十二上，依《说文》训“观，四方而高者也”。由于其形体也包含“至”，因此许慎认为“(臺)与室、屋同意”。虽然今天“臺”的简化字形作“台”，但起初“臺”“台”却是两个不同的汉字。因此，笔者在本段采用“臺”这一字形加以阐述。考虑到文献中存在“臺观”“京观”的用例，辟雍中修筑有“灵臺”，笔者认为“臺”应指某种高层的臺状建筑物。在日本，可用于军事侦查机能的高塔谓之“ものみ(物见)”，可用于射击的高塔谓之“やぐら(橹)”，而中国古代的“臺”则兼有这两种建筑物的职能。春秋时期，各诸侯国争相修筑高臺，时人相信高臺曾经是神明的降临之处，因此古人又称其为“神库”，并将武器贮藏其中。有时，古人甚至也会将某些重要的罪犯监禁于此。例如，殷纣王在被周击败后，登上鹿臺，身披玉衣自焚而死。又如周赧王，虽贵为天子，却向民众大举借债，随后为了躲避还债之责而逃至某座高臺，时人称其为“逃责臺”。古代的以色列有“逃城”(详见《旧约·申命记》第十九章)，古希腊有神殿，可以作为逃亡奴隶的临时避难所，中国的楼臺或许也与此二者类似，曾经被古人视作某种圣域。在古代，那些在军事或政治的斗争中落败的人，会为了祈命而逃上高臺，举行盟誓，其例多见于《左传》。对于古代社会的王侯贵族而言，“逃责臺”之类的建筑或许可有可无，但对普通百姓而言，即便是今日，那些避难场所依然是不可或缺的。

宗庙仪礼

宗庙是氏族的圣所，乃是举行祖祭等重要仪礼的地方。可以说，是要直面祖灵的地方。“且”是祖一上的初文，其字形象刀俎之形，郭沫若将之释为阳具之形，此说刻意追求新奇，并且与形义不符。将肉置于“且”上则构成“𡧪”，此为宜七下之初文。许慎在《说文》中训“宜”为“所安也”，认为其声符是“多”的省略。多七上，《说文》曰：“重也。从重夕。……重夕为多，重日为曡。”若立足于“𡧪”的字形，“多”的形体应象俎上之肉。此外，也有字形在右侧添加“刀”而构成。“宜”，《周礼·春官·大祝》中存在诸如“大师宜于社”的用例，应指在军社中举行的某种祭祀。甲骨卜辞中有“宜牢”，“宜”在这里表示某种被用于牺牲之物。“宜”在金文中亦存在用例，如周朝早期有大丰簋，其上记有“王飨大宜”，又如令簋上记有“作册夨令，障宜于王姜”，其中“宜”均为飨宴仪式。《诗经·大雅·凫鹥》曰：“公尸来燕来宜。”如其所言，神享用祭品即谓之“宜”。享用过祭品的神会感到满足，由此“宜”又引申出适宜、适当等义。

所谓“障宜”，最初是指将酒肉献于神明以求得福禄佑助。“障”的字形是将酒置于圣所之前。若将酒置于祖灵庙前则其字形作“福”。“禄”为形声字，其初文作“录”，“录”的字形表示用某种带把手的锥状物体凿孔。“祐”的初文为“又”。“福”“禄”“祐”均是从“示”的汉字。

古人虽然多在宗庙中恭迎与自己同族的祖灵，但有时也会召唤客神。客七下，依《说文》训“寄也”，将其解释为旅客，但如前文所述，“客”最初表示的是与自己姓氏不同的客神（详见本书第七章）。迎接客神谓之“愘”或“寍”。无论其姓氏是否与自己相同，一律迎接神明于宗庙中，是谓之賓（宾）六下。“賓”在卜辞中作“穷”，虽然其字形中的“万”表示何意暂且不明，但若与“羲”的字形相比对，则可推测“万”应象牲体的下半部分之形。随后人们在其基础上添加“貝”，遂构成“賓”。《说文》曰：“賓，所敬也。”即恭迎来宾。在春秋战国时期的金文中，有“以乐賓客及我父兄”“台御賓客”“喜而賓客”等用例，可见祭祀对象的范围已经扩大，不再拘泥于血缘的氏族关系是否相同。古人在宗庙中迎接神明时，需要摆设牺牲、贝以及玉等宝物，无须多言，是谓之寶（宝）七下。在“寶”的字形中，“缶”充当声符。在宗庙中用于举行仪式的祭器上多有“寶𡰥彝”这样的用例。

宗庙乃是可以与已故至亲重逢的地方。親（亲）八下又作“寴”，该字形可以表示在宗庙中相会的仪式。《说文》曰：“親，至也。从見，亲声。”许慎在《说文·宀部》中将寴七下也解释为“至也”，“親”“寴”同训。在金文中也存在用“寴”表示“親”义的用例，因此这两个汉字应是同字异文的关系。“親”或与“新十四上”声义相关。《说文》曰：“新，取木也。”但笔者并不认为“新”仅仅表示采薪伐木，“新”与“薪”应与神事相关。“新”既可以指恭迎新进入神庙的神，也可以指这些新神的神牌。

关于亲六上，《说文》曰：“果实。如小栗。从木，辛声。”笔者则认为“辛”也可以表意。“辛”指某种针状物，“亲”则表示钉入了这种针的树木。如前文所述，与屋室相关的汉字形体中多包括“至”，这表示古人在建筑房屋前会用弓矢占卜选址或修祓驱邪。“亲”可能指的是，在入山仪式中，首先要用针钉上那些将来定要供奉给神的树，这和“年木（としき）”是一个道理。由此，再以斧斤砍伐，是谓“新”。薪一下也是供奉神明之物。《诗经》中记有一种采薪民俗，古人或是以之祭神，或是将其作为贺礼赠与新婚之人。在甲骨卜辞中，存在“新寝”“新宗”“新家”等用例，均指新建的神庙。古人甄选出神喜好的新木后，便为之修建新的宫庙，今天的日本依然保留有“迁宫”活动，将神牌从本殿迁移至其他处所。《诗经·小雅·伐木》是一首讲述祭祀神明的诗歌，每章的首句都描写了伐木的情景，例如“伐木丁丁”“伐木许许”，这是由于伐木是神事的开端。古人获得新木后，将其加工制作成新的神牌，恭拜此牌的字形为“親”。由于叩拜神牌这一行为发生在宗庙中，故而又派生了一个“寴”字。祭祀者所拜的是新造的神牌，也是和他血缘关系最亲的人物。

《诗经·小雅·伐木》有“伐木许许”，《说文》训所十四上时援引《诗经》曰：“伐木所所。”认为“所”表示“伐木声也”。“所所”虽然是拟声词，但在金文中“所”可以表示圣所。春秋战国时期有叔夷镈，其上记有“虡（虩）成唐（汤）严在帝所”，又记有“共（供）于桓武灵公之所”。《春秋·僖公二十八年》曰：“公朝于王所。”如其所言，“所”可以表示神灵所在之处，之后也被用来表示王巡行时的所居之地，二者均是神圣的建筑。许慎将“户”判断为“所”的声符，若以“啓”“肇”诸字为依据，可知“户”指贮藏祝告祷辞的地方，而“斤”则是守护该处的圣器，“所”指神灵安居之处。處（处）十四上与“所”在这一意义上通用。《说文》认为“処”是正字字形，《说文》曰：“処，止也。得几而止。”而“處”则被认为是重文字形。“處”正表示身披虎头之人，根据与神事相关的“獻”“戲（戏）”等字来看，古代举行祭祀仪式时应有穿着虎头的民俗。叔夷镈上记有“處禹之堵”，由此可知，“所”用作名词，“處”与其相对，用作动词，表示安居之意。此外，“居”也可以表示安居，在古代亦有形体作“凥”，其字形象人踞坐于几上。

安七下，依《说文》训“静也”，关于其形义的解读，有人认为是妇女安居家中，也有人认为是妇女轻易不会离开家院，均系缺乏根据之说。根据甲骨卜辞与金文中的形体，“安”有时与“保”相同，在其字形的右下角会有一画，指某种衣物，类似于日本武士穿在身上、兼具保护和装饰作用的“保吕（ほろ）”。在“安”的一些甲骨文形体中，妇女被布衣所包覆，该字形所表示的行为或与日本的“真床覆衾”[①]相类似。“保”的字形表示用襁褓包覆婴儿、使其接受先祖之灵的仪式。与其类似，“安”是对女子行此礼，通过该仪式，可以谋求异姓的女子得到男方家族祖灵的接纳和庇佑。对异姓和异族举行的安抚仪式谓之“安”。周朝早期有作册睘卣，其上记有：

> 王姜（成王之妃）命作册（官名）睘（人名）安夷伯（人名）。夷伯宾睘贝、布。

该仪式亦可谓之“寧（宁）”[②]。“寧”初文作寍七下，《说文》曰：“寍，安也。”皿是“人之饮食器，所以安人”。笔者认为，字形中的“心”指牺牲的心脏，将其献于神明、加以祈祷谓之“寍”。甲

---

① “真床覆衾（まとこ おうふすま）”，又称“真床袭衾”或“真床追衾”。“真床（まとこ）”是床的美称，“衾（ふすま）”是覆盖遗体之布。古代的日本人相信，将覆盖过已故天皇的衾布覆盖在新天皇的身上，可以使天皇的灵魂得以转移。《日本书纪》多次记载了这种民俗。

②《说文》中另有“宁”字，与“寧”意义不同。故保留“寧”字。——编者

骨卜辞中有针对“寧风”“寧雨”等事的贞卜，而诸如“王今夕寧”这样的用例也很常见。周朝早期有盂爵，其上记有“王命盂（人名）寧登伯（人名）”，该用例中的“寧”所指称的仪式与作册睘卣上的“安”颇为接近。已婚妇女返回娘家谓之“归寧”。“安”与“寧”均是以嫁入本族的异姓者为对象，为了向祖先之灵祈求安宁而举行的仪式。

宴七下，依《说文》亦训“安也”，《说文·女部》亦收录有晏十二下字，训“安也”。“宴”为“晏”之繁文。“晏”由“日”“女”会意，其中“日”象宝玉之形，表示的是将玉加于女之上的振魂仪式。由此才会生发出“安”之义，这一仪式在庙中举行则谓之“宴”。金文中亦有字形作“匽”，由是可知，也有在隐蔽之处举行该仪式的情况。“匿”“區（区）”“医”等汉字均表示在隐秘之处举行的祝咒仪式，立足字形可知，被藏匿的或是巫女，或是祝词、咒具，“匽”亦是此理。能够体现举行仪式时具体状态的汉字则是“偃”，由其字形可知，行此礼时，要暂时被隔离起来，在偃伏的状态下进行。

在古代，氏族成员的繁衍生活无不以祖庙为中心。无论是为新生儿命名的仪式，还是为青年举行的加冠称字仪式，均举行于庙前。与养育仪式相关的，有宧七下字，该字与“宦”形体相似，实为两字，后文会对“宦”加以论述。《说文》曰：“宧，养也。室之东北隅，食所居。从宀，𦣝（臣）声。”𦣝十二上依《说文》训“顄也”，即下颚，通常认为“𦣝”是“頤（颐）”的初文。由于“𦣝”的字形象乳房之形，因此“頤”可以表示颐养之义。“姬”的本字作姬十二下，《说文》固然将其理解为形声字，不过将其理解为乳房丰满的女人也可以，换言之，一定是生育了孩子的女人。在古日语中，男子（ひこ）写作“彦”，女子（ひめ）写作“姬”，这种训读关系与汉字的字义非常贴切。配十二上，依《说文》训“广臣也”，字形中的“巳”象哺乳婴孩之形。在“巳”的基础上添加象乳房之形的“臣”则可表示颐养之义，饮乳充分则谓之“和熙”。由此推测，“宧”与“頤”应表示在宗庙中举行的授乳颐养仪式。

元服称为“冠”。“冠”从“完”、从“寸”。许慎虽然认为完七下是从“宀”、“元”声的汉字，但元一上应表示头部之义，亦称“元首”。冠七下的字形表示用手梳理头上的毛发。《说文》曰：“冠，豢也。所以豢发。弁冕（冠帽）之总名也。”“冠”最初用以表示成年冠礼，《说文》之义由此引申而出。“完”，《说文》曰：“古文以为寬也。”许慎认为“完”“寬”同字，此说有误。正如前文所述，“寬”的字形表示精心装扮过的巫女在宗庙中褒袖起舞，动摇神意，而巫女的舞姿则谓之“寬绰”。寇三下的字形与“冠”相近，其字形表示在宗庙前殴击俘囚，指贼寇之义。在《周礼·秋官》中设有大司寇一职，司掌刑政狱讼之事。金文中亦存在用例，曶鼎上完整记载了一则寇禾案，寇掠禾谷者最终被判决向受损者道歉并加倍赔偿损失。

老而无妻谓之“鳏”，老而无夫谓之“寡”，人生寂寞，莫过于此。老年人的生活问题从古代汉字产生便得以反映，而救助这些鳏寡老人则是圣人政治中的重要课题。鰥（鳏）十一下，《说文》曰：“鱼也。从鱼，眔声。”眔四上是象流泪之形的象形字，在甲骨卜辞与金文中可以表示并列关系。后世所言“昆弟”，其中“昆”的初文作“翼”，虽然有观点认为“眔”参与构成了“翼”的字形，故而两字之间应有关联，但“罽”从“罘”的原因暂且不明。“鳏”指东海的一种鱼，其两眼均位于身体的一侧，近似于比目鱼或鲽鱼。六朝时期有《孔丛子·抗志》，记载了卫人于河边钓到了一条鳏鱼，其体量可以装满一辆车。“鳏”可以表示老人的原因虽然不详，但这种用法出现很早，在毛公鼎上便有“鳏寡”这样的用例。

倘若视“鳏”为会意字，则其字形象鱼啜饮泪水。“鱼”在这里可能是女性的象征。《诗经》中不乏描述婚姻的诗歌，例如《召南·何彼襛矣》便表示了对周王室与齐侯之间联姻的祝颂，其中“其钓维何？维丝伊缗（钓绳）”这样的诗句，便是从婚姻联想到了垂钓。而在哀叹弃妇的《邶风·谷风》一诗中，亦存在“毋逝我梁（捕鱼水坝），毋发我笱（捕鱼竹笼）”这样的类似表达。闻一多在《说鱼》一文中详细论述了中国古代将女性与鱼联系在一起的民俗。闻一多指出，在某些未开化地区，鱼常被视作是性的象征，此外也有地方将其视为禖神来信仰。在殷周时期的出土文物中，妇女的器具上多有鱼文。参考以上诸例，“鳏”的字形或许表示老而丧妻者举行某种使鱼饮用自己泪水的悼念仪式。诸如此类的溯源问题，倘若单独依靠文字学方法，则难以达成。

寡七下的字形表示人在庙中满目愁容。《说文》曰：“寡，少也。从宀，从頒。頒，分赋也，故为少。”但笔者认为“寡”指多寡之义是后起的引申义，其字形表示丧夫之女在庙中痛哭流涕。在“寡”形体下方添加“心”则为“忧愁”的“憂（忧）”[①]。

---

① “憂”今简化为“忧”，《说文》中另有“忧”字。——编者

服丧者之姿态谓之“優（优）”，其人因悲伤而心境烦扰谓之“擾（扰）”。除死丧外，贫苦亦可使人忧愁。女子贫困不堪谓之寠七下。《说文》曰：“寠，无礼居也。”《诗经·邶风·北门》曰：“终寠且贫。”“寠”在日语中可训读为“やつれる”，表示褴褛落魄之义。《神武纪》中记有“日以襤褸（やつれて）而憂之”，便是其用例。婁（娄）十二下表示女子不梳理头发，任其散乱，击打责备之则谓數（数）三下，而“數數”是形容乱发不整之貌。

宫庙是古代举行祭政的场所，因此有众多官员任职于此。总理政治之人谓之宰七下。《说文》曰：“宰，辠人在屋下执事者。”正如古代有“宰膳”一语，宰所负责的工作是宰割牺牲。在祭祀仪式中，负责切割、处理牺牲的人同时也是最高执政者，通常由长老担任。按照最初的礼制规定，王应亲自执鸾刀分割牺牲，代替王执行此项任务的则是宰，因此，可以认为宰也是侍奉神明的圣职人员。西汉的陈平在里社担任宰职时，曾以分肉甚均而获誉于乡民。

在庙中任职谓之守七下。《说文》曰：“守，守官也。……寸，法度也。”若以古文字形为依据，则“守”应从象手之形的“又”，表示手持某物，将祭品供荐给神明之意。西周晚期有师晨鼎，其上记有“善夫（膳夫）官守友”，“守”在其中表示从属于膳夫的下僚。此外，“守”也可以表示守护之义，西周有大鼎，其上记有“大以厥友（友官）守”及“召大以厥友入攼”，在该用例中，“守”与“攼”同意，均表示在举行仪式期间进行警戒保卫。

处理庙中杂物者谓之宦七下。“宦”依《说文》训“仕也”，许慎将其判断为会意字。本书认为“宦”与“臣”“妾”同类，均指被献于神明、供其役使的仆从。周朝有伊簋，其上记有“康宫王臣妾百工”，如其所述，此类群体应当隶属于特定的宫庙。《左传·僖公十七年》曰：“妾为宦女焉。”此时“宦”可以表示供职宫中之义。在古代，入宫为官即意味着离乡背井。《左传·宣公二年》中记有“宦三年”而将要被饿死的灵辄（人名），《国语·越语下》中则有范蠡“入宦于吴”的记载，均是此例。“宦”与“官”形义虽近，但两个汉字的原义并不相同。尽管“宦”与“宧”形体相近，但“宧”的字形却涉及授乳颐养等事。两个汉字若在构造上略有小异，则其造字理据或截然不同，切不可轻易混淆。

斋敬的少女

供职于宗庙之人多为女性。在日语中，“家刀自（いえとじ）”是对持家主妇的尊称。古代的年轻少女或以“刀自（とじ）”自谓。长歌[①]《万叶集》（十六·三八八〇）讲述了小孩拾取细螺献给父母一事，在这则童谣中，小女孩在河边将螺壳打破，在早川清洗，并敷上盐，诗曰：

盛以高足豆，载之食案头；荐之母矣否？中馈婵娟妇！荐之父矣否？中馈婵娟妇！[②]

①《万叶集》中的歌体分为长歌、短歌、旋头歌三种，都是五音节与七音节交替进行。长歌是五七五七继续下去，长度不限，最后一句为七音节；短歌有两种，一种是独立的短歌，一种是附着于长歌之后的短歌，后者亦称反歌，通常为三十一音节；旋头歌的音节结构相对固定，为五七七五七七。

②《万叶集精选》，钱稻孙译，中国友谊出版公司，1992年版，页230—231。

在诗歌中，第一人称的女童正是以“中馈婢娟妇（愛づ児の刀自）”自称，仿佛自己已然成了一名家庭主妇。

《诗经》中共有十五国风。与其他诗篇相比，《周南》《召南》的国风诗篇创作时间最为古老，其中残存着中国古代妇女任职于宗庙之中这一古俗的证据。《诗经·召南·采蘩》的前两章为：

于以采蘩，于沼于沚；于以用之，公侯之事。

于以采蘩，于涧之中；于以用之，公侯之宫。

讲述了主人公去水边采办宫庙祭祀所必需的蘩草。最后一章：

被之僮僮，夙夜在公；被之祁祁，薄言还归。

是主人公在感慨归期遥遥。“被”指用饰物装点头发；“夙夜”指为了筹备祭事彻夜操劳。《采蘩》的主人公正是一群筹备祭事的妇人，她们长发逶迤，忙碌而不失静雅。《诗经·周南·关雎》中有重章叠唱的三句，分别是“参差荇菜，左右流之”“参差荇菜，左右采之”及“参差荇菜，左右芼之”，此亦是曾与祭祀相关的民歌。在《关雎》中，投身祭事的女性却被描述为“窈窕淑女，君子好逑（理想的配偶）”，这体现了祭祀诗向爱情诗的逐步演进，伴随着钟鼓伴奏，这些乐歌遂为少男少女所传唱。《召南·采蘋》曰：“谁其尸（主祭者）之？有齐（斋）季女。”主持祭祀者必定是一位年轻的少女。就这样，少女在水畔采集蘋藻的美好形象，激发了读者的无尽遐想。

妇人投身祭事时的状态谓之敏三下，其字形表示将手伸向“每”。每一下，《说文》曰：“屮盛上出也。”许慎的解释出自《左传·僖公二十八年》“舆人（劳役者）之诵”中的“原田每每”，“每每”是形容草长势盛貌的拟声词，《说文》所释之义并非“每”之本义。参考金文材料，西周早期有大丰簋，其上记有“每扬王休（恩赐）于尊”，大盂鼎上记有“每朝夕入谏”，叔夷镈上记有“女（汝）肈每于戎攻（军事）”。诸例均是以“每”作“敏”，表示勤敏之义，其字形是妇女用华丽的饰物装点自己的头发，正如《采蘩》中的“被之僮僮”“被之祁祁”，“僮僮”“祁祁”均指装饰盛貌。誨（诲）三上从“每”。在“敏”的基础上添加丝制缨饰“糸”则构成“繁”，表示繁多的装饰。在金文中还有由“繁”和“广”构成的“縻”，该字形应表示盛装打扮的妇人在庙中举行祭祀之义。

从字形上看，“毒一下”与“每”非常相似，二者之间存在关联。《说文》曰：“毒，厚也。害人之屮。”许慎将“毒”解释为蔓延生长的毒草，笔者认为，“毒”的字形象头戴发饰的妇女。与“每”相比，“毒”的饰物数量和种类更为繁多。“毒”最初表示穿戴过多的头饰，引申则可表示笃厚诚敬之义。妇女若在祭祀场合之外浓妆艳抹，自然有失妥当。最初，妇女只有在参与神事时才会化妆，正如同在祭祀中佩戴面具，这些行为都以隐藏凡人外观为目的。与“毒”字形近似的汉字有毐十二下，《说文》曰：“毐，人无行也。……贾侍中说：秦始皇母与嫪毐淫，坐诛，故世骂淫曰嫪毐。”贾侍中即贾逵，曾任许慎之师，他认为与秦始皇之母通奸之人名“毐”。此外也有观点认为“毐”“毒”同声，若如此则“毐”便是“毒”的异文。毋十二下在日语中训读为“なかれ（勿、莫）”，依《说文》训“止之也，从女，有奸之者”，即禁止女性行放荡之事。在金文中，“母”被用来表示“毋”，随后人们才根据用义另造“毋”字。若依许慎的阐释，则古人须提前预见到“母”会行奸邪之事，然后才专门新造“毋”字，这种解释恐怕与古代造字的规律有所不合。

所谓“敏疾”“奔走”，原本都是表示为了神事而勤勉奔波。在金文中，诸如“夙夕奔走”的用法多与祭祀政事息息相关。奔十下、走二上的字形均表示人在奔跑。“敏捷”最初是形容参与祭事的妇女聪敏迅捷。“敏捷”之捷十二上，本字应作寁七下。《说文》曰：“寁，居之速也。从宀，疌声。”疌二上含有迅疾、快速之义，许慎在《说文》中将“疌”解释为会意字，即从“止”、从“又”以会手脚并用之意，但笔者并不认为“疌”表示人敏捷有为。“疌”与“敏”构造相仿，两个汉字的字形均是妇女用手整理自己头上的发饰。因此，“疌”与“敏”同义，表示妇女为了祭祀仪式而在宗庙中勤恳忙碌，又派生出“寁”字，指的便是从事祭神事务的敏捷。

通过上述形体分析，我们很容易便能得知妻十二下的字形表示头戴发簪、身着盛装的女性形象。夫十下的字形由象男子之形的“大”和“一”构成，表示为男子束发并佩戴簪笄。如前文所言，“夫”“妻”起初是描述婚礼上新郎、新娘盛装形象的汉字。（参见上卷第16页）人佩戴在头顶的簪饰谓之参（参）[①]七上。“参”的字形表示三支发簪集中地插在发型中央，且簪上嵌有玉石，“彡”为玉簪散发的光芒。若三支发簪并未集中地插在发型中央，而是像

---

① 作者所指《说文》字形为“曑”。——编者

簪冠那样平行直立，则其字形为齊（齐）七上。《说文》训“妻”为“妇与夫齐者也”，关于形体中的“屮”“又”，许慎则解释为“持事，妻职也”。许慎以“齐”训“妻”，认为两个汉字在声义上存在联系，相比之下，笔者认为这两个字在形义上的关系更为密切。“齊”，依《说文》训“禾麦吐穗上平也”，但其形体应象妇女的簪饰之形。古代举行神事时，妇女或须佩戴这种簪饰，故而存在由“齊”和象祭桌之形的“示”构成的汉字齋（斋）一上。“齋”，《说文》曰:“戒洁也。”日语将“齋”训读为“いむ(忌讳、忌避)”“いはふ（清净、祝祭）”，“齋”指妇女为了准备神事而保持斋敬。

与前文所引用的《采蘩》相同，《采蘋》也是一首出自《诗经·召南》的祭事诗：

于以采蘋？南涧之滨；于以采藻？于彼行潦（小河）。　第一章

于以盛之？维筐及筥（方形和圆形的盛物器具）；于以湘之？维锜（锅）及釜。　第二章

前两章讲述了主人公采办宫庙祭祀所必需的水草。最后一章为：

于以奠之？宗室牖下；谁其尸（主祭者）之？有齊季女。

六朝后期的字书《玉篇》在援引该句时写作“有齌季女”，其中的“齌”即表示斋敬之女。古代曾有把季女选作斋女的习俗，在《诗

经》中，不乏诗歌表达即将成为斋女的季女自怜其身。《汉书·地理志下》曰：“（齐）襄公淫乱，姑姊妹不嫁，于是令国中民家长女均不得嫁，名曰‘巫儿’。”一家之季女，一旦被选定为斋女则不可外嫁，《诗经·曹风·候人》曰：“婉（年轻）兮娈（貌美）兮，季女斯饥。”作者表面上描写年轻貌美的少女饥渴难耐，实则影射了斋女因无缘爱欲而顾影自怜。

祝部祭祀神社；红叶也，标绳若越过，散落。[①] 《万叶集》十·二三〇九

两首诗的作者或许表达了同样的感情。

婦（妇）十二下，《说文》曰：“服也。从女持帚，洒扫也。”许慎以“服”训“婦”，是受古代妇女“三从”之道的影响，这与前文训“妻”为“妇与夫齐者也”的解释完全不同。以“服”训“婦”，以“齐”训“妻”，均不过是选取音近之词加以训释，以求揭示音义关系。然而笔者认为，“婦”字形中的“帚”并非扫除用的扫帚，而是像“笤帚”“茭帚”那样，由茅草捆束而成，浸润香酒后可以清袯祭坛。其气息之芬香谓之“浸”，古人或借此袯除疾病。例如，

己未卜，毕子（人名）浸，亡疾？ 《后编》下卷·二十九·四

① 赵乐甡：“祝部，神职人员。红叶，喻女。标绳不得越过，喻监视的森严。”《万叶集》，赵乐甡译，译林出版社，2002年版，页462。

《说文》收录有湪十一上字，许慎将其解释为水名，但《周礼·夏官·职方氏》中却将“浸”用作“湪”。所谓“湪”，即用灌鬯浸润笤帚，让弥漫的酒香祓清寝庙。宗庙的正殿称为“寑（寝）”，其字形在甲骨文卜辞与金文中作“帚”。《说文》未收录“寑”却收录寑七下。许慎训“寑”为“卧也”，并将其判断为形声字。甲骨卜辞中存在“王帚”“东帚”“西帚”“新帚”等用例，“帚”当为“寑”之初文。《诗经·鲁颂·閟宫》曰：“路寝孔硕，新庙奕奕。”乃是歌颂高大的新庙之建成。所谓“路寝”，即庙的正殿。周初有麦尊，其上记有“王以侯内于帚。侯赐玄雕戈”，周公之子井侯被恩准如周王室的王族一般进入寝殿。师遽方彝上记有“王在周康帚，飨醴”，“康帚”即康宫的正殿。在以上用例中，“寑”绝非指用于起居的寝宫。金文中存在用“婦”作“婦”的用例，这能够进一步确定古代的妇女会参加寝庙中举行的祭祀活动。

寝庙乃是神灵出入之地，故而该处异常之事频发。寵（宠）七下，依《说文》训“尊居也”，许慎认为其声符为“龍（龙）”，但“寵”与“龍”发音不同。“龔（龚）”的字形表示用双手捧持“龍”以叩拜神明，“龍”是一种具有咒灵性质的生物。故而“寵”可表示恩宠之义。宄七下，《说文》曰：“奸也。外为盗，内为宄。”也存在由“宫”和“九”构成的形体“寛”，“九”应象虺蛇逶迤之形。（详见本书第114页）寱七下的字形表示梦魇，也可能指媚蛊现身之处。为了祓除宗庙中的邪祟，古人会举行击杀“希”的仪式，是谓之竅七下。《说文》曰：“塞也。”认为是形声字。然而字形的下半部分应是“殺（杀）”。“希”是象征着污秽的咒灵，“竅”的字形表示将其击杀，从而达到祓除污秽的咒术目的。至于寬七下，则如前文所述，表示精心装扮过的巫女在宗庙中褒袖起舞。

巫职人员在祭祀过程中须着神衣或祭衣，这些衣装出自某些特殊的圣所。根据《礼记·祭义》可知，古代在靠近河川的地方设有公桑、蚕室，这些建筑均与外界隔绝。古人在公桑中种植桑树，用其桑叶养殖蚕室中的蚕。获得蚕丝后，妇人们祓清己身，编织神衣。日本亦有与其类似的建筑，其名为“斎織殿（いみはたどの）”。西周中期有史懋壶，其上记载了筑于“蒼京”的“溼宫”，该建筑可能就是蚕室。溼十一上，《说文》曰：“幽溼也。从水……㬎省声。”“㬎”指一种由玉石和丝饰组成的器物，“溼”的字形即是将这种器物浸入水中，在一些甲骨卜辞中，“溼”的部分字形添加有“止”，应表示一种与蚕室有关的仪式。从甲骨卜辞中的形体来看，“溼”字形的右半部分是䜌十三上，将丝线中的水拧干则形体为“㳄”，此即率十三上之初文。将丝线束的上端打结固定以为其染色，谓之素十三上。现有的字库中，有一个字形就含有“素”这一部分。

金文中经常出现“䴠嗣”一语，被认为颇为难解。若结合用例语境，则“併嗣”应表示命令某人兼任官职，当理解作“并兼，司辖”。“䴠”的字形下方经常增添有“女”，该部件应表示此事由女子所为，字形左半边明显是井垣之形。竖立于井垣之上的可能是用树枝编成的咒饰。由此推测，“䴠”可能表示守护井泉的女性形象，即井泉之女。在日本民间流传有很多关于和泉式部[①]的故

① 和泉式部（987—1048），日本平安时代的女诗人。位列日本中古三十六歌仙。与《枕草子》作者清少纳言、《源氏物语》作者紫式部并称平安时代的“王朝文学三才媛”。

事，其中便有涉及井泉之女的传说，借着式部故事的流传，井泉之女的传说也得以遍布日本。在古代，日本人会将泉水喷涌之处视为圣所，那里会有巫女专门负责看守。中国古代亦存在将泉水与女性联系起来的传说。六朝时期有志怪小说《搜神后记》，其中记有一则与姑舒泉有关的故事。距离临城县之南四十里处有一座盖山，距山百余步有一泓泉水，名曰姑舒泉。曾经有一位姓舒的姑娘随父亲来此樵采，姑娘坐在泉边休息，父亲想牵她走却发现怎样都拉不动。惊恐的父亲只得独自回家，再度来到这里时却发现早已没有了女儿的身影。母亲知道自己的女儿喜欢音乐，便试着在泉水前弹琴咏歌，清澈的泉水果真回旋涌出，一对红鲤鱼遨游其中。据说直到今日，每当有人在泉边奏乐高歌，泉水仍会不断涌出。这就是一则有关井泉之女的传说。《太平御览·卷一八九》引《白泽图》曰："井神曰吹箫女子。"也是将井泉之神的外在形象与善于吹奏的女性相结合。立足字形，以上诸例即是"䒾"所表示的井泉之女。"䒾"在甲骨卜辞中之所以可表兼并之义，可能是假借自"瓶"的发音。郭沫若曾将"䒾"字释作"籍"，认为其表示奴籍之义，学界为此哗然。倘若将"䒾"理解为井泉之女，不禁会使人想起古希腊传说中的持瓶之女等。这个字会唤起人有趣的想象。

第十章

生产与科技

啚◉

◎

[illegible]◉

[illegible]◎

图◎

田◉

◎

圣（墾）◉

10-1

圃◉

◎

焚◉

禽◎

甸◎

男◉

◎

力◉

◎

10-2

劦◉

[illegible]◉

◎

衆◉

◎

10-3

耤◉

◎

10-4

畯◉ ◎
秉◉ ◎
兼◎
畞◎

10-7

生◉ ◎
世◎
枼·葉◎
十◉ ◎

二十◉ ◎
三十◉ ◎
四十◉ ◎
五十◎
八十◎
[参考]◉ ◎

10-6

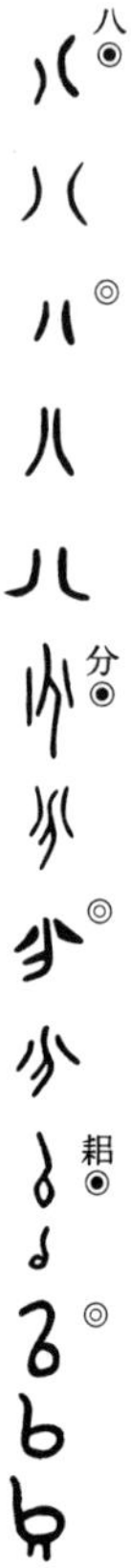

八◉ ◎
分◉ ◎
耜◉ ◎

10-5

禱 𠷎 寿

年 千

10-10

放 台 始 辝 飼 嗣

10-9

禾 黍 米 麦

梁 稻 禾系

秦

菱 嘉 力系

10-8

𡖊(夙)◉ ◎

耒◎

耒系◎

物◉

犅◉ ◎

半◎

牵◉

10-13

𨑃◉ ◎

農◎

晨◉ ◎

辳◉ ◎

10-12

穆◎

辰◉

◎

蓐◉ ◎

10-11

奠◉ ◎ 立◉ ◎ 竝◉ ◎ 应◎

作◉ ◎ 築◎

爲◉ ◎ 象◉ ◎

10–17

圭◎ 封◎ 埶(藝)◉ ◎ 建◎ 律◎

10–16

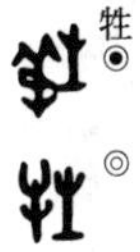

牲◉ ◎

10–14

動◎ 勤◎ 焚◎ 勅◎ 利◉ ◎

10–15

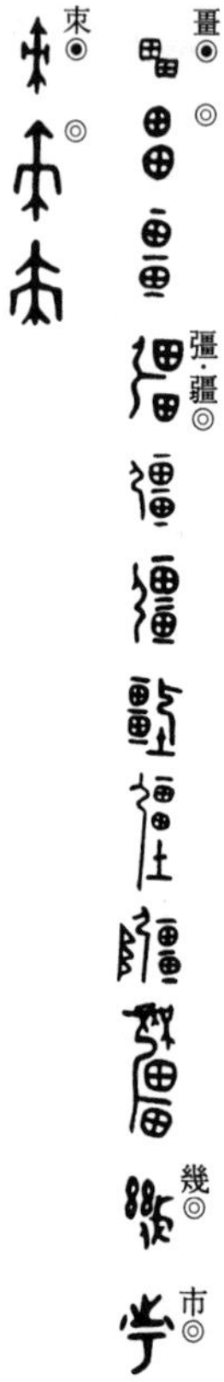

畺◉ ◎

束◉ ◎

彊·疆◎

幾◎

市◎

10–20

成◎

盛◉ ◎

10–19

業◎

对◉ ◎

戴◎

僕◎

城◎

𩫖(郭)◉ ◎

添两虫的字形◎

10–18

尊◉ 爵◉ 鍴◎

甹◉ 卣◉ 壺◉

盉◎ 罍◎ 觴◎ 𣪘◉

敦◎ 簠◎

盨◎ 鼎◉ 鼎系◉

甗◉

鬲◉ 盤◎ 匜◎

鑑◎ 盂◉ 豆◉

豆系◉

亞◉

◎

10–24

鑄◎

剛◎

亞字系金文图象

10–23

盧◉

◎

鐘◎

劍◎

10–22

玄(幺)◎ 兹(丝)◉ 幽◉ 黑◎ 熏◎

畜◎ [illegible]◎ 美◉

10–27

10–26

10–25

生产的形态

汉字作为世界古文字之一，其构成理据中保留有浓厚的原始观念。如前文所述，祝咒观念极大地影响着当时古人的行为。但倘若我们一定要将这种思维和现实的行为硬套在一起，那就难免有危险之处。譬如贞卜，本应是一种将万事全权托付于超自然力量的行为。然而到了殷代，拥有绝对支配权的殷王便开始将贞卜视为确立自身权威、强化自身神圣性的手段。对殷王而言，贞卜不外乎就是一种寻求神的同意，向神要求保障的行为罢了。这一时期，一般的咒术也是如此。随着经验的积累，古人逐渐在知识与技术层面取得进步，当时的咒术不仅不会阻挠这些进步，反而还会推动科技产生，并为其发展提供保证。对当时那些已经能够营造宏大的地下陵墓，制作出精巧青铜器的人而言，倘若完全拒斥知识的内容，想要在咒术的世界中永享安乐也是不可能的。对古人而言，有些领域是他们的经验与科技所难以企及的，咒术恰恰就在这些领域中发挥着更为深远的作用。即便在科技高度发达的今日，这样的职能分工依然存在，只不过咒术已经逐渐成为一种仪式。倘若认为文字的构造是从起源的角度完全再现了当时的制作实情，那么未免就会和实际情况产生龃龉。相比较而言，咒术与技术并无明显的区别，二者正如一张纸的正反两面，是相互依存与补充的关系。

在殷代，农业已经获得了较大程度的发展。在甲骨卜辞中，大多数的贞卜无外乎围绕着请雨、宁风、祈年、祭祀诸事，几乎均与农耕息息相关。这些卜辞不仅仅是为殷的直属农地而贞卜，有时也会恩及那些与王室有亲缘的氏族以及服属王室的氏族。这或许是中央政权对那些提供了赋贡及劳役的地方氏族所做出的补偿。在甲骨卜辞中，殷的直属农地有“东土”“南土”“西土”“北土”等名称，“土”即社，可见以社稷为中心，其规模相当辽阔。此外，由王直接经营的土地还有“东鄙”“北鄙”这样的名称。鄙六下，初文作啚五下。《说文》曰：“啚，啬也。”但“啚”应与“邑”一样，位于字形上半部分的“口”指一定的地域范围，字形下半部分象仓廪之形，“啚”由此表示边邑之义。啬五下的上半部分象麦穗之形，下半部分亦象仓廪之形。金文中有字形“𪉖”，表示林和钟（钟名）的“林”字就用的这一字形，也可以用作“吝”，表示吝啬之义。在“啚”的基础上添加“邑”则构成“鄙”，依据《周礼·地官·遂人》记载，“鄙”可用作地方组织单位，一鄙即五百家。在直属的土地上大量修建村落及囷仓，为整个的鄙进行绘图则谓之圖（图）六下，即地图。《说文》曰：“圖，画计难也。从口，从啚。啚，难意也。”段玉裁注曰：“圖，谋也。”①然而“圖”表示图谋却是后起义，《周礼·地官·大司

① 此为段玉裁引《释诂》。——编者

徒》曰，大司徒“掌建邦之土地之圖”。又《周礼·天官·内宰》曰：“内宰掌书版圖之法。”均是以“圖”表示地域图册的用例。可见从很久以前，中国人就在图版上做记录了。散氏盘上记有“厥受图，矢王于豆（地名）新宫东廷”，这表明古人会为自己的领土绘制地图，在定界的契约文书上也记有交接地图的仪式。依散氏盘的记载，此次划定的领土范围已是相当广阔，然而殷周之际又有如宜侯夨簋，从其金文推测可知，有人已坐拥可供数千人耕作的土地，而且是均等划分的广大耕地。当然，这当中有地图乃是推测出来的。

田十三下的字形虽象区划之耕地，但它在甲骨卜辞中多用作田猎之义，表示耕田时其字形多作“田”，象被分割的土地，“多田”“圣田”均是其用例。“圣田”似表开垦农田之义。《说文》收录有圣十三下，曰：“汝颍（水名，位于今河南）之间谓致力于地曰圣。”[①]关于其读音，许慎认为“读若兔窟”。在甲骨卜辞中，“圣”的字形有时从“収”，有时从“又”。笔者认为，“圣”应表示祭祀土主的仪式，该仪式或于开垦之时举行。古人在使用土地前有必要先安抚地灵，故而每逢兴建新邑、开垦新田时，必先举行仪式以祭祀土主。

乙丑贞，王命圣（开垦）田于京。《京津》二三六五

这便是对是否应垦新田一事加以占卜。墾（垦）十三下的字形表示向土主进献牺牲并施加咒术。已经开始耕耘的土地谓之圃六下。

① 今“圣”为“聖”简化字，在《说文》中二者非同一字。——编者

“圃”是一个形声字，其在甲骨卜辞中的字形或由“田”“屮”构成，或由“田”“木”构成。

有学者以焚十上为依据，认为古人已经掌握了烧田耕作法，但甲骨卜辞中并无合适的用例，所谓“焚田”，应是一种狩猎法。卜辞中有“焚禽”(《乙编》二〇五）一语。《诗经·郑风·大叔于田》是一首描写田猎的诗歌，其中有“火烈具举”这样的用例。《孟子·滕文公上》曰:“舜使益（人名）掌火，益烈山泽而焚之，禽兽逃匿。”由是可见，“焚”并非指烧田耕作。禽十四下的古文字形表示运用田网加以捕捉，今则兼有声义。过去已经开始施行广阔的耕地经营，并且将土地分割开来，据此，我们有理由认为当时的农耕技术已经开始脱离原始的耕作方式了。汉朝有《氾胜之书》，其中记载殷代汤王时期天下连续七年大旱，伊尹创制“区田法”，“教民粪种，负水浇稼”。《韩非子·内储说上》记载有一条法令，规定在公共道路上倾倒灰者须承受断手之刑。由此可见，古人已经开始懂得运用粪便或草木灰为土地施肥。

甲骨卜辞中经常有“多田”“劦（协）田”等用例，这表明时人在农业生产过程中已经开始施行集体耕作制。

余其从多田与多伯征盂方伯?　《甲编》二四一六

“田”与“伯”在这里指同类事物，后世也有用“甸”“男”指同类事物的类似情况，这些汉字最初应指农耕的管理者。甸十三下,《说文》曰:“天子五百里地。”许慎将其解释为天子直属的距离王畿五百里内的田地，但大盂鼎上记有“殷边侯田”，便是以“田”

作“甸”，令彝上亦记有“诸侯，侯田男”，“田”“甸”“男”应为同系之语。男十三下依《说文》训“丈夫也”，许慎认为其由“田”“力”会意，“言男用力于田也”。力十三下其实是象耒耜之形的象形字，“男”指的是一种身份，即农耕地的管理者。伯八上依《说文》训“长也”，许慎将其训释为伯仲之“伯”，但“伯”最初亦指农耕地的管理者。宜侯夨簋上记有“奠七伯，厥鬲（农奴）千又五十夫易（赐）”，将一千零五十名农奴分给七位伯，则每位伯须管理一百五十人。“公”“侯”“伯”“子”“男”被用来指称中国古代的五等爵位，然而这些汉字的起源却各不相同，究其原因，在于五等爵位制并非周制，郭沫若已经在《金文丛考》中就该问题作过论述。因此，令彝或宜侯夨簋中的“伯”与“男”，即相当于日后大庄园中的管理者。

生产关系的差异决定了社会阶级的分化，中国古代究竟是否存在奴隶制，也要从当时的农业生产形态加以考量。在甲骨卜辞中，“众”这一群体经常出现于农耕或战争场合，对参加劦田仪式之“众”的身份界定尤为关键。虽然卜辞中经常将“劦”用作祖祭之名，但从字形上看，“劦”本应是一种与农耕相关的仪式。劦十三下，《说文》曰：“同力也。”即协力之意。与其同系的汉字还有恊十三下，依《说文》训“同心之和”，又有協（协）十三下，《说文》曰：“協，众之同和也。从劦，从十。”许慎将“協”判断为会意字，并列举其古文字形，或从“曰”，或从“ㅂ”，由此推断，甲骨卜辞中的“劦”应是“協”。“力”象耒之形，“劦”由“力”和“ㅂ”构成，应指某种在农耕时举行的仪式。

王大命众人曰劦田，其受年？《前编》七·三〇·二、《续编》二·二八·五

“众”是劦田仪式的参与者。

眾（众）八上，《说文》曰：“多也。”这个汉字从“目”下三“人”以会多意。关于字形中的“目”，有观点认为指十目所视，表示处于被严密监视的状态之中，但在甲骨卜辞与金文中，“眾”字形上方的部分或作“日”，或作“口”。若形体从“日”，或是表示一群人日出而作，或是如郭沫若所言，字形表示一群奴隶在烈日下艰苦劳作，若依此解则“眾”的身份应是奴隶。然而也存在从“口”的形体，“口”象城邑之形，此时“眾”即指城中之人。在“口”下添加人下跪之形则为邑六下。《说文》曰：“邑，国也。”“邑”可指国都，“大邑商”便是其用例。曶鼎记述了一则整合田地并变更其所有者的交割仪式，其上记有“必尚卑处厥邑，田厥田”，据此则“邑”本是农耕者居住之处。春秋时期有𬶍镈，其上记录齐侯将“邑二百又九十又九邑”及“民人都鄙”赏赐给鲍叔。“邑”即邑里，其中里十三下即里社，管辖里社者谓之里君。

“眾”常常又称作“眾人”，故而人们往往认为这两者在身份上较为接近。周朝早期有焚簋，其上记有“易（赐）臣三品，州人、𫷷人、庸人”。“州”“𫷷”“庸”为地名，指“人”的出生地。这些充当赠赐之物的人被统称为“臣三品”，他们会以奴隶之身，在神事中充当牺牲，进而被进献于神明，换言之，他们未必会被强迫参与生产活动。负责农耕的人还有“鬲”，令簋上记有“臣十家”与“鬲百人”，大盂鼎与宜侯矢簋上则记载有将一千零五十位

金文：焚簋铭

焚是一个大族，有十余件器物存世，恐怕是侍奉于周公之子邢侯的殷系贵族。《金文的世界》也有收录。铭文曰：

隹[①]三月，王令荣内史曰：䒚井侯服，赐臣三品，州人、重人、庸人。拜稽首，鲁天子造厥濒福，克奔走上下帝，无终令于有周，追孝。对不敢㒸，卲朕福盟，朕臣天子，用册王命，作周公彝。

焚的器物在周初的多，但这件器物乃是服侍于周公之子时的，或当是成康时期的器物。

鬲人赠赐他人的事情。这些鬲人可能就是专职从事农耕活动的奴隶，该群体基本上仅见于周初的金文材料，这说明他们恐怕只是一时的历史现象。殷周的朝代更迭伴随着频繁的战事，这些农奴可能就是那些在战争中沦为俘虏的人，我们很难将其视为随着生产形态的发展而缓慢形成的某种社会阶级。

在中国古代，“众”须在王本人或王族成员的直接指挥之下，或是务农，或是参军，这便与古希腊或古罗马专职从事生产活动

① “隹”通“唯”。

的奴隶有所不同。

> 戊寅卜，穷贞，王往携众黍于囧？ 《前编》五·二〇·二
> 庚申卜，兄贞，令竝众卫（护卫）？ 《书道》七七

均是其例。王所统率的“众”由各部族进献，该群体被分配在周王室直辖的领土上以供差遣。前文第一则卜辞便是对天子率“众”参加藉田仪式一事进行贞卜。“众”或指定期为周王室当差的服役人员，其性质可能类似于舍人、防人。在形式上，“众”与“鬲”相仿。从实质上看，“鬲”由战俘转化而来，是存在时间较为短暂的奴隶群体。这些都不宜被认作是原本的奴隶制。在甲骨卜辞中，也有周王亲自召集“众人”举行仪式的记载。

> 贞。王㚔众人？ 《前编》六·二五·二

便是其例。

据甲骨卜辞记载，王曾率“众”参加“脅田”仪式，该仪式的形式被后世的藉田仪式采纳。藉一下依《说文》训“祭藉也”，将其解释为祭坛陈列贡品的垫物，即“茅藉”，但笔者认为“藉”应指藉田、藉耕之意，其本字作耤四下。“耤”，《说文》曰：“帝耤千亩也。”其声符是象肉干之形的“昔”。立足甲骨文与金文中的字形，“耤”应表示执耒耕耘。根据《周礼·天官·甸师》《吕氏春秋·孟春纪》以及历朝史书的记载，古代的皇室成员会举行仪式，或是由王亲耕藉田，或是由其他王室成员躬亲蚕事，其收成可供

给祭祀。西周中期有令鼎，其上记有“王大耤农于諆（地名）田，饧”，西周后期有㦼簋，其上记有“命女（汝）作𤔲土，官𤔲耤田”。《吕氏春秋·孟春纪》曰“（天子）率三公九卿诸侯大夫躬耕帝籍田”，千亩耕田所产之物专供神明享用，日本同样有为了筹备神馔贡物而卜定的“悠纪（ゆき）”与“主基（すき）”[①]。甲骨卜辞中有“耤臣”或“小耤臣”，均是司掌耤田相关事宜的官名，这说明藉田仪式源于商朝。

部分学者认为，中国古代曾经存在奴隶制，他们将《诗经·周颂·噫嘻》“十千维耦”视为奴隶参与农耕的例证，郭沫若释之为十千组奴隶（合计两万人）耦耕于田间。然而，《周颂》当为周王室祭祀宗庙时的乐歌，故而《噫嘻》反映的当是祭神时所举行的藉田仪式。《国语·周语上》详细记载了仪式过程中的亲耕顺序，“王耕一墢，班（众臣）三之，庶民终于千亩”。藉田仪式源于古代祭祀共同体的仪礼，各部族均须调遣人丁参与。《国语》称这些参加者为“庶民”，卜辞则称其为“众”。

“众”起源于神事，最终转化为生产形态的一环，但同时这个词还带有身份上的意味。周朝初期有师旂鼎，其上记载着师旂因自己麾下的“众仆”厌战而向统帅伯懋父缴纳罚金一事，曶鼎则记载了用“众一夫”作为寇禾案的赔偿一事。由此可见，从地位上讲，“众”在当时只是附属物。

通常而言，通过组织农耕活动，氏族成员在族群内部完全可

---

① 日本天皇会亲自主持“大尝祭（おおにえのまつり）”，将当年收获的新米和用新米酿成的新酒作为祭品，以供神馔。为了保证贡品的圣洁，神职人员会通过占卜的方式提前选定“悠纪（ゆき）”与“主基（すき）”作为贡米的产田。为了能够代表日本全国，悠纪国位于京都东南，而主基国则位于京都西北。

以实现自给自足。在这种情况下，农田产出的谷物并不被视为能带来利益的交易品，这就使得奴隶制几乎不具备产生的条件。“藉”也可指助法制，即一种借助民力助耕公田的劳役租赋制度。耡四下，《说文》曰“耡，耤税也”，即一定时期内以劳务的形式纳税。尽管后世逐渐出现缴纳实物的藉税制，但最早实行的赋税制度却是征集劳役的助法制。被管辖的氏族需要向周王室提供劳力当差服役。原始氏族施行共耕制，《周礼·地官·里宰》有“以岁时合耦于耡”，便是在法制层面对互助共耕加以规定，文中的“耡”即指里宰规划合耦的治事处所。比及后世，氏族共耕制逐渐退出历史舞台，取而代之的是私田制或租田制。是时，政府为了安抚民心，会在乡里建设街弹之室或申明亭等救济机关。

“私”，既可指私田，亦可指私人。私田的耕作权属于耕者，但其绝对所有权仍为统治者所有。私七上与“公”相对，《说文》曰：“私，禾也。从禾，厶声。”《韩非子·五蠹》记有“背私为之公”，可知公、私是一组相反的概念。八二上表示将某物一分为二，分二上从“八”，表示以刀划分，半二上亦是从“八”的汉字。根据“頌（颂）”“訟”等字的形体分析，“公”的字形象举行祭祖仪式场所的平面图，“私”则是由“禾”与“厶”（象耜之形）构成的会意字。《诗经·小雅·大田》记有“雨我公田，遂及我私”，其中“私”指私田；《诗经·周颂·噫嘻》记有“骏发尔私”，此处的“私”则指参加藉田仪式的耕作者。此外，《诗经·大雅·崧高》记有“迁其私人（诸侯的家臣）”，描写的是周王于谢地筑城并命申伯迁居该处的情景。古人倾向于将“私”作为“公”的否定，极少用“私”表示窃私、私亲等褒义，其原因在于东方文明中私权观念的长期缺失。

农耕仪式

农业生产力的形成以大地所拥有的自然生产力为根源。大地拥有无穷的生产力，生命的根源孕育其中。草木的发芽繁茂可以视作是生命力的延展。生六下，《说文》曰：“进也。象艸木生出土上。”“生”与“进”古音相近。破土而生的草木进一步成长则为“世”“枼”“葉（叶）”。世三上，《说文》曰：“三十年为一世。”许慎认为“世”从三“十”，然而古人在表示十、二十、三十、四十时均以纵画计数，“世”的字形应象枝叶之形，无关数词。“生”亦作“眚”，其字形中的“目”象幼芽之形。人出生谓之產（产）六下，《说文》曰：“生也。从生，彥（彦）省声。”然而，“產”“彥”读音不同。“產”与“彥”的字形均表示在额头上文身，日本曾有在新生儿的额头处用颜料涂抹“×”或“犬”的古俗（详见本书上卷第一章）。隆（隆）六下依《说文》训“丰大也”，将其释作高、盛之义，但以“隆”的字形为依据，可知“阜”与“夊”表示神灵通过圣梯从天而降，在其基础上添加“生”可能表示迎侯圣灵。王莽改制之时，曾在重铸的度量器上铭文，在“隆”的字形中，“生”这一部分被写作“土”，这应该是王莽改字的结果。此外，在汉代碑文中，还有在原有基础上新添“丰”或“王（玉）”的形体。要而言之，这个字毫无疑问表示旺盛的生命力。

倘若我们认同农业生产要依托于大地的生产力，那么，倘若为了最大限度地提升产能，古人必须在遵守自然秩序的同时，鼓舞、刺激这种自然秩序。依据《国语·周语上》记载，周宣王即位时没有举行千亩藉田的仪式，虢文公遂劝谏宣王，并详细地阐述了开耕仪式。该仪式的过程是：先由太史察地气、考天文，在距离立春还有九日时，太史向当时担任农官的稷上告情况，随后，由稷向天子进一步汇报。周王一边命令太史率领诸位阳官前去筹备农事，同时自己也亲自为仪式斋戒做好准备。其后，周王命令司徒率领百官在藉田筑坛，命令农大夫整顿农具，静待节候之至。距离藉田仪式还有五日时，由负责听风的瞽师汇报协风来时。甲骨卜辞称协风为“劦”，即四方风名之中的东风。王接到汇报后便前往斋宫，其余的百官诸职也随即斋戒三日。王须沐浴清身，飧饮醴酒。醴是仪式场合下使用的甜酒。待周王再次以灌鬯清身后，他便可率领百官前往藉田举行仪式。仪式过程由后稷司掌，膳夫、农正负责宣告仪式流程，太史负责辅佐王，亲耕藉田仪式就此开始。

尽管古人称农官之长为“后稷”，但后稷实际上应是周的一位祖先神。《诗经·大雅·生民》讲述了后稷的感生神话，将其赞颂为农业之神。稷七上或许就是农业之神的名称。《说文》曰：“稷，齋也。五穀[①]之长。”齋，即粢谷，古人将其盛在祭器中用作祭品，是谓“粢盛”。然而，“稷”的本义应为田祖、农神，畟五下象其神像之形。《说文》曰：“治稼，畟畟进也。”所谓“畟畟”，不过是个拟声词而已。从“畟”的形体来看，“田”为头，其下则是手足，字形象人由跪坐起身，《仪礼·特牲馈食礼》及《仪礼·士虞礼》中

① “穀”今简化为“谷”。《说文》中另有“谷”字，为区别两字，本书引用《说文》时保留“穀”字，并根据原文情况采用作者所用字形。——编者

均有“尸（主祭者）谡（起身）”一语，便指此种起坐之姿。由于“畟”指农谷之神的神像，遂有新增“禾”从而构成的字形“稷”。古时以“社稷”称国家，是因为国家共同体内的成员必须祭祀土神“社”和谷神“稷”。

田神谓之畯十三下。《说文》曰：“畯，农夫也。”许慎认为“夋”是“畯”的声符，然而“夋”是象田神之形的象形字，其头部形似耒耜。金文中作“畯”，“允”也是以耜为头的人形。《周礼·春官·籥章》曰：“以乐田畯。”便是通过在田间奏乐的方式祭祀。郑司农注曰：“田畯，古之先教田者。”与田祖一并祭祀。《诗经·小雅·大田》是一首农事诗，其中部分章节旨在描述农耕仪式。“田祖有神，秉畀炎火”，便是以诅咒的形式祈求圣火祓除螟螣（害虫）灾害。秉三下本指收获作物，二“秉”为兼七上。《大田》的末章讲述了祭享田畯农神，“曾孙来止，以其妇子。馌彼南亩，田畯至喜（饎）”，可知当时有携带妇女前来参加祭祀活动以及与神明共同分享祭物的古俗，该形式在日本的田植祭或田游祭等祭典活动中得到了保留。畝（亩）十三下本作“畮”，其字形可体现妇女参加祭事时的身姿。

殷周革命成功有诸多的历史因素，其中一个非常重要的原因在于周在西方获得了嘉禾，依靠这种优秀的麦种，周的农业生产水平得到了极大的提升。源自《尚书·周书》的《嘉禾》就以对话的方式记载了这则故事。这一麦种据说为周公所植，但位于周境内的彩陶文化遗址出土有装着麦种的陶壶，据此推测，早在距今相当久远的时代这种麦子便被带到了此处。麥（麦）五下的字形由“禾”与“夊（足）”构成。“麥”与“年”相似，字形均表示谷

金文：麦方鼎铭

这件器物，也是服侍于周公之子井侯徙的麦氏之物。麦器四器，后仅存两件，字迹以这方鼎铭为优。文曰：

隹十又一月，井侯徙，祼于麦。麦易赤金，用作鼎，用从井侯徙事，用飨多□（诸）友。

井侯徙，就是前面所见㚸簋中的井侯，这件器物和前一件器物也是同时期的。文字非常健雅，能一窥当时的字风。

灵的舞姿。此外，也可以认为“麥”的字形表示用脚拨土覆盖麦种的耕作方式。麦子之所以称作嘉禾，是因为“嘉”也是一个与农耕仪式相关的汉字。后世获封周之故地的是秦，秦七上的字形即表示以杵打谷。以棒打谷则谓之嫠三下，引申则可表示釐（厘）治之义。

嘉五上，《说文》曰：“美也。从壴，加声。”然而“嘉”在金文中的字形由象鼓之形的“壴”和象禾苗之形的部分构成，该形体起初应当表示某种农耕仪式。《礼记·曲礼下》谓稻为“嘉蔬”，《左传·桓公六年》记有“嘉栗旨酒”，这应该是用“嘉”表示农谷的用例。后世在原有基础上新增“加”作为声符，加十三下从“力”，“力”象耒耜之形。《说文》训“加”为“语相增加也”，许慎将其解释为用力言说，是对由“力”与“𠙵”构成的字形的完全误解。“力”为耒耜，“𠙵”为祝咒之器，“加”的字形表示祓清农具以求提高其功效。古人认为，在使用农具或谷种时，必须慎重地为其施以祓除仪式。害虫（如螟螣等）附着在农作物上，乃是邪灵作祟。农具谷种被认为是邪灵的藏匿之处，只有对其施以足够的祓除仪式才能避免虫灾来袭。

农闲期间，古人会将农具收藏于神库之中，等到农耕开始时才会再度打开神库，将农具颁发给各位氏族成员。这与古人集中贮藏兵器的行为大体相同。农耕者在使用到手的农具前需要先为农具进行驱虫仪式，此时依靠的便是鼓声。古人相信，鼓声的震动既可以袪除邪气，又可以激活农具自身所拥有的咒能。这种仪式谓之“嘉”。

另外，甲骨卜辞中也有释作“放”的汉字，用于指称分娩结果的好坏。

> 甲申卜，㱿贞。妇好娩，不其放？旬㞢（又）一日（十一日）甲寅娩，允（确实）不放。旬㞢（又）一日甲寅娩，不放。叀（惟）女。《乙编》七七三一

根据该例可知，若有男婴出生则谓之“放”，若有女婴出生则谓之“不放”。在《诗经·小雅·斯干》中，若是男子出生则家人欣喜万分，仿佛“室家君王”；若是女子出生则谓之“无父母诒（给予）罹（忧患）”。由是可知，早在商朝，便已出现偏爱男婴的古俗。“放”与“加”相同，字形中均包括象耒耜之形的部分，这或许表明古人的出生仪式与农耕仪式之间存在不可分割的关联。作为农业生产工具，耒耜本身便暗含生产、生命等内涵。在甲骨卜辞中，“子”“泉”等汉字也有部分形体由象耒耜之形的部分构成。賀六下与“嘉”声义相近，其字形表示用贝壳袚清耒耜，此外，也可以

将其视为一种提升农具生产力的方法。“賀”在金文中的初文字形作“助”，直到后世文献中我们才能看到“賀”的形体。

《诗经·大雅·既醉》曰：“笾豆（盛装黍稷的祭器）静嘉。”豆五上象器皿之形，“静嘉”是形容供奉给神明的粢盛洁净美好。靜五下依《说文》训“审也”，许慎将“爭”判断为其声符，然而，“靜”应该与祓清农具的仪式相关。爭四下依《说文》训“引也”，表示纷争之义，但从字形来看，“爭”应表示上下用手把持耒耜，在其上涂抹丹青颜料以祓除污秽则谓之“靜”。在金文中，“青”的形体由“生”“丹”构成，但这两个构件之间多呈分离状，这或许说明“生”另有声义。古人通过在器物上涂抹丹青颜料的方式使之神圣化。《说文·立部》中的竫十下、靖十下也可以表示安静之义，其声义或与“靜”相通。

台二上[①]最初也表示祓清耒耜的仪式，位于其形体上方的“厶”与位于“私”右侧的部分相同，均是象耒耜之形的象形字。“台”的本义便是使用祝咒之器“㇘”祓清耒耜。《说文》训“台”为“说也”，许慎将其解释为怡悦之义，并认为其声符是“目”。目十四下又可释作“以”，表示“用也”。在甲骨卜辞与周初金文中，“以”多用于表示率领之义。例如“王以𠦪（氏族名）众逆（迎）？”（《甲编》八九六）小臣謎簋上则记有“殷以八𠂤（師）征东夷”。到了春秋时期，“台”“目（以）”可以通用，金文中存在诸如“台（以）享（祭）台（以）孝”之类的用例。然而，“台”的本义应是用祝咒之器“㇘”祓清农具“目”，即古代的始耕仪式。始十二下，《说

① 今“台”为“臺”的简化字，在《说文》中是音义不同的两个字。——编者

文》曰:“女之初也。从女，台声。”笔者则认为，“始”最初也指始耕仪式，可能是某种与性有关的咒术仪式。很多学者倾向于认为“始”“胎”相关，此外,“怡”“怠”“治”等字也继承了“台”的形义。在金文中，辝十四下既有以义，又有分义，“飼”则用作嗣二下。诸字形体均由“台”参与构成，故而也继承其声义。

农耕仪式多在耕作场所中举行。古人通常在田间举行仪式，祭祀田祖、农神或谷灵、水神。在田畴间祈祷丰年谓之禱（祷）一上。甲骨卜辞中曾有将祝告之器置于田畴的记载，如“于河告祷?”(《遗珠》八四一)“祷耤? 在名（地名)。受有年（丰收)?”(《乙编》三二九〇）皆是其例。《说文》另收录有𠷎二上字，训“谁也”。将其形体中的“ㅂ”写作“白”，则整体字形作𠷎四上，该字为《说文·白部》所收录，训为“词也”，并且引用了《尚书·尧典》的“畴（谁）咨（叹词）若（顺）予采（事)”。“𠷎”训“谁”，应是同音假借的用法,“𠷎”本应表示在田畴祈求丰年。在《说文》中，从“𠷎”的汉字共计十余个，其中以继承“𠷎”之声义的形声字居多。例如，𢿐三下,《说文》曰:“弃也。从攴，𠷎声。”譸三上依《说文》训“詶也”，詛（诅）三上依《说文》亦训“詶也”，即诅咒之义。“詶”“㗙二上”声义相同,“㗙”“祝”同音,“祝”亦是表诅咒之义的汉字。《尚书·无逸》有“人乃或譸张为幻”。“譸张”表示言过其实。这或许是由于祝咒祷辞往往夸大其词的缘故。巫职人员之言谓之誣三上，亦是此理。诅咒之言难免虚妄，譸张之言难免夸大。依《史记·滑稽列传》记载，曾有一位农夫拿着一只猪蹄和一盂酒，站在田畔祈祷道:

> 瓯窭（高山荒地）满篝（竹笼），污邪（山谷荒地）满车，五谷蕃熟，穰穰满家。

这位祈祷者恐怕是假装摆出了丰盛祭品的样子，向神明祝告。击打该仪式中的祝告之器则谓之“㱿”，就像“殴”那样，或许表示了对田神的督促与责备。最初“𠷎”表示祈求风调雨顺，当古人使用该字表示祈祷长生不老时，在其形体上方新增“老”进而构成壽（寿）八上，依《说文》训“久也”。最初表示向神明祈祷的汉字是象形字“𥘅”，其后才有“禱”。

年七上是稔七上的初文，在日语中训读作“みのり”(收成)。《说文》同时收录两字，皆训“穀熟也”。许慎认为“年”的声符是“千”，但二者读音不同。“年”的字形由“禾”和“人”构成，应该表示人为了祈祷丰年而戴着谷穗状的头饰起舞。委十二下，也基于相同的造字法，《说文》训“委随也”，将其判断为会意字，解释为委曲自得之貌。倘若这个字确为会意字的话，那就是用谷穗下垂之貌比拟了女性的姿态。“年”“委”两字分别指扮作谷灵的男女起舞祈愿。这是一种由男女民众模仿他物以求激发土壤生产力的农业仪式，该形式在东南亚地区的稻米仪式中非常多见。《诗经·周颂·载芟》中歌吟了藉田之礼，其中记有“思媚其妇，有依其士”，特别强调了女子的娇媚与男子的俊美。依八上，据郑玄笺，“之言爱也”。即便是由官方主持的藉耕仪式，男女也会于田间跳起游戏性质的舞蹈。

“秀七上”与“年”“委”字形相似，该字触犯了汉光武帝的名讳，故而《说文》仅以“上讳”避讳，未做任何阐释。“秀”的字形象谷穗开花之形。秃八下依《说文》训“无髮（发）也”，段玉裁注曰：“秀与秃古无二字。”认为“秃”“秀”同字，但“秃”的字形应象谷穗落地之形，其衰颓状谓之“穨”或“颓”。《诗经·周南·卷耳》有“我马虺隤”，“隤”即形容衰落之貌。

禾实饱满之状谓之穆七上。《说文》训“穆”为“禾也”，当为“和也”之讹误。根据金文字形，“穆”表示谷穗紧实以至于将要绽开的程度。古人亦以“穆”形容文德，如“穆穆朕文祖”便是其例，这是由谷穗充实引申指内心品德充实。西周时期，字义的内化倾向非常显著。

古人曾以蜃贝为原材料制作农具。蜃十三上，《说文》曰：“雉入海，化为蜃。从虫，辰声。”辰十四下虽被许慎判断为声符，但其应是象蜃贝之形的象形字。尽管蛤都是很大的东西，但鉴于蜃贝可以用于除草或收割，可知其是一种体型相当大的贝类，否则是不会派上这一用处的。《淮南子·氾论训》曰：“古者剡（削）耜而耕，摩（磨）蜃而耨，木钩而樵，抱甀（坛）而汲。民劳而利薄。后世为耒耜耰鉏（除草、翻土的农具），斧柯而樵，桔皋（汲水工具）而汲，民逸而利多焉。”由此可知，蜃器是一种较为落后的原始农具。

由字形可知，以蜃器除草谓之蓐一下。《说文》曰：“蓐，陈艸复生。”《说文系传》中则认为“蓐”可指草席。薅一下，《说文》曰：“拔去田艸也。”被用以表示除草的汉字有“耨”，《周礼·天官·甸师》有“甸师，掌帅其属而耕耨王藉”，《说文》并未收录该字。换言之，“耨”这个字，用了“蓐”的读音和“薅”的意义。“薅”表示耕耨之义，其字形中加入“女”，或许表明农耕仪式与性别因素具有相关性。

在原始时期，蜃贝曾被制成具有农用价值的蜃器，但在文字产生的时代，它可能已经被用作咒器了。蜃器或许就像耒、耜、锹等农具那样，被古人视为一种圣器。在日本，锹曾被用作祓清仪式的料物（延历二十年五月十四日太政官符），耒也曾被尊奉为斋锄，全国各地都有举行祭祀活动的诸鑁神社或锹立神社。与其相似，蜃贝在中国古代也成了被崇拜的对象。祳一上，《说文》训为“社肉”，是天子赐给同姓封国的祭肉。《周礼·地官·掌蜃》记有“白盛之蜃”，《秋官·赤友氏》亦记有“蜃炭”，这反映了古人会将蜃贝烧制成白灰粉刷圣所的墙壁。辰十四下是象蜃贝之形的象形字，《说文》曰：“辰，震也。三月，阳气动，雷电振，民农时也。……辰，房星，天时也。”许慎的解释源于《国语·周语上》对藉田仪式的解读，笔者则认为，“蜃”应当对应天地震动之象，“震”“娠”“振”等均是继承震动之义的汉字。在甲骨卜辞中，“震”作“晨”，指震动而惊惧。

乙丑卜，㱿贞。兹邑亡晨？ 《续编》三·一·三

庚辰贞。今夕，𠂤（师）亡晨？ 《粹编》一二〇一

在这些用例中，“晨”均表示震惊之意，此外，古人在占卜灾异变故时或以蜃贝的状态为凭据。古人在行军时会以蜃贝供奉神明。

丁丑，王卜贞。其振旅，征遚于盂（地名），往来亡灾？ 《佚存》九七一

其中“振”的字形由“䢅”和“辵”构成，字形中的“辰”指祭肉，或谓之“脤”。“䢅”的形体表示两手捧持祭肉，“𦥑”的形体表示手持祭肉“𠂤”，两个汉字表达了相同的意象。

農（农）三上，《说文》曰：“耕也。从䢅，囟声。”认为“農”的声符是“囟”，但“囟”“農”读音不合；也有观点认为“農”的声符当为“凶”，即便如此，读音依然不合。依据甲骨文字形，可知许慎认为“農”从“䢅”的观点是正确的，在甲骨卜辞中，“䢅”被当作“農”之初文使用。卜辞有“……命多䢅”（《前编》四·一〇·三），其中“多䢅”是集合名词。“農”在金文中的字形从“田”，有时也会在原有的基础上新增“𠦄”或“又（手）”。《说文》中的“農”字，其形体或由金文字形演变而来。

甲骨卜辞中的“䢅”在《说文·䢅部三上》中被当作晨，训为“早，昧爽也”，即拂晓之意。起初晨七上[①]的字形上部作“晶”，《说文》训“曟”为“房星”，这是在房星这一星宿信仰产生后才会有的知识。金文以“昧辰”表示昧爽，便是以“辰”作“晨”。在甲骨卜辞中，表示晨朝的字作“䔇”。“今䔇酢（祭祀名）？”（《前编》五·四七·六）诸如此例者甚多，“今䔇”应为“今晨”。结合以上诸字，笔者认为，当时的“辰”应是祝咒之器，而非实用农具。金文以“夙夕”表示朝夕。“夙”为“夙”之初文。夙七上，《说文》曰：“早敬也。从丮持事。虽夕不休。早敬者也。”“夙”的字形表示人捧持月状仪器前行。《诗经·大雅·生民》讲述了周祖先后稷的感生神话，姜嫄感受到了天帝的精气，遂“载震载夙”。“震

① 《说文》中“晨”是“曟”的或体。——编者

夙”表示婴儿诞育，意味着生命的开始。在古代，生产方式对咒术的依赖较强。或许正是受生命诞生观念的影响，古代很多与农耕相关的汉字都由“辰”参与构成。

殷代是否已有牛耕技术，这是殷代生产方式层面的一大重要问题。耒四下，《说文》曰：“手耕曲木也。”其字形由“力（耒耜）”和“手”构成。在原始社会，人类使用竹木创制了一种可以用来掘土的铲状工具，在日语中，这种最为古旧的农具被称作“掘串（ふぐし）”，使用该农具的先民依旧处于采集经济阶段，直到由坚韧的木头制成的耒问世，人类才逐渐具备了进入种植经济阶段的可能性。由二“耒”构成的字形（详见“耒”系文字资料）应表示耦耕法。由二“耒”和“册”构成的字形则反映了针对农具的修祓仪式。尽管“耤”的字形表示人用脚踩耒耕作，这并不能完全证明时人不使用耕牛牵引农具。物二上的形体由“牛”和表示以耒翻土的“勿”构成，然而“物”与犅二上都应是形容牛毛颜色的汉字。《诗经·鲁颂·閟宫》有“白牡骍犅”，“犅”指赤色的牛。“物”，《说文》曰：“万物也。牛为大物。天地之数，起于牵牛（星名）。故从牛，勿声。”王国维在《释物》中依据甲骨卜辞中的“牛”“物”对文用例，将“物”解释为杂色之牛。牛是庞然大物，劈斩、分割之，则牛体的一半即可谓半二上。

犁二上可以用来表示牛耕。《说文》训“犁”为“耕也”，与训为“犁也”的耕四下互训。依《山海经·海内经》记载，后稷之孙叔均始作牛耕，但这应是春秋时期才发生的事情。孔子弟子冉耕字伯牛，司马耕名犁，他们的名和字均与牛耕之义相关，可以视作时人已经掌握牛耕技术的证明。《战国策·赵策一》曰：“且秦以牛田，水通粮。”说明当时秦人已经兼备牛耕及漕运技术。甲骨第一期卜辞中有贞人名牽（牵），其字形象牵引牛前进，这能够证明时人可以役使牛从事体力劳作，但这无法成为一个证明殷人以牛耕作的合适例证。牽二上依《说文》训“引前也”，许慎认为其是从“牛”、“玄”声的形声字，其初文则是象形字。

虽然牛与农耕关系密切，但它在庙堂祭祀中无疑扮演着更为关键的角色，用作祭品的牛谓之牲二上。

> 犁牛之子骍（赤）且角，虽欲勿用，山川其舍（弃）诸？

语出《论语·雍也》。牛牲是古代郊祀祭天中最为重要的牺牲，与农耕关系最为密切的牛称为“土牛”。《礼记·月令》曰：“季冬之月……命有司大傩（驱鬼），旁磔（铺展犬皮以祓清污秽），出土牛，以送寒气。”《月令》在成书过程中多受五行说的影响，故而难免有失古意，“出土牛”应指以活牛作为牺牲。

关于牺牲与农耕之间的关系，史密斯[①]和弗雷泽[②]分别在其著作《闪米特人的宗教》和《金枝》中进行了充分的论述。就世界范围来看，在农耕仪式中使用牺牲是再寻常不过的事情。古代的日本亦是如此。《播磨国风土记·赞容郡》记载有古代日本杀鹿种稻及与之类似的其他故事。《祈年祭》祝词则记载了用白猪和白鸡

---

① 威廉·罗伯逊·史密斯（William Robertson Smith，1846—1894），英国人类学家，被誉为英国人类学宗教研究的先驱者。著有《闪米特人的宗教》（*The Religion of the Semites*）、《犹太教会中的〈旧约圣经〉》（*The Old Testament in the Jewish Church*）诸书。

② 詹姆斯·乔治·弗雷泽（James George Frazer，1854—1941），英国人类学家，被尊奉为现代人类学之父。著有《金枝》（*The Golden Bough*）、《图腾信仰》（*Totemism*）等书。

作为祈年仪式牺牲的民俗。无独有偶，依据甲骨卜辞可知，日本先民也多使用白色之物作为牺牲。很多地区都对牺牲与农耕之间的关系有所记载，甚至在一些未开化文明中还有以人为牲的民俗。

甲骨卜辞中经常有人牲、兽牲的记载，人们往往认为其中也包含农耕仪式的意味。穜七上，《说文》曰："埶也。"埶三下即种植之义。動（动）十三下，《说文》："作也。"《孟子·滕文公上》曰："终岁勤动。"即忙于农事之意。对于从"童"的汉字，我们很难非此即彼地界定"童"在字形中究竟是声符还是意符。若将"童"判断为意符，那么其应表示被劳役者或人牲。勤十三下，《说文》曰："劳也。从力，堇声。"许慎将"堇"判断为声符，但"堇"与"艱（艰）""饉（馑）"等从"莫"的汉字同系，"莫"的字形表示焚烧巫职人员。今言"勤劳"，其中勞（劳）十三下从"焚"、从"力"（耒耜），其字形应该表示用圣火祓清耒耜。勑（敕）三下的字形则表示用祝告之器祓清农具，由此出发，该字还有戒敕之义。犁锄谓之利四下，使用犁锄耕种之所得亦谓之"利"。先民在从事农耕前，先使用圣火或祝告之器祓除谷种及农具上的污秽，这些与农业相关的祓清仪式被称作"勤""劳"，由此可知，农事在时人眼中应是极其勤苦的重要事务。在很多民族的语言中，"勤苦"和"农业"都是同义词。在日本古代，"業（なり）"可以指农业耕作，例如：

吾妹業（なり）田，秋穗为饰，虽百看不厌。《万叶集》八·一六二五

另外，“業”也可以作“生業（なりはひ）”，换言之即生活的意思。

都邑的营建

从规模上看，殷商皇陵可与古埃及法老陵墓比肩。而在迁都安阳前，商朝曾定都于郑州。郑州城墙各面墙壁的长度均在1.7公里到2公里之间。安阳城墙的规模可能比郑州城墙更为壮大，可惜其遗址已不可见。对于一个王朝而言，兴建都城可能是其最为重要的事业。日本天武天皇时期，一位宫廷官员在目睹飞鸟都城后不禁叹为观止，遂作《万叶集》（十九·四二六〇）诗曰：“田井荒芜，赤驹匐匍；维皇斯神，恢作皇都。”[①]正是因为怀有同样的情感，商人才会将自己的国都美称为“大邑商”，并相信其会永存不灭吧。能够营建如此大规模的土木工程，商朝必然掌握有与之相称的技术，可惜其具体情况已不可考。

在营建都邑前，统治者必须先从国境、交通、城防、生产等方面进行考量。都邑的方向和位置需要在观察日景、星辰等天象后加以决定，如前文所述，“景”的字形表示在京观（高台）上观测日光之影。《周礼·地官·大司徒》曰：“凡建邦国，以土圭土（测量）其地而制其域。”《周礼·冬官·玉人》曰：“土圭尺有五寸，以致日、以土地。”土圭本应是古人安置在某个定点上用以测量日影的器具。圭十三下，《说文》曰：“瑞玉也。”《玉人》亦以“圭”指

---

①《万叶集精选》，钱稻孙译，中国友谊出版公司，1992年版，页263。

咒器或祭器，将其归入六瑞，恐怕均是后起之义。

“封建”的本义并非欧洲所谓的Feudalism，而是指修建城邑并迁入居住。从殷商开始，帝王便分封诸子并使之建立邦国，“子郑”“子雀”等均是皇子根据其封地获得的称号。封十三下的字形表示堆土成丘，在其上种植社树，该地作为封地中的神圣场所，可用以举行祭祀。《说文》曰：“封，爵诸侯之土也。”许慎认为“封”由“之”“土”“寸”会守护封土之意，然而，“土”应指土神，“封”的字形表示在神主上封植树木。种植封树谓之“埶（艺）”。在封土上兴建城邑谓之邦六下。《说文》曰：“邦，国也。”“國（国）”的字形表示以“或”（戈）守备的军事重镇。建二下应表示城邑的奠基方式，《说文》训其为“立朝律也”，是将字形中的“聿”解释为律二下。从字形构造上看，“建”与廷二下相似。“廷”的字形象举行朝会仪式的中庭，其形体中的“壬”表示土神神主，可知该场所是地灵汇集之处。“建”，乃是以地灵集中的中庭为中心展开建设，亦可称为“建中”“建基”。“聿”是“筆（笔）”的初文，古人以占卜的方式为都城选址，“建”字形中的“聿”正表示这种具体的卜定方式。卜定地址后，时人便可以开始举行奠基仪式。为了祭祀该地的土神而在祭坛上摆设酒器，是谓奠五上。依《尚书·康诰》记载，周公曾在洛阳营建新大邑。对周公施政仪式筹备工作的记载可见于《尚书·召诰》，“大保朝至于洛，卜宅。厥既得卜，则经营”，由此可知位置的具体选定程序。位八上的初文作立十下，表示举行仪式时必须要选定位置，其相对并列则谓之“竝（并）”。“应”则指行宫客馆。

营建都邑或宫庙谓之“作”，或谓之“為（为）”。“作”的初文为乍十二下。《说文》曰："乍，止也。一曰亡也。"许慎认为"乍"由"亡""一"会意，其解释颇为混乱。作八上依《说文》训"起也"，但"乍""作"应是同字。卜辞有"乍大邑于唐土（社）？"（《金璋》六一一）类似的用例还有"乍家""乍庸（墉）""乍大田""乍王寝"等，这些卜辞均是对建筑地址的卜定。"乍"的字形象将树枝弯折，甲骨卜辞中也存在由"乍"和"丯"构成的形体。由此可见，"乍"的本义应是将树枝弯曲以建造木墙。若将其与泥土混合，便是早期的简易版筑墙。

今言"版筑"，其中版七上依《说文》训"判也"。片七上，《说文》曰："判木也。从半木。"古人修筑土墙时，先用两片夹板构成一面墙的正反两面，随后在其中填入泥土，以杵捣实，这与今天使用混凝土浇筑墙体的方式相同。《春秋公羊传·定公十二年》曰："五板而堵，五堵而雉，百雉而城。"墙壁长高各一丈谓之"堵"，五堵连属则谓之"雉"。通常而言，都邑的城墙不可超过百雉。筑墙时较长的木板谓之栽六上，两端竖起的木柱谓之榦（干）六上。築（筑）六上，《说文》曰"擣也"，是从上方用棒状的工具将两块木板之间的泥土捣实，诸字均是对当时版筑修墙技术的反映。

爲（为）三下，《说文》曰："母猴也。"许慎将字形上方的部分解释为猴爪，将字形下方的部分解释为母猴躯干。若以甲骨卜辞或金文中的字形为依据，则"爲"形体下方的部分象象之形，表示用"手"役使象，"爲"的字形构造与"牽（牵）"颇为近似，后者的形体表示以手牵牛。在金文中，鼄伯鼎上记有"爲宫"；春秋时期有宗妇鼎，其上记有"爲宗彝鬻彝"；邵钟上则记有"余作爲钟"，这些均是用"爲"表示制作器物之义的用例。"爲"的字形表示役使大象，因此其本义应指营建宫室等建筑。上古时期，河南地区曾有象九下群栖息，甲骨卜辞中存在对于是否捕获大象一事展开的贞卜。依据《宋史·五行志》记载，唐宋时期，黄陂、南阳附近曾经存在象群栖息地，潮州亦有野象群居，这些居住在广东的象群甚至会危及农田。《吕氏春秋·古乐》曰："商人服象，为虐于东夷。"《左传·定公四年》曰："王使执燧象（尾部系着火炬的象），以奔吴师。"这与后世火牛冲阵的故事颇为相似。

古人在筑墙时使用的大木板谓之業（业）三上。《说文》曰："業，大版也。所以饰悬钟鼓，捷業如锯齿。"许慎误将其释作演奏雅乐时悬挂钟磬的木架，即后世所谓"栒虡"，"業"最初应指版筑修墙过程中的大木板。《尔雅·释器》曰："大版谓之業。"郭璞注曰："業，筑墙版也。""業"的字形上半部分为"丵"，下半部分为"木"。丵三上，《说文》曰："丛生艸也。象丵岳相并出也。"可知"丵"可形容丛生野草争高竞长之貌。"丵岳""嵯峨""龃龉"诸语均可形容参差不齐之貌。暗藏在陷阱中，由长短不一的尖木制成的捕兽装置，谓之"柞鄂"，这些都是同系统之语。用铭刻的方式使物体变得凹凸不平谓之"鑿（凿）"，在该过程中使用的工具亦谓之"鑿"。

以"丵"为工具，使用版筑技术筑墙谓之對（对）三上。后世用"對"表示对应之义，故而许慎在《说文》中训"對"为"应无方也"。虽然许慎认为"對"由"丵""口""寸"会意，但他并没有解释该字从"丵"的理据。《说文》收录的形体从"凵"作"對"，此外，许慎也列举出从"士"的异文字形"對"，该形体的产生与汉文帝相关。相传汉文帝在与麾下武将交谈时，认为对方对答时不够诚实，便将字形中的“口”修改为“士”，字形遂由“對”变作“對”。在金文中，“對”从“土”而不从“士”，其字形表示使用“丵”撲（扑）打夯土。僕（仆）三上亦从“菐”，但其字形表示头戴礼冠的人在宗庙中举行神事，意象与版筑修墙无关。依据金文用例，可知“菐”多与军事相关，宗周钟上记有“戮伐”，兮甲盘上记有“僕伐”，“戮”“僕”均表军事打击之义，其缘起在于“菐”的本义是扑打夯土。“對”在金文中可以表示回应之义，如“敢對扬王休（赐物）”即其用例。此外，在彝器上雕刻铭文亦可谓之“對”。版筑修墙法要求两名工匠面对面夯土作业，故而“對”可以表示对应、对答等义。在筑墙时，时人会使用杵状的工具捣土，直至今日，郑州的城墙上仍残留有古人砸出的孔洞。

古人会在城墙之上修筑高楼，用以瞭望或守御。城十三下的古文字形从“𩫏”。今言“城郭”之“郭”，其形体左半部分最初作“𩫏”，𩫏五下即“郭”之初文。“𩫏”形体中间的部分是城邑，上下部分则象楼台之形。如本书所列，有由“𩫏”和二“虫”构成的字形，笔者认为，该字可用作神话人物“陆终”之“终”，但若依据形体，则该字应表示某种在城市中举行的咒术仪式。《说文》字形作“𩫏”，许慎曰：“度也。民所度居也。从回，象城𩫏之重，两亭相对也。”许慎认为“𩫏”的字形象相对应的两座亭台。这种亭台兼备瞭望与防御功能，兼具日本的“物見（ものみ）”和“矢倉（やぐら）”的功用。“或”“國”等字从“戈”，表示挥戈守御领土，“城”的构字理据与其相同。成十四下，《说文》曰：“就也。从戊，丁声。”然而“丁”“成”声异。事物完成或谓之“咸”“吉”。盛五上，大概也是此义。这三个字的字形均因为带有圣器而表示此义。“成”，也可能表示成功之礼，班簋上记有“广成厥工”，史颂簋上记有“休又（有）成事”，均是其金文用例。工程竣工、彝器完工谓之“成工”，筑城则谓之“城”。“成”的字形表示将缨饰附着在戈上以增强其祓除污秽的功效。

古代筑城须宰杀牺牲，用涂抹牲血的方式举行祭祀仪式。此外，祭祀时也会使用人作为牺牲，例如，《春秋·僖公十九年》曰：“邾人执鄫子，用之。”《春秋·昭公十一年》曰：“楚子灭蔡，执蔡世子有以归，用之。”用三下本应表示使用木条编制栅栏，表示使用人牲之义的本字应作𩫖五下。《说文》曰：“𩫖，用也。从亯，从自。自，知臭香所食也。读若庸。”在“戊子卜，穷贞。今夕丁用三百羌？”（《殷契》二四五）的用例中，“用”指将三百名羌人与牢笼内的其他动物牺牲视作同类事物，并非指将他们献祭。使用人牲的具体方法详见《穀梁传·僖公十九年》“用之者，叩其鼻以衈社也”，即获取人牲的鼻血。“𩫖”的字形由“𩫏”形体的一半和“自”构成，其中“自”表示以鼻血祈衈的祭祀方式，此类仪式举行于亭台竣工之时。古人为建筑物举行落成仪式时多举行血祭。今言“成就”之“就”，即如前文所言，表示在京观楼台竣工后，在落成仪式中倾洒犬牲之血。血祭亦谓“釁（衅）”。

关于城邑的规划经营问题，《尚书·康诰》《尚书·洛诰》《逸周书·作雒解》《诗经·鄘风·定之方中》《诗经·大雅·崧高》等文献均有所论述，《周礼·地官·大司徒》对规划方式的记述尤为详细。《诗经·鄘风·定之方中》称颂了卫文公兴建城邑的事迹，据诗可知，古人观测天象，根据定星确定营建宫室的方位，在楚丘上种植榛、桐、梓等树木，登上故城遗址眺望远处的景观，卜定适宜垦作桑田的地段，天降灵雨后在桑田留宿，通过整饬农事，最终备齐牲口三千头。诗言“说（宿）于桑田”，应指某种祭祀地灵的传统仪式，《万叶集》（八·一四二四）亦记有“唯缘爱碧野，枕草到黎明”[①]，可能反映了相同的民俗。《诗经·大雅·崧高》记述了在河南谢地（今南阳）为申伯修建居城一事，“因是谢人，以作尔庸（城）”，在修建高墙和寝庙后，便为田地划定疆界，“迁其私人（农奴）”。为土田划定疆界谓之疆十三下，畺十三下是其初文，“彊”“疆”则是繁文。“疆”在金文中字形作“彊”，大盂鼎上记有“先王受民受彊土”，即是其用例。彊十二下依《说文》训“弓有力也”，但在汉代碑文中“疆”“彊”可以通用。“勉强”之“強（强）”表示强行向下施力，原本是用来表示农耕的。“疆”与“彊”的字形均由“弓”参与构成。关于其原因，有人认为这是由于古人以“弓”测距。《仪礼·乡射礼》曰：“侯道五十弓。”此处“弓”表示丈量单位，一弓等于一步，“五十弓”表示箭靶与射者之间距离五十步，由此可知，古人曾将弓箭用作测量长短宽窄的工具。然而笔者认为其原因也可能是古人将弓矢奉为祓清污秽、净化土田之物，同理，日本也曾存在将斋锹、斋锄竖立在新垦的农田上的古俗。《说文》未收录“暢（畅）”而收录有昜十三下，曰：“不生也。”今谓草木繁盛为“畅茂”，其中“畅”的初文便是“暘”，其字形右侧的“昜”表示将玉供奉于祭台用以修祓污秽。

王城所领属的区域谓之畿十三下。《诗经·商颂·玄鸟》曰：“邦

---

①《万叶集选》，李芒译，人民文学出版社，1998年版，页192。

畿千里。”毛传曰：“畿，疆也。”当是对封疆一事进行劝止之义吧。幾（几）[①]四下依《说文》训“微也”，许慎将其解释为细微的预兆，依据形体，笔者认为“幾”的字形表示用璣（玑）组丝带装饰戈，从而使之具备劝止恶灵的功效。徹（彻）三下依《说文》训“通也”，许慎将其解释为通彻，从字形上看，“彻”应表示撤下供物，即彻馔。《诗经·大雅·崧高》曰：“彻申伯土田。……彻申伯土疆。”历代学者多将该用例中的“彻”解释为“彻法”，即古代的一种赋税制度，若如此解释则与前后文脱离关联。“彻”在此处应指对田祖举行的飨宴仪式，由此引申则有彻治、划界等义。《诗经·豳风·七月》记有“田畯至喜（饎）”，日本每年亦有迎接田神降临的仪式。相比之下，“彻”虽然也是祭祀田神，但其目的在于区划疆域。

今日“都”“市”可连属而言，但在古代，市并不在都中，而是不定期地在都的附近出现。西周晚期有兮甲盘，其上记述有兮甲在市向淮夷征收赋税一事。依《周礼·地官·司市》记载，下午举行大市，百姓可以聚集交易；上午举行朝市，参加主体为商贾；日落举行夕市，参加主体为贩夫贩妇，即小商小贩。市五下，《说文》曰：“买卖所之也。市有垣。从冂，从乁。……之省声。”“冂”表示围墙，“乁”为“及”之古文，象物与物相连及。“市”在兮甲盘上的字形还包含“止”这一部分，其形体与朿七下一样，均象竖立的木制标志之形，标示此处为集市。《唐六典·卷二〇·太府寺》曰：“凡建标立候（记号），陈（述）肆（店）辨物。”古时规

① 幾，今简化为“几”。《说文》另有“几”字，与“幾”不同。——编者

定市须设置于城郊之外。另外，郊外也会举行其他活动，例如组织都邑民众郊游歌舞，或者公开处决犯人等。《诗经·陈风·东门之枌》曰："穀旦（天明）于差（感叹），南方之原。不绩（纺）其麻，市也婆娑（起舞）。"便是民众集会于东门外郊游歌舞之例。在日本古代，市也曾充当歌舞集会的场所。如：

椿市通八衢，相会踏歌初；记得曾结带，惜未解罗襦。[①] 《万叶集》十二·二九五一

吾去烧津地，骏河忆旧时，阿倍市道上，遭遇此群儿。[②] 《万叶集》三·二八四

东市街头树，树阴会见频，至今久不见，恋意已难伸。[③] 《万叶集》三·三一〇

均是反映该古俗的诗歌。

在中国古代，都市多修建于平原之处，同时在四周围起城墙，或者土墙，作为防御。靠近都市的宜耕地段被开垦经营，农田之间或周边的空地则被视为缓冲区域，或谓之"隙地"。日本古代几乎不存在建城传统，故而"しろ"[④]的本义不指城，而是指某些区域，例如，用于农耕的区域谓之"田代（たしろ）"，可以樵采的

① 钱稻孙："'椿市'，古写作'海石榴市'，奈良时当交通之要冲，有歌垣。歌垣者，青年男女踏歌欢舞之场，于是成婚配焉。"（《万叶集精选》，钱稻孙译，中国友谊出版公司，1992年版，页183。）

②《万叶集》，杨烈译，湖南人民出版社，1984年版，页72。

③《万叶集》，杨烈译，湖南人民出版社，1984年版，页77。

④ しろ，在今天的日语里写作"城"，多表示城堡。白川静此处指出了"しろ"一词的古今异义。

区域谓之“山代（やましろ）”。“城”训读作“き”，按营造方式的不同而分为“水城（みずき）”“磐城（いわき）”“稲城（いなき）”等。这些城可能是沿自然的山水之势而建，也有可能是修作一时之用的稻城。无论磐城还是稻城，可能都会修建带有祝咒意义的防护栅栏。毋宁说，像青垣山那样的地势更足以镇国。依《日本书纪·卷七·景行纪》记载，倭武天皇登高眺望国土时曾作《思邦歌》，歌曰：

大和国兮极真秀，层叠青垣山围拢。大和美兮不胜收，活力盛兮青年矣。

由是可知，早在很久以前，日本的先民便开始尝试与自然美景天人合一，从而获得莫大的和谐。

关于职能者

殷代的青铜彝器种类纷繁众多，制作水平精妙至极，既是中国青铜器文化数百年间的精华成分，同时也是世界青铜文化的巅峰。我们在这里辑录了表示器名的汉字。中国古代青铜器文化以祭器为中心，而世界上其他地方的青铜器文化多以饰物、车马用具、兵器为主，可见其精神根基是有差异的。在古代文化中，尤其在谈到技术问题时，往往都会涉及精神史的问题。一言以蔽之，什么样的信仰都需要与其相应的技术，但同时也会支撑相应的技术。信仰虽然是非科学的产物，但是毋宁说在卓越技术的背后，信仰成了通向技术的媒介。倘若不从这个角度去理解，我们既无法解释为何有如此孤立却发达的科技，也无法破译这种近乎孤高的成就之中的秘密。依照这一思路，才能看出这是不能单纯用科学来框定的现象。古代的技术，正是因此，才频频与咒术交织在一起。倘若在背后起到支撑作用的精神根基衰落了，那么其相应的技术也会不可避免地趋向消亡。殷商青铜器文化，便是这样在古代技术方面取得了令人瞩目的成就。就一般而言，这个时代的文化也呈现出同样的特征。

《左传·宣公三年》记载了一则有关青铜器铸造之事。春秋五霸之一的楚庄王，率军讨伐陆浑戎族，其后驻扎于周朝的边境。周王室派遣王孙满劳师，楚庄王便向他询问周鼎的大小与轻重。作为回应，王孙满细致讲述了周鼎的由来。当初夏正值有德之时，远方人民献上了神灵的画像和铜。于是夏便开始铸鼎工作，将神灵的图像铸于鼎身，让百姓能够辨识鬼神怪异。这样一来，百姓即便进入川泽山林，也不会遭遇不若（恶神）、螭魅或罔两（山川妖怪）。在夏桀统治期间，夏朝走向了覆灭，九鼎遂为商人所获。等到商、周朝代更迭时，九鼎又为周人所获。周自成王以来，已经传世三十代，享国近七百年，这便是天命所归。最后，王孙满以“鼎之轻重，未可问也”作为对楚庄王僭越问鼎的答复。然而，该事件记载于战国中期，在当时，与古代青铜器有关的知识已几乎不复存在。青铜彝器的铸造工作最早始于殷定都郑州期间，夏不可能有鼎存在。吕不韦被认为亲眼目睹过迁入秦国的九鼎，随后将鼎上铭刻的纹饰记载在了其所编的《吕氏春秋》中。《吕氏春秋·先识览·先识》记有“周鼎著饕餮，有首无身，食人未咽”;《吕氏春秋·审分览·慎势》记有“周鼎著象”;《吕氏春秋·恃君览·达郁》记有“周鼎著鼠，令马履之”;《吕氏春秋·审应览·离谓》记有“周鼎著倕而龁其指”。然而根据现在遗留下来的青铜器，我们已经很难知道后者究竟绘有何种样貌的纹饰了。

郑州殷商遗址中的作坊遗址虽然极其简陋，但时人已经有能力生产样式古拙的青铜器。等到迁都安阳时，青铜技术便发展到了相当高的水平，铸造出了相当多的上品佳作，例如分别刻有牛、鹿纹饰的牛鼎和鹿鼎，现藏于根津美术馆的三盉等。仅仅从鑄（铸）十四上和表示铸模裂开的剛（刚）四下字等，并不容易解决青铜铸造技术方面的问题。“鑄”今天的字形为形声字，但其初文则是象铸釜之形的象形字。“剛”的字形表示用刀将坚固的铸模劈裂。先民将青铜高温熔炼后浇入模具，从而铸造出坚硬的青铜器。

在商朝，那些掌握冶炼技术、能够铸造青铜器的人究竟以何种状态在社会中生存?在试图解释青铜器制作过程中的技术问题之前，我们首先需要明辨青铜器持有者的身份。

殷青铜器的表面通常铭刻着具有标识作用的纹饰，其内容为图案或文字。我们可以将纹饰划分为数十种类型，若辨析细部的差异，其类型或许能够达到数百种之多。其中，子某或亚字形[①]纹饰各有数十种，无疑表示持有人的身份或职能。除去部分意义不明的纹饰外，剩余的大部分类型或表示人的行为，或与器物铸造过程相关。倘若器物上的纹饰被视为氏族的标志，那么就不可能任意选用纹饰，而必须通过这一图像彰显出对应

① “子某”即“子什么”，亚字形是形似繁体字“亞”的一种样式，在青铜器上均十分常见。

的氏族。这样一来，就必须将此视为对氏族社会身份与职能的表示。

拥有这一标志的，必须是某个氏族，或者以家的身份独立出来的生活者。这样的人便是这一标志的代表。然而，这些成员未必全都专门从事这一标志所指示的专项职能。在殷商时期，社会并没有高度发达的分工，毋宁说氏族的生活多处于自给自足的状态。这些纹饰之所以能够充当氏族或家族的标志，是因为它能够反映氏族全体成员在社会中的地位，进一步来说，它反映了各氏族在王朝秩序中的地位差异。举例而言，有些标志纹饰为“冊（册）”或二“冊”并列之形。“冊”为“柵（栅）”之初文，象栅栏之形。古人多将牛羊牺牲关入栅栏中，这些标志应代表着某些与牺牲相关的职能。所谓职能，并非专职化的集团，更确切地说，表现的是氏族对王朝的臣服和义务。例如，带有鱼形标志的族群，会像日本吉野山的国栖族一样，需要在国家举行特定仪式时进献贡鱼。在这种情况下，鱼形图案的纹饰足以代表该氏族。凭借类似的方式，每个氏族都以纹饰表示其在王朝秩序中的地位。至此，中央政权与地方氏族之间的关系得以确立，而整个王朝的统治秩序也得以形成。正是凭借这种相对宽松的领属关系，作为统一王朝的殷将各个氏族纳入了自己的支配体系。

不过，这种图像的表达，恐怕在很大程度上只表明了氏族在起源时的状态，在几世的更迭中，这种关系会发生变化，或者随着氏族的分裂与合并，其标志也会产生分离复合。亚字形或册形的标志尤其多地使用了复合的形式，值得我们注意。最初使用这两种纹饰的氏族应是特定仪礼的担当者。

亞（亚）十四下，《说文》曰：“醜（丑）[①]也。象人局背之形。”其字形应象地下墓穴的俯瞰之形。殷的贵族阶层下葬时，时人会先将棺椁安置于墓室，随后将墓室的四角剜掉，“亚”的字形象去掉四角的矩形。因此，纹饰中包含亚字形图案意味着与墓穴仪式相关，使用该标志的人所在氏族曾经司掌圣职。甲骨卜辞有：

贞。亚畂保王，不若亡？一月。《库方》一〇二八

在该例中，“保”也是一种仪式行为，指圣职人员将先祖之灵传授给新生的婴儿。亚字形纹饰的内部通常包含其他多种类型的图案，获准使用此类标志的人在其氏族中应担任巫职。各个氏族分别指派本族担任亚职的人员参加周王朝举行的仪式，日本《祈年祭》祝词中有“辑（集）侍神主祝部等诸”，与此情况相类似。在甲骨卜辞中，有群体称“多亚”，其成员的身份应与《祈年祭》祝词中的“神主祝部”相仿。

庚辰卜。多亚攺犬？《宁沪》二·一六

便是贞卜是否令诸位亚职人员用犬牲进行驱除邪灵的毅攺仪式。考虑到亚职的重要性，殷也在王族中选任亚职，以统领其他各部族的亚职人员。“子雀”“子韋”均是王子根据各自的封地获得的称号。甲骨卜辞中记有“亚雀”“亚韋”，应是各诸侯家族的亚职

① “醜”今简化为“丑”，《说文》中另有“丑”字，含义不同，故保留繁体字形。——编者

人员。随着时间的推移，担任亚职者也开始参加军礼等其他一些重要的仪式，由此“亚”也成为官职之名。《尚书·牧誓》中记有“亚旅、师氏”，《诗经·周颂·载芟》中记有“侯亚侯旅”，均是将“亚”“旅”并列的用例。《左传·文公十五年》曰：“宋华耦来盟。……辞曰：‘……请承命于亚旅。’”晋杜预注：“亚旅，上大夫也。”“亚卿”为官职名，屡见于《左传》，卿职依周制可分上、中、下三级，亚卿居中，又称次卿。然而地位上的次等并非“亚”之本义，“亚”最初指在墓穴中主持仪式的神职人员。可能正是凭借其亚职身份，这些曾经主持死丧仪式的人才得以在后世获准参与军事仪式。

冊二下，《说文》曰：“符命也。”诸侯受王之命，担任某些官职时会获得策命，这个字象一长一短、横向穿连的竹简。然而，“册”在彝器纹饰上的形体与金文相同，其字形表示关有牺牲的栅栏门扉。由此可知，“册”即“栅”之初文，使用册形标志的人应曾负责饲养管理牛羊牺牲。彝器上也有在二“册”之间绘牺牲动物的纹饰。然而这些曾经司掌牺牲的人在后世却逐渐成为作册，司掌策命的制作工作。究其缘由，册职者最初需要在仪式上汇报牺牲的数目并奏呈祝词，长此以往则获准持诏宣布君令。亚职者最初负责死丧仪式，其后得以在军中履职，也是相同的原理。掌管策命的工作最初由史负责，但后世史类官职与作册类官职之间并无严格的区分，甚至还出现了作册内史这样的官职。

甲骨卜辞中经常有指称某一职能群体的集合名词，如“多亚”“多臣”“多射”“多马”等，然而值得注意的是，几乎没有任何集合名词指称那些负责铸造青铜器的职能群体。究其原因，在于青铜器的铸造受诸多条件的限制，由某个集团来制作是困难的，唯有结合合适的地点和场合，由特定的氏族来制作。象征着铸造工作或器物的金文纹饰正是由这些氏族所拥有。青铜器的铸造工艺仅可在氏族内部传承，这一点在《周礼》中隐约可得体现。在《周礼》中，很多官名都带有“氏”。《周礼·冬官》有“凫氏”一职，负责铸造钟，除此以外，《周礼》再无任何官职与青铜器的铸造有关。在古代，与咒术相关的技术曾是神圣的存在，不宜广为流传。在《周礼》中，用“氏”指称的官职有将近五十种之多，如《周礼·夏官》有“方相氏”，《周礼·秋官》有“赤犮氏”“伊耆氏”。在以“氏”指称的诸官职之中，有六成出自《周礼·秋官司寇》及《周礼·冬官考工记》，前者中的官职与修祓仪式相关，后者中的官职与器物制作相关。那些曾经在殷代司掌着各类职能的氏族，或许就是这类官职的前身。

除了需要特殊技术的情况之外，王室日常的需求基本上都可以由直属于他们的百工来满足。此外，宫庙中也有各司其职的工匠参与奉公，例如，西周晚期有伊簋，其上记有“康宫王臣妾百工”，师𣪕簋上记有“西隔东隔仆駿（驭）百工牧臣妾”。工五上，《说文》曰：“巧饰也。象人有规榘也。与巫同意。”虽说具有巫术意义的器物应是祝咒器具而非工具，但也存在将“工”运用于祭事祝祷中的用例。周朝早期有班簋，其上记有“登于大服（官位），广成厥工”，也簋在记载合祀先王、举行衣祀一事时记有“成工”。史兽鼎叙述了施政仪式的筹备工作，其上记有“立工于成周”“献工于尹”及“咸献工”，均是以“工”表示准备工作的用例。其字形亦作攻三下，青铜器的铸造者亦谓之“攻师”。此外，

“工”“攻”也可用于军事领域，古代征发徭役亦称“戎工”“戎攻”。战国时期有长于制作军械的墨家，其成员应不乏百工出身。今言“巩固”，其中“鞏（巩）”的初文作巩三下，其字形即表示使用工具进行生产。十干中的“丁”，最初指钉子。除此之外，“己”“壬”“癸”等字最初也表示工具。

巨五上，《说文》曰：“规巨也。从工，象手持之。”即方尺。其字形表示凭借垂直的箭矢加以校正。“寅”字也表此义，即所谓“寅正”。“矩”是“巨”的繁文。規（规）十下，《说文》曰：“有法度也。”认为该字由“夫”“見”会意，段玉裁注曰：“丈夫所见也。”然而，“夫”的字形最初作“〻”，象圆规之形。畫（画）三下，《说文》曰：“界也。”认为字形中的“聿（筆）”是用来划分界限的工具，若以金文形体为依据，可知“畫”表示凭借笔和圆规在周二上的表面绘制图形，“周”即方盾上的纹饰。在周的表面雕刻纹饰谓之劃（划）四下。在“畫”的字形中，“田”这一部分应为“周”，即表面刻有花纹的方盾。《说文》训“周”为“密也”，段玉裁认为“周”由“用”“口”会意，遂注曰：“善用其口则密。”这完全是意义不通的望文生义。“周”字是在有纹饰的盾牌上加上祝告的“㇘”，以表示修祓之义，并用作周王朝的名称。将表示刑罚的辛针（辛）树立在台座（几）上，再加一个祝咒之器“㇘”，就构成了“商”的字形。“周”“商”二字采用了相同的造字方法。

在周上雕刻绘画谓之“雕”或“彫”。将玉石镶于盾上则谓琱一上。绘画与雕刻最初均是在盾牌上绘制纹饰的行为。肅（肃）三下与“畫”字形相似。《说文》曰：“肅，持事振敬也。从聿在𣶒（深潭）上，战战兢兢也。”依据甲骨卜辞中的字形，可知

“肅”上半部分为“聿”即笔，下半部分作“㗊”，“畫”的构形与之相仿，其上为“聿”而其下则少了一个“周”，也即盾牌之形。在甲骨卜辞中，有人名曰“子肅”，应是某皇子在获封蕭（萧）国后获得的称号。“肅”表示凭借笔和圆规绘画纹饰，古人相信，在物体表面绘制图案可使之神圣化，该行为事关神明，须严肃对待，故而“肅”在后世可以表示肃穆、肃敬诸义。

除图案外，色彩也可以将器物神圣化。今言“文章”，最初作“彣彰”。“彣”“彰”曾经均是形容人体文身之美的汉字。古人经常使用丹青的色彩圣化器物。丹五下是丹石，青五下是由“丹”分化而来的汉字。形容丹青之美的汉字还有“彤”“彭”。彤五下可形容在神事中使用的弓矢，文献中存在“彤弓”“彤矢”“彤緌”等用例。彭九上与靜（静）均表示在农具上缠绑清素的饰物，以祓除污秽之义。汉字可以表示颜色，多由他义引申而来，例如，“白”最初表示骷髅，引申指白色；“黄”最初表示黄玉，引申指黄色；“赤”由“人”“火”会意，引申指赤色。此外，很多汉字最初表示染色方式，引申后可表示颜色，玄四下、兹四下表示黑色，幽四下表示用烟熏的方式染黑。“橐（東）”象两端束紧的囊袋，用烧火烘熏的方式为其内物体染色谓之熏一下，黑十下的字形表示用烘熏的方式将橐中之物上色染黑。古时为丝线染色时须将线头束起，再将其下的部分浸入颜料，此时未被染色的部分谓之素十三上。“黑”表示直接与明火接触加以烘熏，“朱（朱）”与之不同，其字形中的“穴”表示排放蒸气的烟囱，其字形表示用熏蒸的方式蒸馏朱砂。将丝线浸入盛满染料的锅中谓之畜十三下。古人以“畜”表牲畜义当属误用，其字形本应表示将丝束浸入容器中加以染色。

金文中有“𤕌𩫏”一语，表示对官职的再任命或审查认证。“𩫏”表示多层建筑，因此含重叠之义。“𤕌”的字形由“𤔔”“東”“田”构成，“𤔔”表示上下用手清理纠缠在一起的丝线，“東”即橐囊，若将“𤕌”字形的右半部分与“畜”相比，可发现二者的区别在于以“東”替换“玄”，由此可知，“𤕌”表示将丝线装于囊中、浸入盛满染料的锅中加以染色。《周礼·冬官》设有“緟氏”，其职责是以多次浸染的方式，做出深红色的衣物。緟十三上的初文即“𤕌”，本义为重复浸染以加深颜色，引申则有表示对官职的再度任命的“𤕌𩫏”。

雕饰、丹青既可使器物愈发美丽，也可赋予其神圣的意义。美四上最初似乎表示羽饰之美，若以最早的甲骨卜辞为依据，可知其形体象参加神事的人头戴羽饰翩然起舞。后世“美”字形的上半部分逐渐演变为象羊头之形，可能是受“善”“義（义）”等字的影响。从起源上看，这些汉字无疑均与宗教相关，随着时间的推移，其用法有所转移，逐渐可被用以指称价值观层面的褒贬取向。

第十一章

人生在世

后 諻 弟 韋

11-3

光 火系 变 燮

11-2

父 主

11-1

婚◎

昏◉

11–6

輡◎

聞◎

11–7

倗◉

◎

朋◉

◎

宥◎

妹◉

◎

姪◉

◎

11–5

昆◎

弔(叔)◉

◎

必◎

弋◎

季◉

◎

孟◎

11–4

姑 兒 小 少

11-10

冓 遘 再 爯 爯系 重 量 良 夏

11-9

姘 嬠 姜 嬴 姑 嫣 媍 好

11-8

矢 夭 吳 虞

11-13

般 凡 舟(凡)系 受

11-12

鈴 喜

11-11

佩◎ 巾◉ ◎ 帥◎ 比◉ ◎ 從◉ ◎

幷◉ 身◎ 孕◉ 殷◎ 屰◉ ◎

印◉ ◎ 妥◉ ◎ 奚◉ ◎

11–16

及◉ ◎ 企◉

11–15

憂◎ 憂系◎ 既◉ ◎ 欠◉ 吹◉ ◎

欠系◉ ◎

11–14

遲

11-18

大系

亦

赤

疑

天

央

11-19

夷

子

巳

卿

卿

卲

丞

卩系

尾

11-17

女系◉

◎

威◎

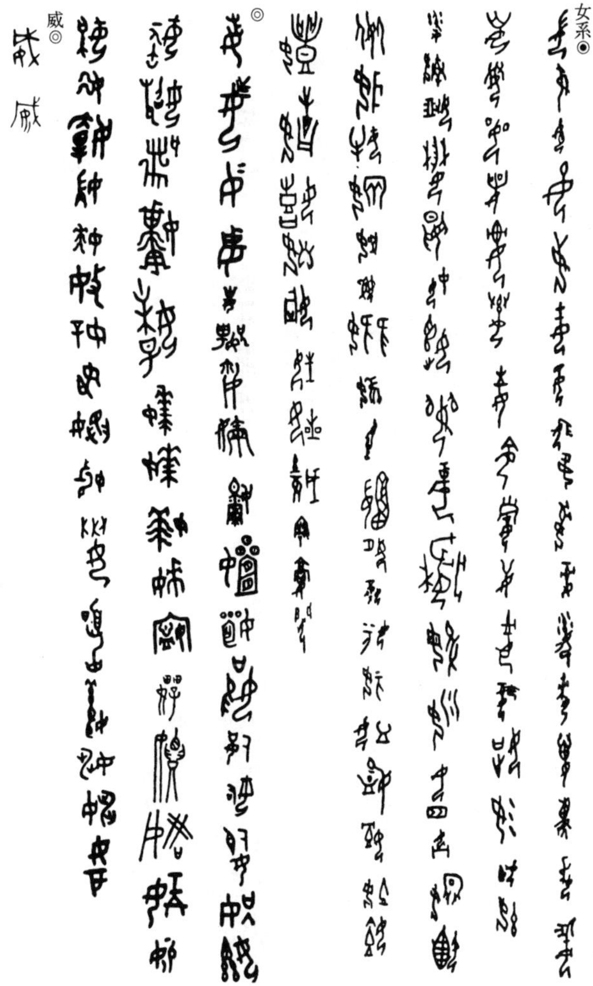

11–20

疾◉

◎

11-21

齒◉

齲◉

病系◉

◎

11-22

医◎

匸系◎

◎

11-23

殳系◉

◎

也◎

酒◉

◎

11–24

兪◎

余◉

◎

11–25

家族关系

冯特[1]从民族心理学的角度出发，将人类社会的发展进程划分为不同的阶段，即原始文化时代、图腾崇拜时代、英雄与神的时代以及人性品质得以普遍发展的时代。在原始文化时代，人群尚未形成集团化的组织。进入图腾崇拜时代后，人类建立了群体并为其创制了具有代表意义的特定形象，婚姻及其他社会制度也在该时代大体明确下来了。不过，像家族关系这样极为原始的制度，在今天非洲中部的阿卡人、斯里兰卡岛上的矮小人种维达人当中，依然存在。不用说，家族就是最初的集团。

在这个意义上，婚姻的具体形态与亲族称谓的分化，应是家族制度是否得到发展的有力指标。依据摩尔根[2]提出的假说，人类社会在出现家族关系前曾采取乱婚、群婚等婚姻形式，该假说被众多唯物史观派所接受。郭沫若亦然，他以殷三勾刀及甲骨卜辞

---

① 威廉·冯特（Wilhelm Wundt，1832—1920），德国心理学家，研究领域广泛，被誉为实验心理学之父，著有《民族心理学》《生理心理学原理》诸书。

② 路易斯·亨利·摩尔根（Lewis Henry Morgan，1818—1881），美国民族学家、人类学家，通过研究故乡的易洛魁人，深入地探讨了原始社会人类的婚姻与氏族等制度，著有《易洛魁联盟》《古代社会》《人类家庭的亲属制度》诸书。

为依据，将其上记载的“大父”“中父”“大子”“中子”“小子”“多父”“多子”判断为先民杂交乱婚的证据，然而这不过是对事实的误认罢了，并且很快就被判明了。郭沫若援引例证中的“父”与“子”，均是同属于某一阶层的群体名称，“大”“中”“小”标示着同一群体内的身份序列，至于那些父子的不特定复数形式，并不会被称作“多父”“多子”。在殷定都安阳初期，其君王谱系仍采取兄终弟及的形式，随着时间的推移，其顺序开始向嫡系传承演化，与其说这是出现在亲族法层面的变迁，不如说是为维护王朝统治而产生的必然要求。当王朝尚处于草创阶段时，与幼弱的继

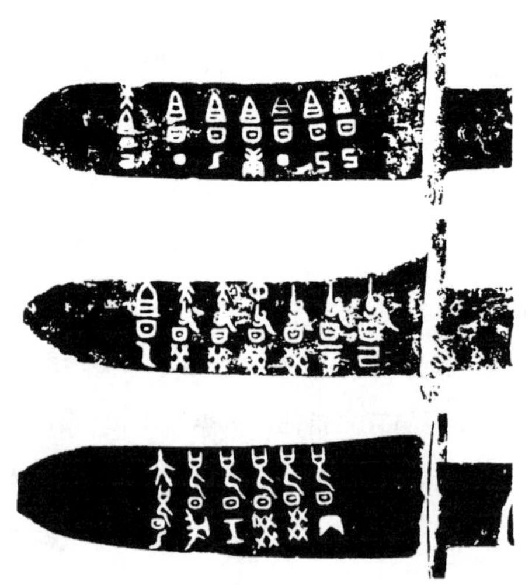

殷三勾刀

在河北保定，三器同出。关于出土地，有易州、平山等异说，此外，如果装在柄上，文字就倒过来了，由此造成了诸多疑问。恐怕不是实用的器物，乃是礼器。器一曰：“大祖日己，祖日丁”；器二曰：“祖日乙，大父日癸”；器三曰：“大兄日乙，兄日戊”，乃是根据类别称呼挑选祀日。殷人在称呼父祖时，多称作日己、日丙。该件字迹清晰，当是真品。辽宁省博物馆藏。笔者于1997年8月到访辽宁省博物馆，亲眼见到了这件器物。

承者相比，统治者更倾向于将权力委托给那些实力与自身更为接近的人，兄终弟及制在这种环境下应运而生。而随着王室的权威得到确立，名义上的继承人便开始具有统治国家的可能性，于是王位的传承顺序也就演化为直系相承。

姑且不论图腾崇拜存在与否，殷已经开始着手构建其自身的神话体系，这便是冯特所谓的英雄与神的时代。伴随着政治上的征服与支配，殷王朝逐渐将各异族神纳入自身的意识形态。具体而言，便是使诸位异族神位列殷神话先公谱系之中。祭祀河岳便是其例。殷的神话体系与王位继承均有显著的直系相承倾向。这表明氏族在构建社会基础时，其内部秩序也会出现相同倾向的演化。定都于安阳期间铸造了大量的祭器，进入了青铜器时代，便可证明上述观点的正确性。祭祖谱系的日臻完善，无疑是对古代氏族秩序的反映。

父权家族的典型形态，可以在游牧民族中见到。相比之下，以村落共同体为载体的农耕民族，家长权无疑要缓和得多。殷定都安阳的初期可能正处于这样的缓和状态中。此时，父亲与儿子均有专属的种类名称。不过家族作为社会最小的群体单位，其最具权威的家长仍然是父亲。父三下的字形上体现了象征指挥权的斧斤。《说文》曰："父，矩也。"凭叠韵的方式加以声训，将字形分析为"从又举杖"，表示举杖进行指挥的家长之义。罗振玉根据"父"在金文中由"丶"参与构成，认为其字形恐怕表示手举火炬。"丶"为火主，主五上，《说文》曰："镫（烛盘）中火主（焰）也。"其字形中的"丶"即指火主。罗振玉可能参考了古罗马的圣火信仰，认为守护圣火是一家之长的职务。至于"父"字形中所包含的圣火信仰究竟源自何时何方，罗振玉并未详加解释。古朗士[1]在其著作《古代城市》（上卷第三章）中援引古印度《摩奴法典》，认为圣火信仰的最早起源可追溯至梨俱吠陀时代。笔者认为，中国古代也曾将火尊奉作圣火。光十上的字形是象征性地在人的头上添加火光。在中国古代，负责守护圣火的人有时会是女性，“光”字形的下半部分象人跪坐之形，有时其形体或是女子的象形。此外，年老之人称为叜三下，该字也与火相关。《说文》曰：“叜，老也。”关于其字形则言之以“阙”，即存疑不言。《孟子·梁惠王上》曰：“王曰：‘叟。’”此处用作称呼年长之人的“叟”即由“叜”的字形演变而来。王国维在《史籀篇疏证》中以老人审慎为依据，认为“叜”的字形表示老者手持烛火，然而“叜”的字形应表示人在宗庙中手持烛火，正以此故“挍（搜）”从“叜（叟）”。王国维认为，所谓家长，另有其义，此外，“父”字也并非像罗振玉所言表示手持火炬之义。“火”应是圣火。燮十上，《说文》曰：“大熟也。”“燮”或是“燮治（谐和治理）”之“燮”的异文。根据金文形体，“燮”表示以火祓清某种“不”状器物，该器物应是“師（师）”形体的右半部分，即用于切割祭肉的弯刀。“父”的字形表示以手持斧，金文中也有形体由“戉（钺）”参与构成。“王”“士”均是凭象钺头的形体，指称某些较为权威的身份。斧钺是当时的仪式礼器。

长发之人谓之長（长）九下。老八上从长发之形。在与女性相关的汉字中，“若”“笑”的初文均象长发之形，“傲”“微”等字

---

① 努马·丹尼斯·菲斯泰尔·德·古朗士（Numa Denis Fustel de Coulanges，1830—1889），法国历史学家，著有《古代城市》《法国起源史》诸书。

也由象长发之人的形体参与构成。这些人留长头发并将其整体束扎起来，髟九上从“彡”，便是这个意思。保留长发的人，在生活中通常有着较为特殊的身份。今天的日本，长发者横行，但在古代，保留长发的人多担任某些世俗之外的职务，通常而言，男性多为巫医卜祝，女性多为巫女或咒术者。

丈三上并非古字形，《说文》曰：“丈，十尺也。”将其字形解释为“从又（手）持十”。考虑到“十”并非可被持取之物，有人提出“丈”为“杖”之初文，《论语·微子》便以“丈人”作“杖人”。古代以八尺为一寻三下[①]，一寻谓之仞八上。“尋”的字形由“左（左手）”“右（右手）”上下堆叠构成，由此可用于表示长度。倍寻（十六尺）为一常七下。“常”依《说文》训“下帬（裙）也”，帬七下依《说文》则训“下裳也”。由此可知，以“寻”“常”表示长度均是假借的用法，以“丈”表示丈尺单位亦然。“父”“叜”“丈”均是家族内部的领袖人物，诸字形体均表示手持某种象征着地位或职能的器物，其中“父”表示手持斧钺，“叜”表示手持圣火，“丈”或与“尹”相同，表示手持神杖。

在家庭中，具有统御地位的男性可称“长老”或“家长”，与其相比，我们似乎很难找到可以指称女性领袖的称谓。所谓“母后”，其中的后九上或可表示母权。《说文》曰：“后，继体君也。象人之形。”关于其形体，认为厂十二下表示发施命令牵引四方，“一”“口”表示发布号令。这种解释并不足以阐明字形，故而后世也有其他学者提出不同的观点，有人认为“后”的字形象衣裳

①《说文》未收“尋”字，参考㝷三下。——编者

下垂，从而表示女性统治者，有人则认为“后”或与匈奴的“汗”相类似。

若以甲骨卜辞为依据，可知“后”象妇女产子之形。若严格遵照甲骨文，则“后”的形体近似于“毓”,《说文》将“毓”收录为育十四下之异文。在甲骨卜辞中，存在将“毓”用作“後（后）”，表示後（后）[①]之义的用例，将“后祖乙”写作“毓祖乙”便是其例。此外，卜辞中称直系先王为“多后”，其中“后”可写作“毓”。由此推测，“毓”有君王之义。文献中有“夏后”“群后”“后稷”等用例，其中“后”的初文当为“毓”。有学者据此推断，“后”是母系氏族制社会遗留下来的痕迹。笔者认为，女后即便不是母系氏族的产物，也应是司掌祭祀、政事的女性统治者，其身份地位或与古代日本的卑弥呼[②]相仿。

可以表示母后的汉字还有“諻”。邵王之諻簋是列国时期的楚国铸造的青铜器。扬雄精通汉朝方言，著有《方言》一书。《方言·卷六》曰：“南楚瀑洭之间母谓之媓。”“媓”应是“諻”的异文。“邵王之諻”是楚昭王的母亲，即楚平王（公元前528—前516年在位）的配偶。楚平王原本计划为太子建迎娶秦女伯嬴，然而伯嬴貌美，动私心的平王遂自娶之，生楚昭王。楚平王被吴国击败后，伯嬴也沦为战俘，不久去世，可谓红颜薄命。“諻”与“媓”指母后，与“后”这个字可能也存在什么关联。

以“伯”“仲”“叔”“季”作为兄弟排行的次序，应是周才出

---

① “後”今简化为“后”,《说文》中另有“后”字，前文已提到。——编者

② 卑弥呼（约159—约247），古代日本邪马台国的女性统治者。据《后汉书·东夷列传》记载，卑弥呼“年长不嫁，事鬼神道，能以妖惑众”。

现的制度，目前尚见不到任何资料表明它们和殷有任何关系。殷以“大”“中”“小”为区分，这就必定以对不同群体有不同称呼为前提。不过值得注意的是，这些称呼并不限定在小家族之中，而是通行于大家族之中。兄八下需要司掌祝祷，担任神职。伯禽是周公长子，有彝器大祝禽鼎流传至今。弟五下，《说文》曰：“韦束之次第也。”即使用韦革按次序将物体捆束起来。文献中曾用“韋（韦）”表示四方风神之一的西风之神，“違（违）”“衛（卫）”等字均表示围绕着城墙进行的举行，参与构成其字形的“韋”与表示风神的“韋”相似而不相同。“弟”的字形表示用韦革将物体次第捆束在一起，既可以理解为诸位弟弟之间是有一定的秩序的，也可以理解为要将各位弟弟一齐对待。兄弟亦谓“昆弟”。“昆”的初文作翼五下，昆七上是象昆虫之形的象形字，用“昆”表示兄弟之义应是假借的用法。“翼”，《说文》曰：“周人谓兄曰翼。”认为该字由“弟”“罘”会意。然而，若是先有“弟”字，然后才据其造“翼”字，这便在顺序上存在矛盾。再者，“昆弟”一语并非仅限周人使用，江东地区也存在类似的语用习惯。金文及《诗经》通常称哥哥及弟弟为“兄弟”，由此可见，以“翼”指兄当为特殊用法。“罘”为眼泪，由“罘”“弟”构成的“翼”究竟表示何意，已不可知晓。“鳏”表示老而无妻之人。“翼”“鳏”字形相似，从“罘”的汉字或许暗含着某些特殊的文化背景。

“伯仲叔季”中的伯八上、仲八上二字，在金文中字形分别作“白”“中”。“白”象骷髅之形，正如“伯”“霸”通用那样，“白”可表示首要之义。大拇指则称巨擘。“擘”和“白”，音相同，郭沫若认为“白”是一个包含有拇指之形的象形字，然而，倘若如此则由“白”参与构成的“敫”系统诸字便无从解释。中一上象统率三军的中军将领所竖旗杆，用作军旗的时候，常常画出其上下迎风招展之态。后世以“伯仲”排序，其中“仲”即有中间之意。

旧时以“弔”用作叔三下，其形体象矰缴，即系在箭上的丝线。用“叔”表示兄弟排序中的第三位当为假借用法。后世以“弔”表示凭弔（吊）之义，因此表示兄弟的汉字遂变更为“叔”。“叔”的字形由“尗”参与构成。“尗”的上半部分象斧刃之形，下方的数个小点则表示刀刃散发的光芒。“叔”最初表示白色之义，由此有“叔金”“叔市”等用例。《说文》中训“叔”为“拾也”，训尗七下为“豆也。象尗豆生之形也”，可知《说文》将“叔”的字形解释为拾取尗豆。“尗”应象戈柄之形。器物之柄谓之“柲”，初文作必二上。戈柄下方若无光芒则谓之“弋”。《说文》曰：“必，分极也。从八、弋，弋亦声。”后世以弋十二下指木杙（木桩），但“弋”在金文中却用作副词，表示必须之义。由此可知，“弋”是“杙”的初文，与“必”读音相同，用作副词、表示“必须”之义当是假借的用法。

季十四下，《说文》曰：“少称也。从子，从稚省，稚亦声。”然而“稚”与“季”读音并不合。从字形上看，“季”与“年”“委”相似。“年”与“委”最初的形体均与农耕仪式有关，表示由人扮作谷灵翩然起舞，由此推测，扮演谷灵的年轻之人则谓“季”。《诗经》中不乏季女从事神事的记载。农耕仪式与生育仪式联系密切，孔子的门生冉季字子产便是其例。与季相对，初生的婴儿为孟十四下。《说文》曰：“孟，长也。从子，皿声。”以字形为依据，“皿”象碟盘之形，“孟”的形体应表示在盘中清洗新生婴儿。在金文中，“孟”字形的上半部分或作“呆”，或在“子”的上方新添“八”，这两种形体均表示分娩仪式。“保”的字形表示人用襁褓包覆婴儿，使其接受先祖之灵，而“八”则表示先祖神灵的气息自天而降。

兄弟或年龄、阶级相仿者，亦可谓“倗友”。倗八上，《说文》曰：“辅也。”认为“朋”是其声符。《说文》并未单独收录“朋”字，而是将其列作鳳（凤）四上的古文。《说文》曰：“鳳飞，群鸟从以万数。故以为朋党字。”然而“朋”在甲骨卜辞与金文中均存在用例，其形体表示使用丝线串联玉石、贝壳，使其垂向两旁。青铜器上还有与其不同的图案，其形体表示用两根丝线分别将贝壳串起并悬挂于木棒两端。“朋”在金文中又作“倗”，“朋友”又作“倗舀”。在祭器上记有“用飨倗舀”“唯用献于师尹、倗友、婚媾”“好倗舀与诸婚媾”“用乐嘉宾父兄及我倗友”等用例。由此可见，“朋友”具有参加祭祀飨宴仪式的资格，应是具有血缘关系的同族成员。

友三下，《说文》曰：“同志为友。”认为其字形由二手交会，表示交友之意。然而正如“友兄弟”那样，“友”的对象最初应是兄弟同胞。金文中“友”亦作“舀”，其字形的下半部分或作“曰”，或作“ㅂ”。“舀”与“宥”声义相近，其形体表示用双手轻抚祝咒之器，指某种安抚仪式。宥七下，《说文》曰：“宽也。”其字形表示在宫庙中供奉祭肉（月）。由“曰”构成的诸字多与咒术仪式相关，添加两手则构成“舀”；添加“羽”则构成“習（习）”，表示拂拭祝咒之器；添加“水”则表示破除咒能的“沓”。

辈分相同的女性亲属谓之“姊”“妹”“姪”，由于诸字均是形声字，因此无法根据字形求索本义。齐国有将长女当作巫儿的习俗，楚国则称姊为媭（嬃）十二下。《说文》曰："媭，女字也。"然而笔者认为该字似乎指巫女。《楚辞·离骚》曰："女媭之婵媛兮，申申（反复）其詈（骂）予。"曾有人将"女媭"释为屈原之姊，指出其坟茔今存于长江上游的秭归县境内。然而若结合全诗，可知该句描述的对象不应是屈原之姊，而是同属楚国巫祝群体、与《楚辞》作者处于对立关系的女巫的指导者。《汉书·武五子传》记载有广陵厉王刘胥让楚地巫女李女须诅咒汉昭帝一事。"媭""嬬十二下"二字通用，《说文》曰："嬬，弱也。一曰下妻也。"《楚辞》谓巫祝群体的首领为"灵修"，女巫群体的首领则为"嬬"。需十一下的字形表示将祝咒之器"ㅂ"一字排开以举行祈雨仪式，在其基础上添加"女"则指举行该仪式的巫女。在日本神话中，女神天照大御神拥有最高的神格，该神又可美称为"日嬬（ひるめ）"。

金文中存在"倗友婚媾"这样的合称，由此可知，"婚媾"在当时被视为同族成员。虽说嫁入他家的女性称为婦十二下，但根据殷代的"婦好""婦姘"诸例可知，古人曾以娘家之名指称出嫁之妇。当时的情况与今天的中国类似，嫁入男方家庭的女性并不会改随夫姓。此外，婦好曾在战时提供军力支持：

> 辛巳贞。征帚好三千，征旅万，乎伐……？ 《库方》三一〇

有时婦好甚至会亲赴军中，踏上征途，如：

> 壬申卜。夲贞。命帚好从沚戠伐㐁方，受㞢又（有

佑）？　《粹编》一二三〇

由此可知，姑且不论妇人是否需要担负随军征战的责任，妇人的娘家无疑需要履行义务，为王室提供军事支持。将这些行为冠在妇人名下，无疑是母系氏族制社会遗留下来的痕迹。

马林诺夫斯基在介绍特罗布里恩德人（Trobriander）[①]时，指出该族群通行一种被称作“白贝壳臂镯库拉”（Mwali Kula）的交换民俗。依据该习俗，女方父母家对男方承担种种义务，即所谓的集体婚姻制度。在该婚姻制度的支配下，氏族之间凭借通婚的方式确立从属关系，这就为多妻制提供了可能。对于殷王朝这样的统一政权而言，即便不采取多妻制，也可以令王室成员与诸氏族通婚，其集体婚姻制度势必是存在的。换言之，其统治秩序的根基便是殷王室“多子”及其配偶“多妇”之间的婚姻关系。甲骨卜辞中的“多子”与“多妇”，并非具体指称属于个人的子和妇，而是反映了王室与各部族之间错综复杂的集体婚姻制度。此外，“多子”“多妇”“多生”也可以用作集合名词，区别指称不同的群体，这应该是对以大家族式家庭为主体的殷之家庭结构的反映。倘若将父党视为王室，将妻党视作诸氏族，那么我们便可以从集体婚姻的角度重新审视统治结构。其他大小诸氏族间或许也采取类似的婚姻关系，进而形成了不同层级的支配关系。

处于婚姻关系中的群体称为“婚媾”。依《说文》则婚十二下训“妇家”，姻十二下训“壻家”，媾十二下训“重婚”。“婚”指举行

① 文中有关特罗布里恩德人的民俗材料，出自马林诺夫斯基所著《西太平洋上的航海者》。

于昏夕之时的仪式，“姻”是女性因依的对象，“媾”则为形声字。金文称“婚媾”，诸诗篇则作“婚姻”。相比较则“婚媾”的使用范围更为广泛，《易经·屯卦》《国语·晋语四》中均存在“婚媾”的用例。段玉裁注曰：“（媾）字从冓者，谓若交积材（堆积木材）也。”但究竟何为“重婚”则难以知晓。

《说文》中将昏七上释作“日冥也”，认为该字从“日”、从“氐（低）”省，同时也列出“一曰民声”的观点。汉代碑文上有“昏”“昬”两种字形。甲骨卜辞谓朝为“兮”，谓夕为“昏”。《仪礼·士昏礼》曰：“凡行事，必用昏昕。”“昏昕”指黄昏、破晓，即卜辞中的“昏”“兮”两字。“氏”与“厥”相同，指剞劂之器，因此“昏”能表示黄昏之义，绝不是从“氏”“日”这两个字形组合而来的。“兮”是与“乎”同系的汉字，其形象呼子板[①]。以“昏”表示黄昏，以“兮”表示清晨，均是假借的用法。由此可知，认为“婚”是从“昏”的亦声字的看法，是基于之后的形声字产生的。事实上，“婚”应是后起字，金文中所用的字形与之完全不同。在金文中，表示“结婚”义的字，其字形表示举樽斟酒，可能指古代飨宴时的“三酳”之礼。与其类似，日本在结婚仪式上亦有“三三九度（さんさんくど）”之礼，新婚夫妇需要连续共用三只酒杯，每杯各饮三次，一共饮酒九次。后世有“车輴”[②]一语，由此可知这个字当读作“昏”。从字形上看，“聞（闻）”的初文与“婚”极其相近，勳（勋）十三下亦然。诸字形体均与凭樽赐酒相关。

① 呼子板，日本民间器具，形似木勺，其上系有数张竹片，相互拍打发出响声，用以驱赶田间鸟兽。

② 车輴，又称“车伏兔”，即垫在车轴与车箱之间的木块。

《仪礼·士昏礼》详细记载了古代婚礼的具体形式。男方家先行纳采，准备雁鸟，作为求婚礼物相赠；再行问名礼，托媒询问待嫁女子的姓名，女方家需要张罗酒食款待媒人；随后行纳吉礼，男方贞卜吉凶后，将雁鸟与十端（五匹）织物赠送与女方，订立婚约；允婚后，女子行笄礼，取字，接受为期三个月的新妇心得教育。比及婚期，男方须将迎亲事宜准备妥当，未婚夫亲自前往女方家迎亲。由此，婚礼得以正式开始，新人用酒食祭祀神明，各自举杯三爵之后，仪式结束。翌日清晨，新妇拜见公婆，双方再度按顺序行酒食之礼，这当中带有一种大家共享筵席的意思。入嫁满三月后，新妇方可参加家庭祭祀活动。关于古代的结婚流程，《士昏礼》虽然做了极其细致的记述，但它终究像是小笠原流[①]的仪式秩序那样，只是由后世礼学家整理出来的而已，它在多大程度上能够传达出古礼的旨意，尚存不少疑问。

《说文》曰："媾，重婚也。"段注曰："重婚者，重叠交互为婚姻也。"即两家在已有亲缘关系的基础上再结姻缘。中国自古便存在按姓氏组成的大集体，如姬、姜二姓，便会频繁通婚。然而殷还未出现指称大姓家族的汉字，其情况无外乎男方姓氏为井时则新妇为"妌"，男方姓氏为喿则新妇为"媡"。后世大姓诸如姬、姜、嬴、姞、妫、娟等，在当时均无记述。商殷王室本为子姓，朝代更迭后，殷朝遗族为了加入周朝姓氏系统，遂以"好"指称己姓。在甲骨卜辞中，由"女"参与构成的字形约有两百多个，

① 这里指的主要是小笠原流礼法。曾经服侍过室町时代将军足利义满的今川氏赖、伊势宪忠、小笠原长秀三人合编《三议一统》，为武家礼法奠定基础，后三家各自演变为今川流、伊势流、小笠原流三派。小笠原流在江户时代传入民间，并有人开设私塾，流播甚广。

其中应当有相当多的汉字日后被认为表示氏族名，如此则可证明当时并不存在大姓家族，而与大姓通婚制度相关的汉字“媾”必然不是此时期的产物。

尽管“冓”是“媾”的声符，但冓四下亦必定具备造字理据。《说文》曰：“冓，交积材也。象对交之形。”认为其形体象堆积木材之形，然而“冓”在甲骨文中并没有象堆积木材之形的字形。诸家对于“冓”的解释亦是众说纷纭，郭沫若认为“冓”为“篝”之初文；李孝定在《甲骨文字集释》中试图将字形解释为两鱼说；孙海波著有大量文字学著作，他认为“冓”的字形象两“干”（盾）对交。与“冓”字形相似的汉字有再四下、爯四下，《说文》中将此二字均释为“冓”声的省声字。[①]据《说文》“爯”从爪、冓省，“再”从一、冓省。依许慎的观点，“冓”在“爯”的字形表示用手拎起“冉”，依据甲骨卜辞可知，“冉”的字形表示缠着丝线的纺锤，由此推断“爯”表示称量丝线的轻重。而织物的数量，则往往称作“十五称”“三十称”。稱（称）七上应指称量谷物的重量。重八上、量八上均是凭借橐囊称量轻重，“量”的字形表示从囊袋上方插入谷物注入口。良五下的字形表示囊袋上下均置有可供谷物进出的开口，将该容器倒置则为复五下。称量谷物轻重谓之“稱”，通过刮除的方式使谷物与斗斛齐平谓之“斠”，在该过程中使用的刮除器具谓之“概”。

“再”，《说文》曰：“一举而二也。”当表示将物体从中折断之义吧。其字形表示纺锤上的丝线在末端分岔，当是一个与纺织方式相关的字。“冓”的字形由上下颠倒的二“冉”构成，最初表示

① 依据《说文》，“爯”从爪、冓省，“再”从一、冓省。依许慎的观点，“冓”在“爯”“再”的字形中充当义符而对字形有所简省。白川静将其解说为“省声”，似存在不妥。

将两个纺锤上的丝线或纽束绑结在一起，可能是一种与日本婚礼时使用的“祝纽（いわいひも）”类似的饰结，婚媾之义应由此产生。据《仪礼·士昏礼》记载，男方在订婚前须准备雁鸟以行纳采礼，但“采”亦含彩丝、采玉诸意，由此推测，男方准备的订婚礼品中或许也包括由丝线编制而成的饰结。此外，据《士昏礼》规定，男方还应馈赠女方俪皮、束帛，“儷（俪）”指一对鹿皮。日本将订婚礼称作“结纳（ゆいのう）”，与中国古代的订婚礼相互对应。婚礼结束后，新人前往卧室。在就寝之前，新夫需要亲手解开新妇簪笄上的五彩缨。然而，《士昏礼》对婚姻仪式的描述并不能充分反映古代仪式中特有的象征主义，古人对于象征手法理应有着更为深切的执念。

《诗经·豳风·东山》的末章记有“之子于归，皇（黄白）驳（斑点）其马。亲结其缡，九十其仪”。“缡”是用丝带装饰的袋子，“九十”极言仪式之华丽。除缡带之外，新妇身上或许还有很多其他饰物。离十四下，《说文》曰：“山神兽也。”《说文系传》将其归入螭魅之属。“离”的字形象两虫相交，西周时有颂壶，其壶身饰有蟠螭纹，纹样亦似两螭（龙）相交。依照该形状编织而成的纽饰谓之“縭（缡）”。由此，结缡这一行为即包含两者结合之意。“冓”也是与其类似的结饰，用于成亲婚媾之时。“媾”在金文中作“遘”。“媾”“覯（觏）”二字通用。《诗经·召南·草虫》曰：“未见君子，忧心忡忡。亦既见止，亦既觏止，我心则降（悦服）。”该段刻画了少女与心仪之人觏面后的喜悦之情。《诗经·鄘风·墙有茨》曰：“中冓之言，不可道也。所可道也，言之丑也。”描述的则是男女枕边情话。

丈夫的父母称为“舅姑”，或许有人见到这两个字便会心生厌烦。“舅”“姑”均是形声字。春秋时期齐国有洹子孟姜壶，其上刻有“丧（失去）其毁（舅）”，以“毁”称“舅”，当为假借的用法。母亲的兄弟亦可谓“舅”，父亲的姊妹亦可谓“姑”。不可望文生义地认为由“古”“女”构成的“姑”必然指年龄较大的女性。

古代汉字中所能见到的亲属称谓还有很多种类，这说明文字在此时还未得到充分的分化。从分化形式上看，日语中的“妹（いも）”“兄（せ）”亦未实现分化，其中“妹”可指同胞姊妹或男子的配偶，“兄”可指同胞兄弟或女子的配偶，但汉字的未分化状态与其不同。比及后世，《尔雅·释亲》构建了严密的亲等系统，但其具体称谓亦与古代有所出入。除此之外，有些亲属称谓还属于本无其字的状况，例如，最初没有相应的汉字指称年幼之人。幼四下的字形表示用木棒穿过丝线束并加以拗转。少二上表示用丝线穿起小珍珠或贝壳，使其连缀成链则为“瑣（琐）”。稚七上、稺七上最初与农谷相关。兒（儿）八下虽然象小儿发髻之形，但并未体现出男女的性别差异。童三上最初指不结发髻的奴隶，由此引申出儿童之义。以表示家族关系的汉字为依据，可知古代家族在内部秩序上十分讲求共同体属性。在个体未能脱离家族生存的情况下，自我意识自然极为淡薄。当古代氏族共同体制度崩溃后，自我意识便具备了萌发的可能，古代诗歌也随即应时而生。从时间上看，此事发生于西周晚期至春秋时期。

感情与表现

当个体命运淹没在一个共同体中的时候，个体的人生悲喜自然也会淹没其中，而绝无可能逸出这一共同体之外。当这个共同体解体之后，世间的一切经历都只变为个人的命运时，这种命运会变得前所未有的真切，人也会自觉地意识到这一点。当世间众生得以第一次直面自身命运时，豪放的个人情感便会随诗歌喷涌而出，形成一面鲜明的时代旗帜。中国古代的《诗经》以及日本的《万叶集》就产生于这样的时代。这一时候，人们的欢乐也好，悲哀也好，都是出于自身的真切感情。然而，古代汉字却产生得更早。古人在造字之初尚以神明为媒介，将自身的命运全权托付与诸神。

在日语中，能够训读为“たのしむ”（快乐）的汉字数量众多，诸桥辙次在编纂《大汉和辞典》时便列举出五十八个汉字。其中表示引申义的汉字不在少数，究其最初的字义却多与乐器相关。“樂（乐）”“喜”“愷（恺）”“般”诸字便是其例。部分汉字最初与人的姿态有关，这些汉字大多与“佚”“娛（娱）”属于同一系统。樂六上的字形如前文所述，象演奏神乐时使用的系有铃铛的乐器。由此则“樂”本义为乐器名称，正如郘钟上铭刻的“樂我先祖”那样，古人最初将其视为取悦神明的手段。古人相信，铃十四上具有祓除邪灵的力量，萨满教的巫师在举行神事时多以其为道具，日本的神职人员则会在手臂上穿戴手镯或臂环，在小腿上缠绑“足结（あゆひ）”[①]，此外，古代的日本人有时还会用铃铛装饰猎鹰、驿马的尾部。铃声最初的功能是为了让神明听到，从而取悦神明，古人几乎不会单纯以娱乐为目的使用铃铛。

---

① 足结（あゆひ），日本古代的一种男性服饰，形似绑腿。有时也会在缠绑的丝线外增添玉石、铃铛以为装饰。

鼓声称为“喜”“愷（恺）”。喜五上，《说文》曰：“乐也。”段玉裁注曰：“闻乐则笑。”《太平御览·卷四六七》引《说文》古本曰：“不言而说（悦）曰喜。”可见诸家均认为“喜”从“口”。然而，笔者认为“喜”上半部分为“壴（鼓）”，其下是“𠙵”。这和农耕仪礼中的“嘉”乃出自同一造字法，只是不包含一个“力（耒）”的字形罢了。“喜”的字形表示通过鼓乐的方式取悦神明，使其实现藏纳于祝咒之器中的祈愿。由此推断，“喜”与“嘉”均是与农耕仪式相关的汉字。古人举行农事时，需要在田间迎接田畯（农神）以行祭祀。《诗经·小雅》收有《甫田》《大田》，其中均有“田畯至喜”，郑玄注曰：“喜，读为饎。”笔者赞同郑玄的观点，诗中的“喜”表示以酒食为贡品祭祀田畯。周朝早期有大丰簋，其上记有“丕显考文王，事喜上帝”，其中“喜”亦指祭献神明。表示欢喜之义的“喜”或在形体下方添加“心”，汉代石碑上刻有“憙”，该字形即喜悦之“喜”。在甲骨卜辞与金文中，由“心”参与构成的汉字数量不多。《说文》所收录的从“心”诸字多数是后世所造的形声字，探源可知，其中部分汉字起初并非形声字，有些形声字同时还是亦声字。

豈（岂）五上，《说文》曰：“还师。振（振奋）旅（军队）乐也。”后世所谓“凱（凯）旋”，其中“凯”的本字便是“豈”。关于“豈”的形体，许慎释曰：“从豆，微省声。”然而“豈”的字形应表示顶端为山形配饰的大鼓。从字形上看，“微”表示殴打长发之人以使其咒力衰微，“蔑”与其相似，表示用戈斩杀媚女以使其咒力变得微弱。相比较则“豈”形体上方的部分与“微”迥异，应指古人树立于乐器上方的羽饰。《周礼·夏官·大司马》曰：“愷乐献于社。”军队凯旋时所奏之乐旨在向神明报捷，最初也是取悦神明的音乐。“豈”在引申之后亦可用于军事之外的场合，例如祭祀诗《诗经·小雅·鱼藻》中有“豈乐饮酒”，其中“豈”是使人快乐的音乐。《诗经》中多次出现“豈弟君子”一语，其中“豈弟”又作“愷悌”。古人在运用汉字形容个人性情时，会在字形上额外添加“心（忄）”。

般八下，《说文》曰：“辟也。”许慎认为其字形由“舟”“殳”会意，即用殳矛使船旋转。后世有“般辟”“般旋”之语，表示回旋后退之义，然而这属于两个汉字连缀成义的情况，并非“般”之本义。“般”字形中的“舟”也并非舟船，而应是凡十三下，即盘状器物。古人在授受他物时会使用盘状器物，因此受四下的字形由“舟”及上下二手构成。由于“凡”“舟”最初字形相同，因此也有使用“凡”表示舟船的情况。“殳”是可以投掷的枪状兵器，投掷之则谓“投”。“般”右侧的构件应是“攴”，即用殳击打某物。古人既可以利用盘状器物盛装食物或酒水，也可以将其当作乐器而击打。未完全开化的人会将手边的食器或其他用具当作乐器，对于他们而言，一切可以使用的器物皆是乐器。《孟子·公孙丑上》中记有“般乐怠敖”，《尽心下》中亦记有“般乐饮酒”，其中“般”亦可写作“盤”“槃”，诸字声义相同。这种消遣行为不断地发出如镲声般聒噪的声响，其前身是古人在狩猎或战争时举行的重要仪式。古人相信，该仪式所发出的震动声必须尤其激烈，而且越无节奏、越无旋律则效果越好。立足汉字的本义，可知最初的管弦乐器发出的声响实在难以使人感到快乐。

当感情与姿态融汇时，就会自然产生舞蹈这一表现形式。古人在社会生活中举行仪式，特别是举行与生产生活密切相关的狩猎或农耕仪式时，会凭借舞蹈步入人神合一的境界，从而祈求诸事顺遂。跳舞的巫祝有时会陷入癫狂的忘我状态。此时的舞者将暂时丧失自己的现实属性，与神明、灵魂同化。这种失神的状态谓之失十二上。《说文》曰："失，纵也。从手，乙声。"段玉裁注曰："在手而逸去为失。"然而失去之物当是舞者的现实人性。"失"的字形象头发散乱者手舞足蹈之形。癫狂者兴奋之至，该状态亦谓佚八上，可以表示放纵、安乐之义。癫狂的巫祝难以抑制自身行为，是谓之"迭"，即放荡不拘。归属于"兑"系统的"脱""悦"诸字与此情况颇为相似。

舞者歪头谓之夨十下。《说文》曰："夨，倾头也。从大，象形。"即倾侧着头。这种倾头起舞的行为最初也是为了取悦神明，其姿态谓之夭十下。《说文》曰："夭，屈也。""夭""夨"的字形均由"大"演变而来。巫职人员侧头低腰癫狂起舞，应处于同神明交融的状态，是谓"妖""祆"。"若"的字形也表示人处于癫狂状态中，与"夭"共通的是，二字所反映的失神者均为年轻女性，"若""夭"均可表示年轻之义。换言之，"失""夭""夨"诸字所表示的舞者均是年轻的巫女。

"若"的字形由"𠙵"参与构成，表示披发的巫女凭借祝咒之器起舞祷告。若将祝咒之器举于头顶则谓之吴（吳）十下。《说文》曰："吴，姓也，亦郡也。一曰吴，大言也。从夨、口。"依据字形可知，人嘴不应位于头颅右上方，因此字形中的"口"应为"𠙵"。"吴"的字形表示高举祝咒之器的巫女倾头起舞。在《诗经·邶风·简兮》中，为了祈祷周朝政权长治久安，殷后裔左持籥，右持翟（野鸡）羽，献上万舞。“硕人俣俣（俣俣），公庭万舞”，“硕人”指殷的贵族遗老，“万舞”是一种舞姿如飞鸟般的舞蹈，“俣俣”一语形容舞姿之美。巫女的舞姿谓之“娱（娱）”。

虞（虞）五上与“娱”均可表示快乐之义。《吕氏春秋·慎人》曰：“许由虞乎颍阳（颍水之北）。”《国语·周语下》曰：“虞于湛乐。”俱是其用例。“虞”，《说文》训“驺虞也”，释作兽名及司掌山川之虞官。“虞”的字形表示巫祝身披虎皮、高举祝咒之器起舞。这不禁让人想起那些在狩猎之际，在头上装扮出猛兽样，纷纷起舞的狩猎民族的样子。“虞”的快乐、安心之义，均是从取悦兽灵而进行的舞蹈衍生出来的。

笑，是快乐的一种外在表现。“笑”字如此重要，而《说文》正文竟未收录，实在令人难以置信。唐人李阳冰凭自家书法刊定《说文》，改其正篆，遂作刊定本《说文》，其中增补“笑”，曰：“从竹，从夭。竹得风，其体夭屈，如人之笑。”段玉裁亦增补“笑”，曰：“喜也。从竹，从犬。”关于会意理据，段玉裁解释曰：“假云（笑）必不宜从犬，则哭又何以从犬乎？”《仓颉篇》是许慎创作《说文》时极为重要的参考文献，该字书中亦记有“笑，喜弄也”，加之《说文》的解说文字中能数次见到“笑”字，因此很难认为《说文》从一开始就没有收录“笑”这个字。

在汉朝的文献当中，“笑”曾写作“关”。《汉书·叙传》曰：“谈关大噱（笑）。”古代日本人在将自己的作品呈于他人阅览时亦言“乞御一咲”，其中“御一咲”即“御一笑”。“笑”本应作“芺”，其字形与“若”相似，字形的上半部分为“艸”。“芺”表示人用手拨乱头发，狂舞不止。《说文》收录有媄十二下，曰：“巧也。一曰：女子笑貌。"《说文·示部》亦收录有祆一上，训"地反物"，即土地灾异。"笑"最初是以"夭"为基础构成的汉字，其字形表示巫女散发低腰，癫狂起舞，进入了人神合一的状态。古人在举行祭祀仪式时，经常用跳舞的方式取悦神明，通过笑容使神意趋向平和。日本亦流传有天岩屋户神话，为了平息天照大御神的怒火，天钿女命举行神事，翩然起舞。笑在此过程中是非常重要的因素。天钿女命的舞蹈也是一种取悦神明的咒术方式，并非是人自己在笑。

因为笑带有这种咒术的背景，故而很难成为人类思考的对象。古代希腊人创作了喜剧，古代中国人创作有滑稽戏。"滑稽"本是流酒器，由于构造的缘故，该容器内的液体始终不会枯尽。后世亦将言语可笑称作滑稽。此外，滑稽还可以指滑稽戏，或形容俳优仪态令人捧腹。哲学与喜剧，自产生之初便互不相容。在柏格森[①]发表论述之前，欧洲哲学界始终无人以笑为课题展开研究。相比之下，中国古代哲学家庄子早在战国时期便肯定了笑所具有的哲学意义。庄子拾起被神明所遗弃的笑，从而笑看凡间，超脱世俗。

滑稽的反面应是悲伤。当取悦行为无法博得神明一笑时，古人便切身体会到滑稽所带来的虚妄。今言"俳优"，其中俳八上指言辞滑稽，优八上指动作可笑。《左传·襄公六年》曰："少（年轻时）相狎，长相优。"俳优最初指滑稽演员，但优最初并不指滑稽演员。"優（优）"从"憂"。许慎在《说文》中将"憂"判断为

---

① 亨利·路易·柏格森（Henri Louis Bergson，1859—1941），法国哲学家，著有《创造进化论》，并凭之荣获诺贝尔文学奖。

“優”的声符，然而其声义应均为“優”所继承。

憂五下，《说文》曰：“和之行也。”认为其声符是“𢝊”[①]。所谓“和之行”，即举止优雅之意，然而“優”原本应表示人忧愁状。𢝊十下依《说文》训“愁也”，许慎认为该字从“頁”、从“心”。頁九上的字形表示人头上缠麻布，满目愁容地在宗庙中举行仪式。老而丧夫谓之寡七下，其字形表示女子心情悲痛地伫立在亡夫庙前。在表示满目愁容之人的形体基础上新增“心”则构成“憂”。金文中存在由“憂”“隹”构成的字形（详见憂系文字资料），其中“隹”或指鸟形灵。毛公鼎上记有“欲我弗作先王憂”，其中“憂”的形体表示为烦恼所苦的人不禁高举双手。夓五下可以理解为杂乱无序，“夓”“憂”同系。无节制地饮酒则谓之“醰”。终日酗酒，或由挥之不去的忧愁所招致。

“憂”本指向神祝告、倾诉的行为。石鼓文中的作原石鼓，其上刻有“游優”，其中“優”从“憂”、从“圣”。“圣”的形体表示土主从天而降，在土主面前“申述己忧”，或是其本义。“憂”乃后起义。在神明面前祈求，是希望凭借自己的内心感动神明。此时，祈祷者的内心情感正是“うれふる”（忧愁）和“うれたし”（悲痛）。从日语的构词规则角度出发，上述情感连同“うれしむ”（快乐）及“うらむ”（憎恨）在内，均是对人类“うら”（内心）活动趋向的反映。然而，在古代汉字的世界中，这些情感均是祈求者内心的外化，其对象无疑是神明。倘若认为这当中存在什么字能够体现人性，那或许就是“愛（爱）”吧。

---

①《说文》为“𢝊声”。——编者

石鼓文：作原石，游优
原拓的剥落之处非常明显，据那氏《石鼓通考》。第二行末字，含有“㥑”的字形。上面的斿即游。这一句是“为所游优”，或许当解读为“为游优之所”。前一行能见出“亚箬华”三字，下一行能见出“盩道”二字。二日、五日为合文。

愛五下，《说文》曰：“行貌。”认为“㤅”是其声符。然而正如“㥑”“惪”同字那样，“㤅”“愛”也应为同字。《说文》将“愛”形体中的“夂”解释为人行，但该部分应象人全身之形。㤅十下依《说文》训“惠也”，认为其声符是“旡”，但二字读音不合。旡八下象人扭头张口之形，人用餐完毕谓之旣（既）五下，饱餐者胃气自口而出谓之“嘅”，其姿势似长叹之貌，故谓之“慨”。“㤅”从“旡”，表示人回首顾盼，其内心当满怀依依不舍之情，字形遂作“愛”。在日语中，“愛”可训读为“かなし”，既可指可爱，又可指可怜。

少女晾织布，多摩川滨；为何越看，越是爱煞人（かなしき）。[1]　《万叶集》十四·三三七三

临别曾祝福，竟成白云；升腾飘散去，闻之痛煞人（かなしき）。[2]　《万叶集》十七·三九五八

---

①《万叶集》，赵乐甡译，译林出版社，2002年版，页620。
②《万叶集》，赵乐甡译，译林出版社，2002年版，页718。

便是其用例。在中国，这种情感被分化为“爱”与“哀”。

哀二上，《说文》曰：“闵也。从口，衣声。”笔者认为，“哀”的字形象在衣襟处放置祝咒之器“ㅂ”，应指死丧仪式。“眔”象眼睛流泪之形，将其置于衣襟处则为“褱”，可表懷（怀）抱之义。“工”“ㅂ”均为祝咒器具，将其置于衣襟处则为“襄”，即“禳”之初文。为死者复生而祈愿，在衣襟之上添加象玉石之形的“目”则为“睘”，可以表示還（还）魂之义。在衣襟之上添加“止”则为“袁”，表示为遠（远）行之人祈福。

“旡”的字形文象人回首叹息，欠八下则象面朝前方者张口倾诉。“吹”“歌”“歐”诸字均表示人面对祝咒之器发出声音，从而有所祈求。天气干旱谓之“暵”，菜蔬歉收谓之“饉（馑）”，在此类灾情爆发时加以祈祷谓之“歎（叹）”，其字形亦作“嘆”。“叹”的造字理据反映了古代残酷的天灾，后人遗忘了，遂有“叹赏”一语，表示赞叹称赏之义。

人生在世，注定要与喜怒哀乐为伴。但值得注意的是，几乎没有古代汉字可以表示愤怒之义。即便是古人，也定然知晓愤怒为何物，然而“忿”“憤（愤）”“怒”“呶”“愾（忾）”“嚇”等字均属形声，其中表示拟声词的汉字甚多。时人究竟如何发泄怒气？莫非与今人一样忍气吞声？在古代，愤怒是神明、上帝所拥有的特权。唯有神明才能对政治发火。《诗经·大雅·板》谓神怒为“上帝板板”，地上因之生灵涂炭。末章曰：“敬天之怒，无敢戏豫。”便是对当时为政者的规劝。时人抒发愤懑之情，或以天神为媒介，或将死者塑造为怨灵。“嗔”“瞋”均可指愤怒，《说文》将二字判断为形声，但笔者则认为二字均从“眞”。“眞”的字形象被顛（颠）倒塡（填）埋的死者，受到如此不公正对待而含冤离世，其死灵必定嗔怒。在中国古人的思想中，怨灵信仰根深蒂固。

人体文字

人类语言始于肢体语言，能够反映人体行为与姿态的文字数量极多。汉字的一大特征在于：能够充分描写丰富的人体形象，同时妥善地运用抽象思维能力赋予其外在形体。与人体相关的甲骨文中，约有四百个“人”形，约有二百个“大”形，象人体跪坐之形的约有二百个，象女子之形的约有二百个，从“又（手）”的字形约有六百个，字形由“止（足）”参与构成的约有二百五十个，此外，与“子”“目”“自”“耳”相关的甲骨文合计二百五十余个，总计已超过两千个。目前所有的甲骨文字形约有八千余个，其中与人体相关的字形比重已超总数的四分之一，这足以反映古人造字的重心所在。虽说在两千余个与人体相关的甲骨文中，有相当多的字形都是同一个汉字的不同写法，但那些与人体无关的甲骨文中也不乏同字异构的情况。总而言之，在当时所有的汉字之中，约有四分之一带有与人类身体相关的要素。

在反映人体行为或姿态的文字中，有不少形体都是由那些与人体无关的字形参与构成。如此妥当地将不同类别的字形组构为会意字，是汉字构造上的一大重要特征。古人将具备造字能力的基础构件尽可能地简化为线条，通过对文字构件的统合，进一步表现出思维层面的结合、分化或限定等不同观念，汉字因此得以通过自身形体反映多样的意义。举例而言，人八上象人体侧身之形。在人体后方增添象手之形的“又”则构成及三下，该字形表示人从背后被追及之义。被人追赶时的紧迫心情谓急十下。“急”是由“及”和“心”构成的会意字。为了表示人踮脚之貌，古人在“人”的基础上添加象足之形的“止”，从而构成企八上。《说文》曰：“企，举踵也。”引申则有企及、企盼诸义。在古代日语中，脚踝为“くは”，“翹（翘）”的古训便是“くはたつ”，后人以“くはだつ”表示企划之义，正与“企”在汉语中的用法如出一辙，二者的语义对应非常完整。怀抱婴儿谓之保八上。“保”是一种带有让婴儿接受先祖之灵意味的仪式。在其字形中，“人”并非用于限定的构件，而是指明该行为的施事者。攸三下的字形表示人用水清洗己身，加以修祓。清洗这一行为谓之絛（条）六上或滌（涤）十一上。经历修祓仪式后澄澈的心灵谓之悠十下。参与构字的每个构件都发挥着会意的功效。佩戴在腰部的服饰谓之佩八上，其字形右侧的部分象腰带上佩有丝巾七下垂饰之形，帶（带）七下即象腰带垂巾之形的象形字。用手擦拭佩戴的丝巾谓之帥（帅）七下。《说文》曰：“帥，佩巾也。……帥或从兑。又音稅（税）。”表示佩巾的“帥”与表示元帅的“帥”本非一字。在身上佩戴玉串谓之倗八上，即“朋”之初文。二人相并为从八上，若其朝向右侧则为“比”，若遵照道路前行则为從[①]八上。两人并排而立谓之幷（并）八上，相背而立谓之北（背）八上。三人并行谓之衆（众）八上。

① “從”今简化为“从”，在《说文》中另有“从”字。——编者

身八上象人体腹部隆起之形，《说文》训其为“躳也”，然而《诗经·大雅·大明》中有“大任（周文王之母）有身（孕）”，毛亨传曰：“身，重也。”郑玄笺曰：“重，谓怀孕也。”中国古代谓怀孕为“身重”。孕十四下的字形表示腹中有子，象形字包九上亦象人腹中怀有胎儿之形。所谓殷八上，是周人对其的称呼，其字形由“身”“攴”构成。《说文》曰：“殷，作乐之盛曰殷。”许慎认为“殷”表示殷盛丰富之义。若以字形为依据，可知“殷”表示敲打怀孕之身，与“作乐”无关。《诗经·召南·殷其雷》以“殷”指雷声轰鸣。此外，古代还有“朱殷（赤黑）”“慇痛（哀痛）”诸语，这些用法都与“殷”的形体息息相关。“殷”的字形最初可能表示某种类型的咒术仪式。

二人相向谓之卬八上，若是在道路上面向他人则谓之迎二下。将“大”的形体上下颠倒则为屰三上，逆二下从“屰”，其字形表示与迎面而来之人相逆。若两人位置上下堆叠，在下者须面朝上方，谓之仰八上，在上者须面朝下方，谓之抑十二上。两人一上一下，翻转反复，亦谓之“颠覆”。《诗经·邶风·谷风》极言弃妇之苦，其中记有“及尔颠覆”。“颠覆”，依闻一多的观点当为男女床笫之事。①

印九上表示人用手从上向下按压。《说文》以“从爪，从卩”释之，也即以手持卩，即符节。倘若将“卩”替换为“女”，则字形作“妥”，在其基础上新增“糸”则为“綏（绥）”。“印”可以

① 《诗经通义乙》：“及尔颠覆，谓床笫之事。《小雅·谷风》曰：‘寘予于怀’，可以互证。下文‘既生既育’，即承此言之。”（《闻一多全集·第四卷》，闻一多著，湖北人民出版社，1993年版，页84。）

表示压制、绥安诸义，毛公鼎上记有“印卲皇天”，曾伯霥簠上记有“印燮繁汤（地名）”。古时称奴隶为“奚奴”，在奚十下的字形中亦有从上而下的手，被手压制者发型特殊，由此推测，“奚”或与“奴”表示相同的含义。

古代东部的族群谓之夷十下。在甲骨卜辞与金文中，“夷”的形体象人略微弯腰之形。“夷”的字形虽与尸八上颇为相似，但后者却是象人尸之形的象形字。此外，“尸”也可以指祭祀时替代被供奉者的主祭之人。后世以“子”指称十二支中的第一支，其古文形体应象人的头颅之形，可能正是对主祭者正面形象的反映。在“子”古文形体的基础上新增腿脚则为“嬰”，若指谷神则其形作“稷”。在古代，先民以“子”作“巳”，用来指称十二地支中的第六支。“夷”是后起字，《说文》曰：“夷，平也。从大，从弓。东方之人也。”若以金文字形为依据，则“夷”的形体象被丝线缠绕的箭矢之形。由此可知，“人”“尸”“夷”虽然俱象人体侧身之形，但三者之间确实存在着细微的差别。主祭者“尸”将腰身倚靠于案几之上谓之尻十四上，其臀部之肉谓之屍（臀）八上。

卪九上[①]象踞坐之人的侧身之形。《说文》训“卪”为“瑞信也”，也即玉制符节。其字形可以视作竹节或骨节之形，但主要还是人跪坐之形。人跪坐而聆听神意谓之“令”“命”。举行飨宴仪式时，人跪坐于皀（簋）前谓之“卽（即）”，若跪坐于簋之左右两侧则谓之鄉（乡）六下，“饗（飨）”“嚮（向）”均从“鄉”。参加飨宴仪式的人谓之卿（卿）九上。“卿”“鄉”最初字形相同。为

① 白川静原书均遵从日本的汉字字形，写作“卩”，汉译本则遵从《说文解字》的字形，写作“卪”，但两字实为一字。

了盟誓而举行会面谓之“卿（佮）”。在仪式的举行过程中，跪坐而招迎神明之人谓之卲九上，跪拜祝咒器具、祓禳灾厄谓之“御”，参加饮酒仪式的人谓之“配”，前往用餐之人谓之“即”。此外，城邑中人谓之“邑”，用双手叩拜之人谓之丞三上，向神明进献舞蹈谓之“巽”，罪辟加身者谓之“辟”。尽管在造字之初，上述诸字均从“卩”，但随着时间的推移，诸字形体中的“卩”多已发生形变。

“卩”象人跪坐之形，其背后再添加一个人则谓之色九上。兽类牡牝相交谓之尾八下、屬八下、蜀，亦是同理。犯十上的字形表示人在野兽的背后施暴，《祝词·大祓词》列举有“犯畜罪”，正是此类。尼八上，《说文》曰：“从后近之。”认为该字从“尸”、“匕”声，然而其形体应与“色”近似，因而可表亲昵之义。后世以“尼”称女性佛徒，当属选字最为失当的例子。此外，《说文》还收录有㞋八上，训“柔皮也”。其字形表示人在尸体的背后拖拽。后世谓羞愧为“羞赧”，其中赧十下从“㞋”，或是对古人以此举为耻的反映。

《诗经·陈风·衡门》中有“栖迟”一语，后世不少学者认为该诗塑造了安贫乐道的隐者形象，但若以古代诗歌产生的时代背景为依据，可知当时并无所谓的隐逸生活。贵族生活在规制森严的内部盟约中，而农民均束缚于土地，绝无摆脱的可能性。对于当时的人而言，除逃亡以外没有其他方法可以脱离共同体的桎梏。对时人而言，背弃耕地之人与盗贼等群不逞之徒无异。《衡门》首章诗曰：

衡门（横木为门）之下，可以栖迟。泌（泉名）之洋

> 洋，可以乐饥。

有人以“可以乐饥”作为贤者退隐之证，然而此处的“乐”应为“瘰（疗）”，亦有他本作“療”，表示治愈疾病之义。民谣谓欲求不满为“饥渴”。因此，《衡门》所描述的应是男女在隐秘处谈情说爱。第二章诗曰：

> 岂其食鱼，必河之鲂（鱼名）？岂其取妻，必齐之姜？

第三章重章叠唱道：“岂其食鱼，必河之鲤？岂其取妻，必宋之子？”后两章所讲述的是：无论女子出自齐国的姜家还是宋国的子家，主人公都不放在心上，正如吃鱼时并不在意其类别一般。如前文所言，鱼曾被视为是女性的象征，此处正是以钓鱼比喻婚姻。与多数其他情诗相比，本诗所刻画的男主人公既不得体，又有失礼貌，与退隐的贤者形象风马牛不相及。

《诗经·小雅·北山》亦有“栖迟”一语。该诗就时势有感而发，对某些骄奢淫逸者予以强烈批判。作者以“我从事独贤”极言自身勤于王事，强烈谴责了某些“栖迟偃仰”之徒。“偃仰”，与前文所述“颠覆”相同。如此推断，“栖迟”或与其语义相近，毛传曰：“栖迟，游息也。”然而栖迟并非高雅的游玩活动。遲（迟）二下，《说文》曰：“徐行也。”认为该字为形声字。犀二上是一角牛，即犀牛，然而“遲”在汉朝亦作“尸”“尼”，该字或继承“尼”之声义。在汉以后的作品中，“栖迟”一语仍能见到，而且是用来形容高尚隐逸者的生活，但从这类诗篇的解释来看，指的却是遮人眼目的一种游戏。后世诗人几乎全部采用了此类误用，这只令人感到困惑。

大十下，象人的正面之形。《说文》曰："天大，地大，人亦大。故大象人形。"《老子》第二十五章曰："天大，地大，人亦大。"《说文》解释该字时当借鉴老子，但"大"无疑是象成人之形的象形字。亦十下的字形表示成人的两腋。《说文》虽训夾（夹）十下为"盗窃怀物也"[①]，以形体为依据，可知"大"的两肋之下为二"人"之形。赤十下的字形由"大""火"构成。《周礼·秋官》设有"赤犮氏"一职，负责将蜃贝烧制成白灰，凭之袚清农耕场所。古代存在焚巫祈雨的古俗，是谓之"𦰩"，其字形表示在双手被捆缚的巫职人员头上放置"ㅂ"并焚烧之。

以凝然之态久立不动者，乃是因左右为难而迟疑不决。甲骨卜辞及金文中有"𠤕"，其字形表示持杖者左顾右盼。"疑"于《说文》作𠤕八上，训"未定也"。许慎认为该字读作"矣"，其形体左半部分"𠂤"为"矢"之古文。关于"𠤕"与"疑"的异同问题，学界历来众说纷纭，笔者认为，"𠤕"当为初文，"疑""凝"诸字由其而生。后人误将"𠤕"的字形释作"𠂤"。"𠤕"的字形与"愛（爱）"相似，二字形体均是对人内心迷茫的反映。

人头谓之天一上。《说文》曰："天，颠也。至高无上。从一、大。"然而在古文字形中，"天"最上方的部分并非"一"，而是象人头之形的"口"或"○"，人顶为"顚"，正如山顶为巓（巅）九上。《山海经·海外西经》记有"刑天神"，该神曾与天帝争斗，败北后

①《说文》训"夾"为"持也"，训"夾"为"盗窃怀物也"。白川静或误将"夾""夾"视为一字。

遭斩，葬于常羊之山。刑天所遭受的刑罚当为凿颠之刑，由此可知，“天”指人的头部。以“天”指天空，当是由头顶引申。甲骨卜辞中有“天邑商”，将自己的国都美称作天帝神都，可见当时已经存在以“天”指上天的用法。随着殷周朝代更迭，殷人所信奉的那种拥有人格神的天失去了地位，让位给了周人的非人格的天，由此产生了天的思想。周初有大盂鼎，其上记有：

> 丕显文王，受天有大命。

便是对这种天命思想的记述。

央五下，《说文》曰：“中央也。……一曰久也。”秦人修筑未央宫，其瓦当上刻有“长乐未央”，当视为一种吉祥语。然而，“央”的字形应象人遭斩首之形，或是殃四下之初文。遭斩者的侧面之形即“方”，其字形象将尸首悬挂于木架之上。即便罪不及死，犯人也须承受剔发之刑，是谓之而九下。《说文》曰：“而，颊毛也。象毛之形。”《说文》又收录有耏九下，曰：“罪不至髡也。”许慎将“耐”释作其重文。古时作奸犯科者不许束发，他们会被强制剃光毛发，成为奴隶，汉朝称其为“城旦舂”。罪犯会被强制从事劳役，参加版筑筑墙等工作。

金文中有“叐”，如前文所述，其字形应表示剃发的巫祝举行祈雨仪式。“叐”与需十一下表示相同的意象。儒八上即从“需”，其本义亦由此产生。儒士当穿戴儒衣、儒冠，据《墨子·非儒》及其他战国时期文献记载，该群体身着特殊服装当源自古代巫祝群体的习俗。商汤曾在桑林中的社前祈雨，不惜剪发断爪，亲自成为牺牲，这是一种与焚巫类似的古俗。“儒”含柔弱、侏儒诸义，或是巫祝群体所拥有的特征使然。孔子所创立的儒家思想，最初应起于巫祝传统。

由女十二下参与构成的汉字前文已多有涉及，如“女”“母”“每”“妻”“毒”“若”“如”诸字，以及其他与婚嫁相关的诸汉字。此处将从古俗的角度切入，稍作补充。威十二下，《说文》训“姑也”，引《汉律》“妇告威姑”释之，然而其字形与婆婆欺负媳妇并无关联。金文中有“皇考（父）威仪”“淑威仪”“威忌”诸语，“威”表示对神意的尊奉。安徽寿县出土有蔡侯盘，其上记有“威仪游游”，其中“威”的字形便从“妥”，表示女性手持圣器、举行修袚仪式，其姿容之庄严，可谓“威仪”。古人多以“威”指称天威，如“天降疾威”便是其例。古人相信，自称权威乃是冒犯天威的僭越之行。

姿十二下，《说文》曰：“态也。”许慎将“次”判断为声符，但“次”的字形象人张口感叹之形，因此“姿”应形容女子亭亭玉立（立ちしなふ）之貌。

> 君姿亭亭立（立ちしなふ君），岂能忘怀；此生此世，可恋慕，将君爱。[①] 《万叶集》二十·四四四一

红颜玉立，其叹息之姿容引人怜爱。婉十二下，《说文》曰：“顺也。”将“宛”判断为声符。宛七下，《说文》曰：“屈草自覆也。从宀，夗声。”段注将“宛”解释为茅屋。夗七上，“夕”“卩”会意。《说

① 《万叶集》，赵乐甡译，译林出版社，2002年版，页845。

文》曰:“转卧也。……卧有卪也。”然而转身侧卧与符节之间难以产生关联。若依段注，从堆茅成屋的角度加以理解，或可产生美妙的联想。

风边来割草，割得是根萱，萱草多柔软，虽然不共眠。　《万叶集》十四·三四九九

便是其例。然而“夗”应与夃五下属于同一系统，“夃”的字形表示人跪坐露膝，两股丰腴。其人于浴盘中洗浴则谓之盈五上。“宛”的字形表示室中之人安详惬意，其人仪容和顺，谓之婉十二下。至于“宛转”，则与前文所述的“栖迟”“偃仰”“颠覆”相同。

妇人妒火中烧谓之妒十二下。日语称嫉妒为“妬く（やく）”，但该字在古代文献中作“妒”，或为会意字。“户”指神龛的单扇门扉，如前文所述，用手打开藏于门内的祝咒之器谓之“啓”。古人于神龛门扉前祈祷，或有女性向神明倾诉心中妒火。“嫉”“妒”的造字时间并不算早。除了女性以外，也有嫉妒心较强的男性存在。唐人李益性多猜忌，后世遂将男子疑妒妻子出轨称作“李益疾”。

嬥十二下，在日语中训读作“かがひ”[①]。《说文》曰:“嬥，直好貌。一曰娆也。”嬈（娆）十二下，“苛也。一曰扰，戏弄也”。“嬲”为“娆”之俗字。《文选·魏都赋》曰:“或明发而嬥歌，或浮泳而卒岁。”李善注曰:“嬥歌，巴（四川）土人歌也。何晏曰:‘巴子

---

① 汉字写作“嬥歌”，乃是在日本东国地区举行的一种咏歌活动。

讴歌，相引牵，连手而跳歌也。'”日本古代的歌垣文化在形式上与川蜀民歌多有相似，因而典籍中也保留有“嬥”字的相关用例。

> ……津上率往集，男女少壮人，来赴嬥歌会，舞蹈唱歌新，他向我妻问，我与他妻亲，自古不禁者，即此护山神，只今莫见怪，此事莫相嗔。① 《万叶集》九·一七五九

该诗描绘了筑波地区的嬥歌盛况，日本古代会在固定季节举行与此类似的歌垣活动。中国古代的舞雩习俗，或与之相类。诸如此类包含性解放意识的活动，其前身却是需要庄重执行的神事活动。如今，某些地区仍会举行诸如“大原杂鱼寝”之类的活动，但其性质早已发生了翻天覆地的变化。

关于医术

人固有一死。无论是老死还是病死，凡人的命运终究是以死亡为终点。既然如此，死亡令人感到恐惧的原因是什么？究其原因，或许是由于死亡无法为人类所体验。孔子的弟子子路曾向孔子询问死为何物，孔子以“未知生，焉知死”(《论语·先进》) 答之，并没有直接解释。庄子或超脱于生死之外，至今仍有“庄周梦蝶”的故事流传于世。醒后的庄周，难以区分自己与蝴蝶究竟孰为真实，孰为虚幻。除此以外，庄周与蝴蝶之间的思辨也可以

---

①《万叶集》，杨烈译，湖南人民出版社，1984年版，页360。

视作对古代转生思想的一种哲学上的改写。

死亡的可怖往往是绝对的。孔子不愿意过多地谈及生死问题，恐怕就是因为对死的思索实在太深。有志者不可不畏死。孔子卧病在床时，子路曾暗中祈祷，希望老师所患疾病能转移至他人身上。知晓此事后，孔子制止了子路的行为，并叱责道："丘之祷久矣。"（《论语·述而》）孔子究竟祈祷何物，今日已难以知晓。然而可作推测的是，死亡应该是孔子生前时常思考的一件事。

在未开化的社会中，死亡同样为人所畏惧。只不过人类会将死亡视为神明赐予的命运并顺从之。时人相信，人之所以死亡，如同触犯禁忌者自取其祸。因此，古人并不会像今人那样忌讳死亡。在金文中，"司治"可写作"尸嗣"或"死嗣"，并没有刻意避讳。对于先民而言，死亡的过程最为恐怖。无论是神祸作祟，还是因病去世，死亡始终是外力作用的结果。

古人认为，人患病的原因有二：其一是外伤所致，其二是天降神祸。因此，表示疾病的文字在形体上也相应出现了两种类型的分化。疾七下，《说文》曰："病也。从疒，矢声。"其初文字形象人腋下为箭矢所伤。在甲骨卜辞中，另有一部分字形表示人卧在床上，痛苦非常以至汗流如注，即疾病之义。

> 贞。有疾齿，惟父乙壱（报应）？　《乙编》六九〇〇
>
> 贞。疾目，惟龚（报应）？　《乙编》九六〇
>
> 贞。疾止（趾），御（祀）于妣乙？　《库方》九二

均是以"疾"表示身体疾病的用例。齿病谓之龋（齲）二下，其字

形最初由“齒（齿）”和“虫”构成。病七下，《说文》曰：“疾加也。”将其解释为疾病加重的状态。卜辞中有数例字形，其形体表示人痛苦地卧于病榻，古人相信病因皆是上天神祸。瘣七下，《说文》训“病也”，认为其声符是“鬼”，然而该字应当反映了古人视鬼神邪灵为疾病根源的观念，前文所列举的“父乙”“妣乙”诸卜辞可为佐证。古人相信，祖先神或其他神仙精怪可为凡人招致疾病。

当面对疾病时，萨满教的祭司可以发挥其最为主要的职能。在古代社会，当地方病或传染病肆虐时，人们通常如古希腊著名医生希波克拉底[①]所言，将这些疾病视作“圣病”。“圣病”不仅影响患者所在氏族的全体成员，有时甚至还会影响周边的诸氏族。因此，萨满祭司无论在氏族内外都会受到人们的尊敬。根据史禄国[②]的界定，萨满教思想“只不过是对一切正常的和病理的精神生活现象的概括”，祭司的主要职责是“如何保持卫生学的和最好的预防性能”[③]。

在驱逐病魔时，萨满祭司首先使用的道具是铃铛。藥（疗）七下，《说文》曰：“治也。”将其释为形声字，然而属于形声字的汉字应为后起的“療”。“藥”这个字，如其字形所示，表示巫职人员手摇铃铛祓除恶疾。萨满教的信徒相信，祭司身上悬挂的铃铛乃

① 希波克拉底（Hippocrates，前460—前370），古希腊医职人员。曾将医学与巫术、哲学分离，使其发展为专业学科，故而被尊奉为医学之父。

② 史禄国（Sergei Mikhailovich Shirokogorov，1887—1939），俄罗斯人类学家，1922年移居中国，1939年逝世于北京。曾对中国东北的通古斯人及满人进行了大量的研究和调查，被尊奉为俄罗斯人类学奠基者，现代人类学先驱之一。著有《北方通古斯的社会组织》等书。

③《北方通古斯的社会组织》，史禄国著，吴有刚、赵复兴、孟克译，内蒙古人民出版社，1985年版，页568。

是病魔最畏惧的。“瘵”由此转化为“治愈”的“愈”。《诗经·陈风·衡门》曰:“可以樂飢（乐饥）。”其中“樂”当用作“瘵”，表示治愈男子的饥渴内心。

“醫（医）”是由医十二下参与构成的汉字。《说文》中根据字形将“医”解释为“盛弓弩矢器也”，然而藏纳兵器之器当为“翳”。“医”的字形表示将作为祝咒之器的箭矢藏纳于神圣场所，作为举行仪式的准备工作。从“匚”的汉字多表示这一类的咒术仪式。当以箭矢为祝咒之器时，举行的咒术仪式谓之殹三下。《说文》曰:“殹，击中声也。”段玉裁注曰:“此字本义亦未见。”可知《说文》的训释未得其意。时人相信邪灵才是招致疾病的外因，“殹”的字形正表示以敲打祝咒之箭的途径祓除之。“医”之于“殹”，正如“區”之于“毆”。古人在祈祷时多以呵责或击打的方式博取神明的注意，与此类行为相关的汉字多为《说文·殳部三下》及《说文·攴部三下》所收录。金文中有“行殹”，便是用“殹”为“也”，这或许是对驱疾仪式中呵斥声的记录。也十二下，《说文》认为其象“女阴”之形，然而古时的盛水之器谓之“匜”，“也”应是象匜器之形的象形字。今有“诸侯”一语，其中侯五下的初文作“矦”。后世谓迎祥除灾仪式为“候禳”，“侯”便与其中的候八上相同，表示使用弓箭祓除污秽。由此引申，负责保护王畿免受外来侵袭之人亦可谓“侯”。古代的射礼曾是祓禳仪式中非常重要的一环。

在古时，驱逐病魔的咒术仪式均由类似于萨满祭司的巫祝主持。因此《说文·女部》收录有嫛十二下，曰:“婗也。”又收有“婗”，曰:“嫛婗也。……一曰妇人恶貌。”醫十四下,《说文》曰:“治病工也。殹，恶姿也，醫之性然。得酒而使。从酉。”一说：“殹，病声。酒，所以治病也。”无论从哪种解释来看，酒十四下在古代都被认为具有医疗效果。与其将“殹”解释为患病之人的呻吟声，不如解释作巫祝咒诵之声。由此，则将“殹”解释为恶姿、恶貌均系误解，“殹”应为恶声，其声或与在山野修行的僧侣念般若经时的咒声相仿。巫祝在驱疾仪式中正是凭借这种声音驱逐邪灵。由于驱逐疾病最初是巫的职责，“醫”初文乃作“毉”，该字未为《说文》所收录，或是脱佚的缘故。据《山海经·大荒西经》记载，灵山是百药所在之处，其上居住有十名巫师。相传十巫之一的巫彭首创医道，被后世尊奉为医祖。

先民似乎在很久以前便掌握了外科治疗的方法。畜牧民族通过食用动物，或者将其用作牺牲，自然而然积累了最初的解剖学知识，这便为外科医疗提供了原始经验。甲骨卜辞中有“刖”字，其字形由“足”和“我（刀锯）”构成（详见上卷第3页1–7）。在古代的肉刑中，辟刑是将犯人腰肉剜下，大辟则是腰斩。断臂刖足等残酷肉刑的存在，意味着古人有了进行外科切割手术的可能性。时人已经具备为野兽去阴的能力，甲骨卜辞中就存在分别为兽牲及羌人去势的卜例。在处理肿疡时，古人也可以使用针器刺疮放血。

患者康复谓之瘉（愈）七下。《说文》曰：“瘉，病瘳也。”将“俞”释作声符，然而“俞”当为“瘉”之初文。兪（俞）八下为《说文·舟部》所收录，解释为用单根树干挖制的小舟，形体中的“巜”表示水。笔者认为，“俞”的字形应表示使用针器放出患部的盡液脓血。在举行诸如此类的小手术时，先民所使用的针器是聿，其形似筆（笔），在手术过程中取出的津液即谓之盡五上。“俞”本从“余”。后世以余二上为第一人称代词，当是假借的用法。“余”为“除”之初文，其字形中形似“八”的部分表示患部为针所刺时的盡液四溢状，以盘器盛之则为“艅”。“艅”在今天的字形作“俞”。脓血既出，痛楚将大大减轻，此时的心情谓之“愉”或“愈”。后世谓奸诈为“偷薄”，许慎训愉十下为“薄也”，或是受其误导的缘故。在今天的日语中，“愉悦”指心情愉悦，“快愈”指疾病痊愈，“愉”“愈”在使用上存在区别，然而二字最初应为一字，表示患者创伤痊愈后的舒畅心情。

由“毉”至“醫”的字形变迁，反映了在这期间中国古代医学取得的显著进步。酒，起初被当作贡品，巫祝希望将其供奉神明以进入人神合一的状态。同时，巫祝在医治伤病时也会将酒当作药物使用。人类告别咒术时代后，与医疗相关的汉字在形体上也发生了相应的变化。“毉”逐渐演变为“醫”，“藥”则演变为“療”“瘳”等形声字。古代社会的祭祀、战争诸事非常频繁，在这样的环境中，经验医学取得了长足的进步。在这一点上，古代中国同古希腊情况相仿。在诗人荷马的《奥德赛》中，可见全书唯一一次对咒语止血事件的记载（一九·四五七）。尽管战争被谴责为万恶之源，但恰恰是在无数血的牺牲中，外科医学才得以生根发芽。中医之缘起，大抵也是如此。《汉书·艺文志》收录有医经七家，分别为《黄帝内经》（共十八卷，残缺）、《黄帝外经》（共三十七卷，亡佚）、《扁鹊内经》（共九卷，亡佚）、《扁鹊外经》（共十二卷，亡佚）、《白氏内经》（共三十八卷，亡佚）、《白氏外经》（共三十六卷，亡佚）、《旁篇》（共二十五卷，亡佚）。七家医经探求人体的血脉、经络、骨髓、阴阳、表里，阐述百病之本及死生之分，讲述箴石汤火及百药齐和的施救方法，换言之，便是对病理学相关问题的记载。除了探讨病理学相关问题的七家医经外，还收录有考察经方、房中等内容的十九家论述，或记述医疗实践，或探求保健强精。近年来，在马王堆三号汉墓中出土了一批简帛医书，其中包括竹简四种以及帛书《导引图》，论及脉法、针灸等事。对于研究古代医学来说，这无疑是一批十分珍贵的文献。

大约春秋晚期，医术得以摆脱巫术。据传继承了黄帝之术的扁鹊，与古希腊名医希波克拉底大抵处于相同的时代。相传扁鹊能给当地的老人或是幼儿治病，被时人尊为神医。即便神医如斯，其医术最初也曾与神明密不可分。医术与神明分离之后，司掌该项技艺的医者便成了最初的圣职。正如希波克拉底为众多医师所制定的医道规范《希波克拉底誓言》（*Hippocratic Oath*）（详见《关于古代的医术》[古い医術について]卷末）那样，医职人员需要以澄澈的内心向医神阿波罗及诸位神明庄严起誓。“让生命与医术能得无上光荣”，或许就是扁鹊与希波克拉底共同追求的毕生信仰吧。

第十二章

生命的思想

玉◉ ◎ 玉系◉

弄◎ 玨◉ 班◎

璋◎ 貝◉ ◎ 嬰◎

12-1

黄◉ ◎ 璜◎

揚◎

12-2

采◉ ◎ 芻◉ ◎ 拜（捧）◎

𠦪◉ ◎

12-3

衣◉ ◎ 衣系◉ ◎ 衮◎ 裏◎ [illegible]◉ ◎

12-6

丑◉ ◎ 終◉ ◎ 純◎

12-5

見◉ ◎ 見系◉ ◎

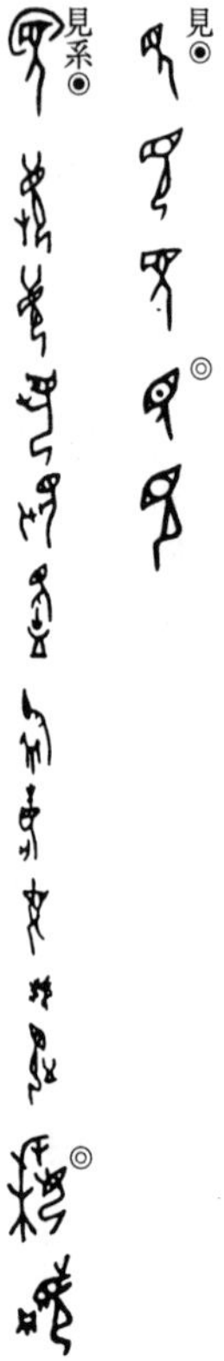

12-4

12–7

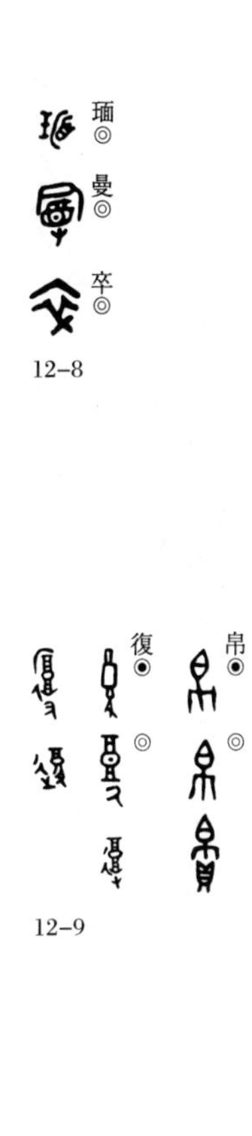

12–8

12–9

死
尽
尸

12–10

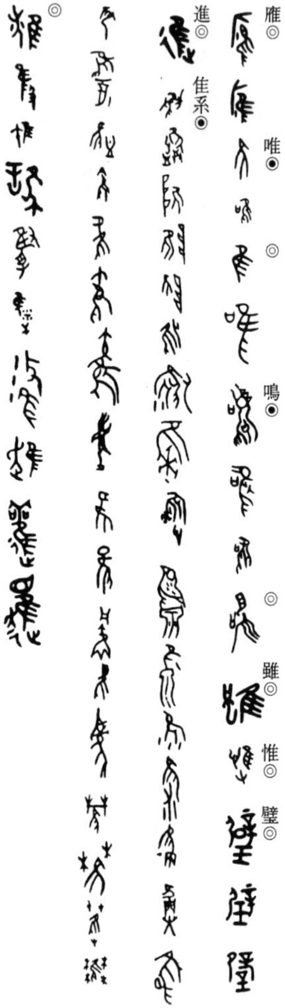

雁 唯 鳴 雞 惟 璧

進 隹系

12-15

旧

12-13

奪 奮 莫 散

12-14

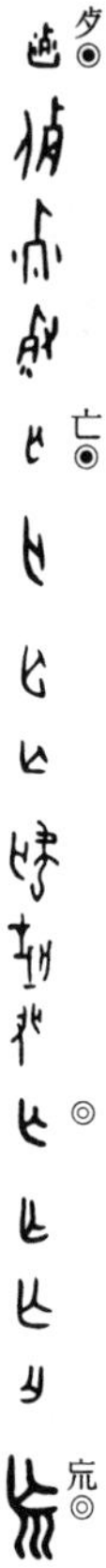

夕 亡 宂

12-11

難

12-12

趩◎

冀◎

12–18

方相氏◉

禺◎

12–19

化◉

◎

県◎

首◎

12–20

鬼◉

◎

由◎

鬼系◉

◎

12–17

畏◉

◎

異◉

◎

鳥系◉

◎

12–16

表示将「人」迁移过程的字形◉

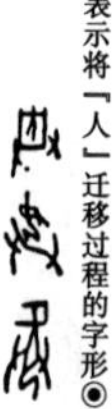

12-21

具◉

◎

12-22

寄物陈思

在《万叶集》的分章之法中，和“正述心绪”“譬喻歌”在一起的，就是所谓“寄物陈思”的一类。成书更早的《人麻吕歌集》亦采用此分类法，由是可见，古人对于这种分类的尝试由来已久。可以推测，这大体相当于《诗·序》中的赋、比、兴。所谓“兴”，包含有一种联想的、表现的巫祝之术的特点。《万叶集》的卷十一、卷十二亦题作《古今相闻往来歌类》(上、下)，这两卷中收录了颇多“寄物陈思”之歌，其寄物的对象，则几乎遍及自然和人事之种种。卷十一收录有“寄物陈思”一百三十六首，卷十二收录有“寄物陈思”七十九首。从整个歌数来看，卷十一共五百七十四首，卷十二共一百五十三首。将这些诗歌和中国的诗篇置于一处，对古代诗歌的联想之法稍作考察，便可发掘出诸多饶有深意的话题。

物二上在《说文》中训释为“万物也”，“天地之数起于牵牛”，单就字说而言，并没有什么意义。虽然这个字的声符是“勿”，但在甲骨文中，其字形并不从“勿”，而是以耒拨动土地之形，换言之即从犁牛的“犁”。与之相比，甲骨文中用作否定词的“勿”还存在些许区别，其字以弓的形体为主，可能表示以弹动弓弦来驱除邪气之义。金文的“勿”字酷似甲骨文的“物”字之形，乃是用以表示勿、无之义的假借字。《说文》的勿九下字下有“州里所建旗。象其柄，有三游”，表示树立旗帜，并且吹动它，换言之即将其理解为杂帛之形。旗游之上，绘有龟蛇熊罴等动物的姿态，乃是一种祝咒的绘饰。此外，也有一种用羽毛做成的，用作祝咒之物的羽旞。勿也好，旞也好，都是在外行动之时，绘于旗帜之上的祝咒绘饰。在这上面标识出一种拥有巫力的形象时，就是所谓的物。《左传·定公十年》曰：“叔孙氏之甲有物。”便是表示该义的用例。就像前文谈周鼎的时候所引的那句话那样，“远方图物，贡金九牧，铸鼎象物，百物而为之备，使民知神奸”(《左传·宣公三年》)，鼎上便有神怪之像。日本亦是如此，“物”（もの）被认为是有灵的存在。《万叶集》中就有将鬼唤作“もの”的例子，所谓“识物之人”，便是进行占卜之人。换言之，所谓“寄物”，便是对这般有灵之物进行歌咏，与之进行交涉，这是其原义，而绝非简单的寄托兴致。如前所述，“兴”是唤醒地灵之义（第八章）。

例如，人们在论及玉一上时，多将其视为灵力的根源。颁赐玉，即“颁赐灵魂”。玉的信仰，同灵的观念是结合在一起的。俘（保的初形）这个字，就展现出了婴孩降生时进行的受灵仪式。婴孩降生，为了使之持续保有灵力而赠其玉器，即谓弄三上。两玉为珏，颁赐宝玉则为班一上。《诗经》中有歌咏新室的《小雅·斯干》，从中可见对刚刚降生的男婴要“载弄之璋”，由此可知，所谓“玩弄”，便是这种祝咒之器。此外，古人还将贝六下和玉系于头部，

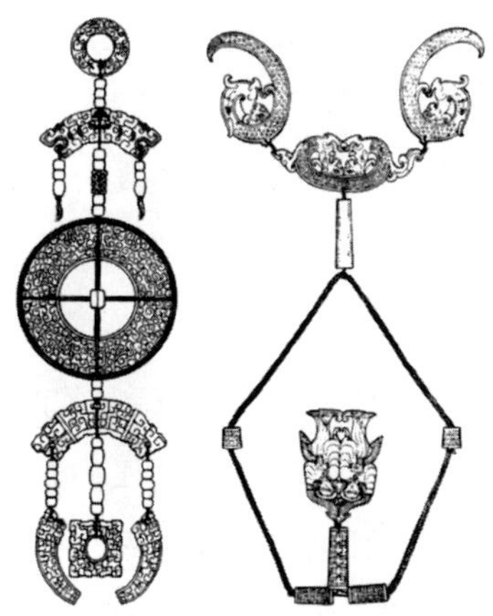

佩玉图

右为洛阳金村出土佩玉的复原图。左为辉县出土佩玉的复原图。两者均为战国时期之物，可由此一窥佩玉的古制。左图的佩玉之形和“黄”字大体一致。右图据梅原末治《洛阳金村古墓聚英》，左图据郭宝钧《古玉新诠》。

将其视为祝咒之具。婴十二下，《说文》曰：“颈饰也。”从冠往下，系联的东西则称作缨十三上。婴这个字，如其字形所示，是女子所用之物，《荀子·富国》曰“处女婴宝珠”，由此看来，用的是贝或者玉。这便是玉的绪。

> 丝线穿珠玉，丝丝相结连，从今相见后，后会恐无缘。①　《万叶集》四·七六三

如此语所示，将玉的绪结在一起，是对生命的繁盛和幸福予以祝福。含有这种祝福的意味，古代恋歌之中屡屡能见到授受宝

①《万叶集》，杨烈译，湖南人民出版社，1984年版，页165。

玉的场景。《诗经·卫风·木瓜》中即歌咏道：

投我以木瓜，报之以琼琚。匪报也，永以为好也。

投掷果物，原本是为灵魂注入活力的行为，百姓在歌垣中以该行为表达求爱之义。与之相对，则将身上佩戴的宝玉投掷给对方，表示将自己的灵魂交付于他的意思。佩玉，称作黄十三下。《说文》将其解释为地之色，然而这个字原本是佩玉的象形，其繁文为璜。如果玉失去了光彩，生命也就会随之衰退，由此呈现出离别之悲。有歌如下：

朝影瘦而长，我身成此影，为君在远行，仿佛梦中景。[①] 《万叶集》十一·二三九四

（朝かばにわが身はなりぬ玉かぎるほのかにみえて去にし子ゆゑに）

表示玉放微光的状态的字应为昜，傷（伤）、殤（殇）等字从之。由于没有古字形，故而很难确切地对此下断言，但是这个字当表示玉光微弱的样子。因此，陽十四下、揚十三上等字均从此字。昜则是在此之上加了一个盖子之形，这就和在社上盖屋是一个道理，乃是为了遮挡日光，让玉的光徐徐显露出来，换言之便是“玉かぎる”（玉放出微光）的状态。傷八上，《说文》解作“创也”，原

①《万叶集》，杨烈译，湖南人民出版社，1984年版，页456。

本是弓矢造成的创伤之义，可见自古以来便有用箭头致伤之事。殤四下，表示夭折而亡，也可以用来指战死者这类死于非命的人。《楚辞·九歌》有《国殇》一篇，是追悼战死者的挽歌。虽然“玉きはる”（玉光彩暗淡）这个意思并不明确，但是如：

若欲径相逢，祈求自益恭，此生凭命运，我恋恐难容。[①]《万叶集》四·六七八

（直にあひて見てばのみこそ玉きはる命に向ふわが戀やまめ）

所示，玉的光辉预示着生命的消长，这样一种古代的观念是无从置疑的。

草木的繁盛会如实地展示出自然的生命力，生命的思想就是以草木为象征的。此外，曾有一种信仰认为，触摸草木，或者仅仅是见到草木绿油油的姿态，就可以将这种生命力化为己有。生、产、世等等，其表象便原原本本地呈现出了这种生命。《万叶集》中多能见到因摘折草木而起的诗歌，其源头便是这种振魂的行为，可以大体上按照这个意思来行事或者歌吟。

我来春野外，采堇染衣常，野景堪留恋，终宵在徜徉。[②]《万叶集》八·一四二四

①《万叶集》，杨烈译，湖南人民出版社，1984年版，页152。

② 同上，页289。

这是一首所谓赤人[①]的歌，决不能简单地认为是一首歌咏沉溺于自然风光的作品。

> 欲从明日起，标野采春来，昨日同今日，谁知雪降哉。[②] 《万叶集》八·一四二七

也是如此，是上面所谓赤人的一连串的和歌之一。这里场所也定下来了，时间也定下来了，换言之是在与神约好之后，采摘野草。其约定的目的，就是振魂，或者以达成某些特定的愿望为条件。采摘这一动作，自古以来便是采六上和匊（㔾）一下。《诗经·小雅·采绿》乃是贵族社会之歌，但也保有相同的习俗。其首章曰：

> 终朝采绿，不盈一匊。予发曲局，薄言归沐。

第二章中则是“五日为期，六日不詹”。这是在与神约定好之后采摘野草。这里说的是，为了达成愿望，头发蜷曲着就来了。倘若头发干了，就意味着振魂失败，生命力枯竭。

拜可以表示这种摘草状态。“拜”的初文是“𢷎”十二上，《说文》曰“首至地也”，𠦬音忽。该注音或为后人所加。此外，𠦬究竟是何物之形，《说文》并未谈及。吴大澂《字说》中认为是華（华）字之形，𢷎便是拔除華之形，换言之，拜这个字表示的便是

① 山部赤人，奈良时代歌人，生卒年不明，以对自然景致的精湛描摹而知名。

②《万叶集》，杨烈译，湖南人民出版社，1984年版，页290。

这一姿势。《诗经·召南·甘棠》曰：

> 蔽芾甘棠，勿剪勿拜，召伯所说。

召伯曾在这棵生机茂盛的甘棠树下，倾听民众诉苦，公平裁决争端，这首诗歌颂的便是召伯之德。其中，“说”这一动作可能包含某些特殊的意思。如《字说》所言，“拜”是一个表示拔草姿势的字，而且这个“拜”字，在金文中作“捧”之形，抑或作䰏之形。䰏是对已经拔除的花草进行拜，如果区别开讲，可以说，“捧”乃是拔草的象形，䰏则是拜的意思。对已经摘出的花草进行拜这一动作，无疑是具有振魂意味的。《诗经·周南·卷耳》曰：

> 采采卷耳，不盈顷筐。嗟我怀人，寘彼周行。

这位正在感怀他人的人，正站在周行，也即东西的交通大路上。这位女性虽然为了振魂而去摘草，然而想要装满自己的箩筐却并不容易。最终时间结束，便将这箩筐放到能连通自己所怀之人的大道上，这是一种感染式的祝咒行为。由此，振魂的行为，便能够借由这条大道，传导到那人的身上吧。

桒十下也用作祭祀名。《说文》训作“疾也”，周初的盂爵有“王初桒于成周”，献侯鼎有“唯成王大桒、在宗周”，可能是以青草为贡品的祭祀。桒便表示这个时候的祭祀仪礼。与此字形相类似的有親八下这个字。这个字之所以有亲近之义，便是因为其祭祀的对象是和自己有亲缘关系之人吧。親之于䰏，便如桒之于拜。

亲即新，是入山仪式时将做过记号的树枝取下来，作为献祭于神的薪木。新，是被刻下记号的树枝。取下这样的树枝，献祭于神，便是薪。《诗经》中，祭祀和结婚的诗歌中，歌咏采薪之俗的作品实在太多。怀人之时，砍伐幼枝的情况也曾经存在。《诗经·周南·汝坟》曰：

> 遵彼汝坟，伐其条肄。既见君子，不我遐弃。

遐弃，便是远远地抛弃。这首歌唱的是采薪的祝咒成功之后，无限的欢欣。

“初柴”是投掷入山川的流水中，施行水占。人们认为，柴木如果不被岩石阻碍，顺流而下，那么祝咒就会实现。《诗经·唐风·扬之水》曰：“扬之水，白石皓皓。”水底的石头都能看得清楚，意味着初柴被湍急的河流带走。如此便可歌吟出下句，即“既见君子，云何其忧”。这便是水占。日本古代也曾经存在这种古俗，人们将菜或柴放入流水，施行水占。

> 上河洗嫩菜，菜向下河流，妹在水流处，菜来托妹收。[①] 《万叶集》十一·二八三八

这固然是寄托于草的寄物陈思之歌，但较之于此，这首和歌更展现了采摘幼菜作为民俗的这一面。

①《万叶集》，杨烈译，湖南人民出版社，1984年版，页511。

除了采摘草和薪木之外，看草木茂盛之貌，同样可以是具有振魂意味的祝咒行为。《诗经·卫风·淇奥》曰："瞻彼淇奥，绿竹猗猗。"便是向身为领主的君子进行祝颂之辞。《诗经·小雅·瞻彼洛矣》是一首吟诵奔赴战争一事的作品，其首章"瞻彼洛矣，维水泱泱"，便歌吟了水势之盛。《万叶集》中被认为是"叙景"一类的作品也有很多，特别是在强调这一点的时候，会被形容为"見れど飽かぬ"（看不厌）。

京洛大官人，青丝柳色新，但观垂柳色，艳羡意无垠。[①]　《万叶集》十·一八五二

（ももしきの大宮人蘰ける垂柳は見れど飽かぬかも）

吉野川流水，虽看欲足难，河苔长不绝，去后又来看。[②]　《万叶集》一·三七

（見れど飽かぬ吉野の河の常滑の絶ゆることなくまたかへり見む）

这两首均是祝颂之歌。瞻四上，"临视也"，此外也作"仰视也"，换言之"反复地看"，与日语中的"見れど飽かぬ"大体相当。而这个"看"的对象，则遍及所有包含有生命力的事物。

見（见）八下，在该字的形体中，目的形象作为一种象征，被刻意放大，这是为了强调看这一动作本身的祝咒功能。像这样明示

①《万叶集》，杨烈译，湖南人民出版社，1984年版，页380。

② 同上，页11。

这种祝咒行为的字还包括䙺、䙷等。䙺八下,《说文》曰:“择也。”《诗经·周南·关雎》曰:“左右芼之。”《玉篇》中作“左右䙺之”。这个字表示选择给神的供物之义,然而和親、䫄一样,都和见这一动作相关吧。䙷字,不用说,肯定是表示观看玉的意思,和顯一样,都是一种振魂的行为。远远地望,乃是望十二下和朢八上这两个字。在过去,日语中远望同样也说“みる”。“望む”这个词毋宁说倒是和“国見”[①]这个词比较近,“国見”和中国登高饮酒的习俗比较接近。望,本来是望气这样一种祝咒行为,这本是日本古俗中所没有的。在中国,则如前所述(上卷第五章),有一种仪礼,是以眼睛的祝咒之力,对远方之人进行压制,从而获得胜利。

所谓寄物陈思,是与“径直陈述心绪”相对应,寄托于物,以物为媒介,在物之中引发联想。这是一边将物本身所具有的灵力诱发出来,一边“陈述已思”,将自己的所思作为一种祝咒,向现实世界谋求的行为。“寄物陈思”之外,《万叶集》中还有很多题为“寄于草”“咏花”的咏物和歌。卷十的杂歌和四季相闻部分,均属于这一形式。这便属于所谓的赋。赋六下,《说文》曰:“敛也。”表示赋敛之义,此外还有赋陈、颁布之义。作为一种修辞,这是咏物的文学。

《万叶集》中“見る”和“見れど飽かぬ”的对象,已经涉及了寄物陈思中寄物一类的大半了。在卷十,这以“寄于草”“咏花”的咏物形式表现出来。咏物这一行为,也是通过歌吟,来触发对象内在的生命力,从而唤起其祝咒之灵。历来被视为辞赋文学中

① “国見”,日语词,表示古代天皇登高,巡视百姓和山川。

的都邑、山川、游猎等赋的本质的，是对地灵的咒诵之辞。《楚辞·九歌》中《橘颂》一篇，便是歌颂应时结果的橘的美德，其本质乃是赋。然而，这一篇和寄物陈思一样，也是唤醒橘内在的生命，以期达到振魂效果的作品。

> 橘树实花叶，同枝并茂香，秋霜虽下降，绿叶总经常。[①] 《万叶集》六·一〇〇九

此歌作于橘氏赐姓之时，原本也包含予祝之意。在古代文学中，赋也罢，兴也罢，在很多情况下，都是面对一种有灵而存在的物，对其进行歌吟，从而唤起其蕴含的灵力。

物可以被视为生命的象征，与之类似，人的行为也可以具有这种象征性。例如，古人相信，“结纽”这样的行为，可以将有灵之物纽结到一起。紐（纽）十三上，“系也”，“丑声”。丑十四下，是将力凝聚于指头上的手的象形，有一种强力握住的意思。男女之间的爱情纽结为一处，以前被称作“结不解”。結（结）十三上，被认为是形声字，然而“吉”这个字是将祝告封禁在戉形的圣器之中，关上圣器，并且打结封起来的意思。《源氏物语·桐壶》中有言：

> 童发今承亲手束，合欢双带绾成无？[②]
> （いときなき初元結ひに長き世を契る心は結びこめつや）

① 《万叶集》，杨烈译，湖南人民出版社，1984年版，页224。
② 《源氏物语》，紫式部著，丰子恺译，人民文学出版社，1980年版，页17。

这并非单纯是个比喻。缡、缨、绥、约等，包含该义之字多见于《说文·糸部十三上》。終（终），是将糸的最后部分打个结的形状，冬十一下是其初文。以“冬”表示季节之义当为假借的用法。純（纯）十三上，《说文》曰“丝也”，声符为“屯”。“屯”当是其初文。屯一下，《说文》曰“难也”，乃草木初生的时候，为物所压制，扭曲着的象形。然而根据金文字形，这是将糸系起来，进行装饰之形。以此作为衣服的装饰，便谓之纯，将食物聚集起来便谓之屯聚。屯与纯之间的关系，同冬与终之间的关系是一样的。金文有“恭纯”“纯佑”“纯德”等语，均用的是屯这一意思。这种糸制装饰，也是为了封印住心中纯粹的事物吧。

在《万叶集》中，男女在相约时会结纽，短暂分离的时候也会结纽，直到再次相会之前绝不解开。倘若结纽的绪端在再会前松掉，则会被视为不祥之兆。

> 相思吾妹处，纽带看将来，纽带磨成线，我从不解开。[①]
>
> 《万叶集》二十·四四〇五
>
> 难波道上去，直到归来迟，妹所缝衣纽，纽条已断时。[②]
>
> 《万叶集》二十·四四〇四

这类作品都是防人之歌。

---

①《万叶集》，杨烈译，湖南人民出版社，1984年版，页804。

② 同上，页803—804。

妹门不许过，结草作标记，风勿草吹开，我将回顾视。[①]

《万叶集》十二·三〇五六

如此诗所示，古时也曾存在结草习俗。在中国，结草有咒禁的意思，相关的故事可见于《左传·宣公十五年》。而作为爱情的象征，中国和日本一样，还是将糸、纽、带之类的东西打结。此外，倘若长久相别，则有：

相去日已远，衣带日已缓。　《古诗十九首·其一》

《诗经·卫风》中有《芄兰》一篇：

芄兰之支，童子佩觿。虽则佩觿，能不我知。

觿，乃是用于解开纽结之物。《芄兰》为女子之诗，主人公戏弄不通男女之情的男子连觿也不会用。《万叶集》中歌吟纽结之作颇多，人麻吕的：

淡路野岛崎，崎岸有风吹，妹结吾衣纽，纷纷反面披。[②]

《万叶集》三·二五一

虽然是以日常生活为背景，但仍旧彰显出极高的格调。

---

①《万叶集》，杨烈译，湖南人民出版社，1984年版，页538。

② 同上，页65。

寄托于衣

衣乃包身之物，也包纳人的灵魂。中国称之为衣裳。衣是上衣，裳是下裳。在日语中也有所区分，“きぬ”指上衣，“ころも”等于裳，也可以称作“ころもで”。衣八上，乃是一个表现上衣衣襟的象形字。赠送衣物，乃是爱情的表现。如《诗经·郑风·缁衣》中的“缁衣之宜兮，敝予又改为兮”，寄情于衣物的诗歌是很多的。

为到重逢日，能当记念资，纤纤弱手女，思乱且缝衣。[①]

《万叶集》十五·三七五三

这是狭野弟上郎女赠送给中臣宅守的一系列和歌中的一首。

古代的女子会在衣的上方搭一块领布，一直到双肩。所谓领，便是脖颈部分，领布则被认为有驱除邪灵之功。须势理姬命（スセリヒメ）的传说中能够见到的蛇、蜈蚣、蜜蜂都带着这种领布。此外还有一种“比礼衣”(《续后纪·嘉祥二年》)，则是天人的羽衣。飾（饰）七下乃是吃饭时候兜上的围巾，㕞三下则被训为“拭也”，也即“拂拭”。这些都是人戴着巾的样子，而且都是祝咒之布。《礼记·杂记》曰:“雍人拭羊。”《周礼·地官·封人》曰:“凡祭祀，饰其牛牲。”与此相同。㕞，后作刷。刷四下，《说文》曰:“刮也”,《汉书·货殖传》曰:“刷会稽之耻。”“雪”乃是其假借字。

肄，在《说文》里训作“习也”，异文作肆，此外还有一个字形，右边部分作“隶”。金文中，这个字用作“在这里”“因此”之

① 《万叶集》，杨烈译，湖南人民出版社，1984年版，页654。

义，西周中期有县改簋，其上记有“肄敢队（铸铭之义）于彝”；西周后期有大克鼎，其上记有“肄克龏保氒辟龏王”，均是其用例。文献之中用作“肆”字的情况也是有的。这一系列的字，其字形构造缺乏解释，原义尚不明确。倘若就金文字形而言，帬是“祟”的初文，乃是有祝咒功效的兽的形象。聿是以手秉巾之形，巾乃是祝咒之布。换言之，这是一种以祝咒之布来防范变为了帬的动物之灵的行为，和通过蛇、蜈蚣等物规避祸害是一个道理。其义为肆習，可以通过習、慴、摺、謵诸字看出来。在祝告的“曰”之上添饰羽毛，乃是为了加强这种祝咒的法力，肄便与此相通，由此还有了祓除灾害的意思。《诗经·大雅·皇矣》曰：“是伐是肆。”郑玄《笺》训“犯突也”，也即犯軷，出行之时碾过作为牺牲的狗的一种仪礼。肄之所以有“杀”的意思，便出自这里。

隸三下[①]，《说文》曰：“附着也。”乃是一个从“隶”、“柰”声的字，其古字形和肄一样，从帬。隶是持兽尾之形，在金文“肆”字的偏旁中便能够见到这个字。这个字有以祝咒之布来祓除灾害，或者手持兽尾，转移其祟的意思。倘若如此，则所谓隸，就是转移祸殃的意思吧。这便是罪的“附着”，也即罪隸。自古以来便有将祸殃转嫁于他处的祝咒仪式，《左传·哀公六年》，有赤乌夹日而飞，以此为卜，周的大史说：“其当王身乎，若禜之，可移于令尹。”便是谏言进行这样的祭礼。书中记录说，王不愿意将腹心之疾置诸股肱，觉得其中全无益处，故而没有采纳这一建议，之后果然招来不祥。孔子则称“丘之祷之久矣”，从而劝阻子路的诈

① 《说文》字形为“隸”。——编者

礼，正如前文所述（《论语·述而》）。

带巾则谓之巿七下。《说文》曰："韠也。上古衣蔽前而已。巿以象之。"便是这种遮在身前的布匹，又叫作蔽前、蔽膝，也用作礼节装束。金文中不乏赐予赤巿、朱巿、叔（白）巿的例子。朱巿幽黄（玉），便是将玉并置，黄乃是佩玉之形。韦部五下中能见到"韠，韍也"，便是说的巿。巿既可以用皮做成，也可以缝纫制成。黹七下，便是缝纫巿之形。㡀七下，《说文》曰"败衣也"，可见是已经破败之衣。敝七下，以"㡀"为偏旁，表达的意思相同。当这个字转而用来表示纸幣（币）、幣帛之类的东西时，往往不是那种质地良好之物。因为疲弊而亡，则称作斃。

然而，有了年头的衣服往往也是穿习惯了的衣服，反而会让人追忆起原本穿这件衣服的人。死丧之礼中，和衣相关的字有很多，如前文所述。哀，是在衣襟中添加𠙵之形；褱是洗净眔之后，加以追怀之形；襄是𠙵和工相加，表示进行禳祭之义；裹这个字，是加上了果物，实则也是一种振魂的行为。倘若祝愿其复生，则在衣襟中加一个圆形的環（环）一上，是期待他还能再睁眼，因而将他的眼睛撑开。这便是瞏四上，還二下的初文。而这个样子的玉便称作環。因为死亡是遥远的旅程，故而在上面加上"止"，便是袁八上，遠（远）二下的初文。

死者须以幎冒覆面。面九上，《说文》训作"颜前也"，并且解释道"象人面形"。要将颜前都覆盖，可见是要铺成一个平面。在金文中，有一种被称作⿰王面圭的玉器，这个"⿰王面"字便是残留的古字形。幎冒的冒七下，乃是露出双目的面衣。古人在举行死丧之礼时，会覆盖死者的全身，用以覆盖颜面的乃是幎。幎七下，《说文》

曰:“幔也。”曼三下，乃是揭开面衣，将双目呈现出来之形。《说文》训作“引也”，似乎便是出于此义。《楚辞·招魂》曰:“娥眉曼睩。”《楚辞·九章·哀郢》曰:“曼余目以流观兮。”如其所示，曼也可以用来形容眼睛与眼睛之美。在古代，妇人可能也会使用类似的面帽。幔七下，便是这种面衣。对死者，会以方形的布巾在四个角上打结，再缓缓盖上。据记载，吴王夫差不但不听伍子胥的劝谏，反而赐死了他。在即将为越国所灭时，夫差感慨道:“吾何面目以见子胥于地下！”遂在死前命令左右为自己做上幎冒。依《仪礼·士丧礼》可知，以幎冒覆面曾是一种非常常见的隔离仪礼。

死，又称卒八上。《说文》曰:“隶人给事者衣为卒。”今言“卒伍”，使用的便是该“卒”字。此外，《说文》亦曰:“衣有题识者。”题识，即染衣题识，与日本在法被上染字的行为相类似。依据《周礼·春官·司常》的注释可知，驿亭亭长身着绛衣，其衣上也有这种染字，其后，兵卒的衣物上亦印有此类文字。然而，“卒”的原义可能是死卒。据《孟子·离娄下》记载，舜“卒于鸣条”;《礼记·曲礼下》则有“寿考曰卒”“大夫曰卒”，可见这个字原本是表示死之义。《说文·歺部》收录有殌四下，训释为“大夫之死曰殌”，其声符为“卒”。殌应当是“卒”的繁文。这个字表示衣物在人的胸前部分打结之形，在笔者想来，等到人临终的时候就会将衣襟系起来吧。给结纽打结，是相别时才有的行为。卒伍的衣上有题识，当是根据汉代制度而来的说明。

给死人做衣，称为襚八上。《说文》曰:“衣死人也。”由此可见，是在人死的时候赠予之物。据《左传·定公九年》记载，齐侯曾为去世的大臣赠襚三次。由此可以推知，从死去一直到下葬之前，会举行小敛（第二天）、大敛（第三天）、殡，共行礼三次，这个时候会赠予襚。这和经帷子[①]是一类事物。此外，还有袳八上，训作“鬼衣也”，根据朱骏声的解释，苏州曾有用纸制作冥衣的民俗。也有说法认为，这是在小敛时所用的纸�。

有人推测襚和旞之间或许存在关联。旞七上，是车上带有的全羽的咒饰，也有可能装饰在旗帜、兵器之上。根据《礼记·杂记》的记载，诸侯或者公卿殁于道路的时候，会以旞进行复（招魂）之礼。襚也被称作裞，如果认为这两者之间似有些许区别，而裞和帨存在一定关联的话，那么裞指的就是佩于衣前、有装饰的巾。据《仪礼·士昏礼》记载，古人在迎妇的时候，会举行结帨之礼，表示由此进入新的生活。向死者赠予裞，可能和结帨带有同样的意思。倘若如此理解，襚是为祓除灾害而作的咒饰，裞则是为了面向新的死亡世界而作的咒饰。恐怕，这个字的原义中就带有这样的意思吧。所谓卒，便是将这一咒饰打结的字形。

“幣”“帛”二字都是形声字，被认为是赠予宾客之物。车马一类也称作幣，乃是因为其上会添附幣帛吧，日本将这类奉献于神的东西统称作“ぬさ”（幣）。《神乐·采物》中有歌曰：

我愿化身幣帛，留于神明之手，受神日夜抚摸。

便是献给神之物。襚也好，裞也好，想来都是与这种幣比较接近的事物。日本的“ぬさ”是将木棉、麻，或者是纸之类，斩断再

① 经帷子，又称经衣、经帷衣、曳覆曼荼罗。为死者所穿之净衣。在衣上书写经文、陀罗尼或佛名，即使罪孽深重者，亦可以得到解脱。此一风气曾流行于日本。

帛画：马王堆第一号墓棺衣

棺材的盖板上所覆衣状的帛画。上段描绘天上的世界。入口处有两豹，当是《楚辞·招魂》中所谓的“虎豹九关”。上右为太阳中的鸟，左为月中的蟾蜍。中段恐怕是葬者生前的姿态。下部描绘的被认为是幽冥之界，其中强调的枭鸟、怪兽的姿态，在棺侧的漆画中也能见到。这幅图描绘的是当时人们所认为的生死世界，不过《长沙马王堆一号汉墓》的报告者认为这幅帛画乃是为“引魂升天”而作。棺材的漆画也带有相同的意思。

串起来，奉献于神。如“吾儿仍幼稚，道路尚难明，献币黄泉使，负儿路上行”①（《万叶集》五·九〇五）所示，死亡之时，“幣”总是不可或缺。

在确认死亡之后，则会行复礼。一个人将死者的衣裳搭在右肩，登上屋顶，一边将衣裳招摇，一边呼唤三声“皋，某复”。随后将衣裳重新给死者穿上。这便是所谓招魂的仪礼，《楚辞》当中的《招魂》《大招》之类，恐怕就是在进行复礼时歌咏的内容。从这两篇的内容来看，当是楚王丧礼之时所歌吟的。在这两篇作品

①《万叶集》，杨烈译，湖南人民出版社，1984年版，页200。

中，四方边裔都充满了要妨害死者之魂的恶灵。通过这种呼喊，这一世的所有欲望都能得到满足，这对贫穷之人是能起到效果的。復（复）二下，《说文》训“往来也”，“复”为声符。夏（复）五下，则是将象粮器之形的“良”字上下颠倒，復表示复归之义。

复礼结束，丧礼完毕，剩下的唯有追忆。在想要追怀已经远去之人的时候，就只能怀抱他的衣物而有所怀念了。夏日将尽，秋日来临的时候，穿上这个人的衣服，也会回想起这个人。《诗经·邶风·绿衣》中有言：

> 绿兮衣兮，绿衣黄里。心之忧矣，曷维其已。　第一章

由首章可知，该诗为悼亡诗。如其后所言：

> 絺兮绤兮，凄其以风。我思古人，实获我心。　第三章[①]

披上麻织成的衣物，在秋风瑟瑟的寒日里，愈加思念古人。《诗经·鄘风·君子偕老》《诗经·曹风·蜉蝣》等，也是这样的悼亡诗。《君子偕老》曰：

> 君子偕老，副笄六珈。委委佗佗，如山如河，象服是宜。子之不淑，云如之何？　第一章

① 作者原文如此。——编者

与之相约偕老的夫人，笄的玉饰非常美丽，姿态端庄，礼服也与之相应，乃是十分漂亮之人。所谓不淑，即指人死。此外，如《蜉蝣》一诗：

> 蜉蝣之羽，衣裳楚楚。心之忧矣，于我归处。　第一章

该诗悼念的是一位身着楚楚白衣、沉入永夜之人，作者想要践行当初死则同穴的诺言。《君子偕老》与《蜉蝣》都是寄托于衣物的悼亡之诗。上述挽歌可谓哀切之至，然而，目前却尚无人能够解释出诗中的这一层蕴意。其原因在于，此前无人可以理解古人寄托在衣服之上的浓郁情感。这是后人在尝试诠释古代文字时，时常忘却的重要一面。

死者之书

死四下，《说文》曰“澌也”，换言之便是澌尽。真正的死，是一切都宣告终结。而这里只是生的结束，但是灵魂并不随之消亡。因此，“人所离也”。盡（尽）五上，训作“器中空也”，表示器中空空如也，是用聿形的器物将器皿涤荡干净。空余一个器皿，这便是死，这个时候的人便被称作尸八上。尸也被用来表示灵魂暂居的宿主（かたしろ），这个时候作屍八上，《说文》训为“终主”。之后则以桑木作神主，表示牌位，在这之前人们认为亡灵还停留于尸之上。

死，表示澌尽之义，倘若根据甲骨文的字形，死则是拜祭

残骨之象。恐怕这里表现的就是复葬的形式。这种所谓的屍一度要抛弃在山野中，使其风化。这便是葬一下。《说文》训“葬”为“藏也”，乃是融合音义的解释，如果从字形来看，也和“屍”一样，表示要遗弃于莽苍之间。因此，其字形从“茻”。《易·系辞传下》曰：“古之葬者，厚衣之以薪。”古代将尸体抛弃于山野之间的习俗，从《吴越春秋·勾践阴谋外传》以及《孟子·滕文公上》可以窥见。据《吴越春秋》，孝子在收亲人尸体的时候，为防范野兽群聚而食之，要携带弓箭。由此观之，“弔”乃是一个从“弓”的字。“弔”的初文为“缴”，表弔问之义乃是假借。据《孟子》可知，上古时曾存在将双亲抛尸于沟壑之间的古俗，因为尸体会为狐狸蝇蚋所食，之后才改兴了葬礼。日本也有所谓黄泉之国的故事，便是将尸体暂时抛弃在外，至今这种习俗也还是存在的，被称作鸟葬、野葬。等待尸体风化，再将残骨收殓，予以祭祀。“残”字从歺四下，“歺”是尸体象形，而所谓死，便是向歺跪拜之形。值得一提的是，抛弃尸体不过是死丧之礼的一个阶段。

甲骨文中，有一些与“囚”这一字形相关联的字。与“拘囚”的“囚”不同，从用例来看，这批字应表示死之义。可能表示将人收入棺材之中的意思吧。复葬，在礼制中留下了不小的痕迹，将尸体这样保留下来，当被视为使人死而复活的基本条件。“囚”便是卧尸的象形，“亡”是倒尸的象形。亡十二下，《说文》曰“逃也”，表逃亡之义，然而其本义乃是死亡。有、亡，是对称，可见这个“亡”表存亡之亡。《说文·川部》收录有“巟”字，训为“水广也”，音同荒。“巟”和“流”字中所包含的那个偏旁看上去相似，然而“流”表示将生下来的孩子抛弃于流水之中，“㐬”则是死者的象形，下面部分是头发之象。将尸体遗弃于荒草之中，便是荒一下。凶荒、饥馑之时常有这样的事情发生。

乏二下，《说文》未加训释，而是引《左传·宣公十五年》曰：“反正为乏。”注家多将“反正”解作“不正”之义，然而，不正之事从来都不少见，至少今天的社会事实可以证明这一点。人生世上，若坚持行于正直之道，则似乎难以实现富贵显荣。如果从那些含有“乏”这一字形的字来考量，覂七下，“反覆也”；覆七下，也作“覂也”。可见，乏即为覆。换言之，是掩埋那些因为饥馑而亡的人。将其埋入穴中，便是所谓的窆七下。《说文》曰：“葬下棺也。”认为“穴”表墓穴之义，“乏”是一个声符，但在这里，实则“乏”只能是尸体之形。将其浮于水上，就是泛十一上。泛，《说文》训作“浮也”；浮，《说文》训作“氾也”；氾，《说文》训作“滥也”，氾即泛滥之义。而泛、浮、氾，均是将人浮于流水之上冲走之形。氾表示向下冲走，“泛”和“氾”亦可理解为一对正反字。自古以来，为防范水灾而起的策略就有不少，一旦洪水泛滥，势必会呈现流尸千里的惨状。漂十一上，也训作“浮也”，表漂流。“票”的上部，表示的是死者的头部。

饥馑也会招致惨祸。饥馑荒年，百姓四处流亡，倘若死在了路上，便称之为殣四下。《说文》曰：“道中死人，人所覆也。”以“堇”为声符。然而，“暵”“饉”“難”等字均应从“堇”。《诗经·小雅·小弁》中歌唱道“行有死人，尚或墐之”。这便是所谓的道殣，这样的人会有一个小小的墓标。《周礼·秋官》中有“蜡氏”，“若有死于道路者，则令埋而置楬（墓标）焉”。因为饥馑或者战争，道路上的死者从未有过断绝。《左传·昭公三年》中有“道殣相望”之语。道殣之人，会就地掩埋，封禁其死灵。枉死之人，其死灵会变为祟。《推古纪》中有长歌：

> 片冈山上，粮米饥荒，卧倒的旅人啊。

这也被称为夷振。《万叶集》（三·四一五）中也有短歌形式的挽歌。恐怕就是为吊念道殣而唱的祝咒之歌吧。人麻吕的作品中，这类和歌更多。

> 海波来远海，到岸拥荒滩，君枕海边卧，问心安不安。[①] 《万叶集》二·二二二
>
> 羁旅草间宿，谁家一丈夫，已忘君国事，更不念家乎。[②] 《万叶集》三·四二六
>
> 可叹出云子，青春黑发多，而今漂散处，吉野满江河。[③] 《万叶集》三·四三〇

这些和歌和人麻吕的水死说相合，故而引来许多关注。

为道殣而立的墓标，称为楬六上，这是个和死灵有关的字。《说文》训“楬桀也”，以“曷”为声符。桀在这种情况下指标木，其上会署枉死者之名。《左传·昭公二年》曰：“尸诸周氏之衢，加木

① 《万叶集》，杨烈译，湖南人民出版社，1984年版，页58。
② 同上，页101。
③ 同上，页102。

焉。”这是罪状书一类的东西。曷五上，训为“何也”，表示为何之义的疑问副词，“匃”[①]声。匃[②]十二下，《说文》曰：“亡人为匃。”也可组成“匃求”一词，大多数人都认为这是亡命者向人乞食之义，然而在我看来，当是追求死灵的咒能。在此之上加一个表示祝告的“曰”，则是“曷”，表示通过祝咒之术封禁死灵之义。喝乃是其声，而这种行为则称之为遏二下。此外，将这件事奉告于神，则称之为谒。从“曷”的字，其义均从“匃”衍生而来。这是利用死灵的咒能的祝咒仪式。

死灵往往被认为有可怖的咒能。所谓断首祭枭的习俗，便是基于这样的古代灵魂观念。从“放”“敫”的诸字，如前文所述（上卷第四章），而残骨也与之相似，有一种被禁止的咒能。歺、冎四下，便是残骨之形，在这上面添加一个表示祝告的ㅂ，便是咼，也即是祸。祸、殃，这两者都是表示死者的祟。骨四下，是尚附着着肉的骨头，将骨头进行分解则是列四下。《说文》曰：“分解也。”“解”是以刀解牛角，与之相对，“列”则是分开其骨节。“歺”的上部，是头发尚存之形，表示的是断首。此外，将这些断首排列开，则称为迾二下，《说文》曰“遮也”，有“遮迾”这样的词，表示在墓所周边增加厉禁。《周礼·春官》中的“墓大夫”要“帅其属而巡墓厉”，郑玄注曰：“厉，茔限遮列处。”茔，是坟墓的区域。其区域边境，要以断首的牺牲环绕一圈。安阳的陵墓、宫庙的前面，有断首葬，共计数十个坑，每坑都埋着身首分离的牺牲十个，这便是茔限遮迾处。前面已经谈过，“限”是在圣梯前放置咒眼之象。

---

① 《说文》作“匄”，此处从原文。——编者

② 《说文》作“匄”。——编者

《周礼》中关于茔限遮迾的记述，可以理解为殷代断首葬在后世文献中的遗留。日本的埴轮，也可以理解为和茔限遮迾是同一风格。

局二上，被认为是表示屈体埋葬之义。《说文》曰“促也”，局促，表示的是身体蜷曲的姿势。关于其字形，《说文》解释为“从口，在尺下，复局之”，也有说法认为“尺”为“尸”之误。尺八下，是从手腕到指间完全张开之形，和“居”在字形上并无关联。段注则认为“局”是口在尺下，三缄其口之义，然而此义从何而出并不清楚。这个字毋宁说和句三上比较接近，《说文》中训作“曲也”，而且也有所谓“句折”的葬法。就葬法而言，一般是仰身伸展，有时候也有屈身、俯身、侧身的葬法。亟四下和局，音义相近，表示将人封闭在上下迫近的地方，有施加祝咒的意思。殛四下，被认为是其繁文。《说文》曰“殊也”，表示殊杀之义。如前文所言，该字表示四凶流窜的咒禁之法（上卷第四章）。

久五下，表示从背后支撑某物。《说文》有“象人两胫后有距也”，表示人的两胫之后有所支撑，然而它支撑的对象应当是尸。《仪礼》的《士丧礼》和《既夕礼》被认为是根据丧礼的顺序而来，其中支撑器物的木桁便被称作“久”。疚七下，《说文》曰“贫病也”，字又作“疚”。其义为支撑病人，贫在这里也被视为一种病。确实，贫穷比病痛更困扰人。棺材中的东西被称作柩十二下。进入棺材之中，便意味着无论是因为贫困，还是因为疾病，总之一切都完结了。《说文》曰：“柩，棺也。……久声。”然而这个“久”实则指的是棺材中的人。这个字在用来表示“久远”之义的时候，是舊（旧）四上的假借，“久”和“遠”这两个字表示的均是死者。舊也是一个驻足的鸟的形状。从衣服中脱去某物，称为奪（夺）四上，想要脱去而兴奋的时候，则称为奮（奋），人这种动物，说到底是“不是能飞鸟，何能到处飞”[①]（《万叶集》五·八九三）的命运。然而，从这个意义上讲，一个遥远的地方就可以表现出死亡的意思了，可见其中充满了孤独寂寞之感。“寂寞”的“寞”，其本字当是在“莫”之下有一个“歺”，是墓中的残骨。死后的世界，将永远陷入莫（暮）夜的黑暗之中。

风化的尸体，其头称为白，骨骼则称为冎、骨、列，其肉称为散，全部的肢体称为高。散四下，是以拳击肉，使之柔化的意思。“高”，和“高亭”的“高”不是一个字，而是表示枯槁的骨头的象形字。尸体在荒草间，则是薨四上。《说文》中所谓“死人里也”，“蒿里”的本字就是这个“薨”。汉初，齐人田横之死，汉王发卒两千人，以王之礼葬之，其徒五百人全部殉死。《薤露》《蒿里》均被传言是送葬时的曲子，《蒿里曲》歌曰：

> 蒿里谁家地，聚敛魂魄无贤愚。鬼伯一何相催促，人命不得少踟蹰。

枯鱼称为鲜薨，枯死则称为枯槁。敲（敲）三下，《说文》训“横擿也”，乃击头之义。毃三下，也训作“击头也”，当属于同一个字。《吕氏春秋·当务》中，有一个名叫盗跖的大盗，在临死之时操金椎，说“下见六王、五伯，将毃其头矣”。殿三下，乃击臀之义，这也当是具有某种祝咒意味的行为。殷这个字，也是殴打一

① 《万叶集》，杨烈译，湖南人民出版社，1984年版，页193。

个肥胖之人，此人生死尚且不论，但这种击打人的行为当具有某种祝咒的意义。

枉死者和枯槁的残骨会变为咒灵、怨灵，然而在陵墓玄室的深处郑重收殓的埋葬者，则会在陵墓中看见地上生活的重现，从而等待复活的机会。过去在文献中才能够见到的玉衣人最近也能够为我们所亲睹了，马王堆这样的，和活人非常相近的埋葬者也被挖掘出来了。其五体被保存下来，当是为了复活。

如果认为这种复活思想确实存在，那么，死者的亡灵在这个时间段内又去了哪里呢？那一定是在某个地方，寻求到新的肉体以便寄宿，暂时变换身姿，等待将来复活的机会。日本也是如此，死者的亡灵被认为会变作附近山上、森林中栖息的鸟儿。古诗中有：

> 古昔诚堪恋，杜鹃为此鸣，弓弦叶御井，上有鸟鸣声。[①] 《万叶集》二·一一一

如其所示，鸟儿自古就和爱恋相连。在中国也是如此，人们认为亡灵会化为鸟。从文字上看，如雁四上、雔四上等字所示，神圣的场所往往聚集有隹。顧（顾）这个字，在《尚书·太甲上》中有“先王顾諟天之明命”句。此外临死遗书则称为“顾命”。顾从“页”，原本也是和神事相关之语。唯二上也好，鸣四上也好，都是从祝告之ㅂ。这恐怕是祖灵的声音，与之相应则称为“唯”与“应”。与之相反的是，如果其中有不安则称为雖（虽）十三上。虫

①《万叶集》，杨烈译，湖南人民出版社，1984年版，页30。

被认为是有神鬼作祟的东西。《说文》曰“似蜥蜴而大”，不过秦公簋中有“余雖小子”，雖的用法共有两种。西周时期，表示这一意思当用“隹”字。利用鸟来推察神的旨意，自古便有了。惟，表示的也是这一意思。《诗经》当中能够见到幻化为鸟形的魂灵，正可佐证我们对其字形的推测。

《诗经·周颂·振鹭》曰：

振鹭于飞，于彼西雝。我客戾止，亦有斯容。

这是作为客神的殷的祖灵，在周王朝祭祀时献上白鹭群舞之诗，神灵会屡屡幻化为鸟的形象。这和周的祖灵是一样的。《诗经·大雅·凫鹥》曰：

凫鹥在泾，公尸来燕来宁。

这便是用泾水之畔的凫鹥的身姿，象征祖灵的来临。在祭事以及祭事完毕之后歌吟的诗篇中，以鸟起兴者众。作为圣所的辟雝的大池中，饲养着鱼鸟。日本亦是如此：

岛宫皇子地，放鸟入勾池，池鸟恋人目，从无潜水时。[①]《万叶集》二·一七〇

①《万叶集》，杨烈译，湖南人民出版社，1984年版，页45。

这便是在歌吟放养的鸟儿。辟雝的灵囿、灵沼可能属于古制。雝四上，原本就表示水边的圣地。《说文》将其解释作名为“雝渠”的鸟，然而根据金文来看，辟雝便是其原义。从起源上讲，渡鸟栖息的水边，便是为祭祀祖灵而造的圣地。辟是如璧玉的璧一上一般环绕之义。周围有水环绕的岛上，有灵台。随着季节而来的鸟，便是祖灵归来之姿。应、顾等字，也包括進（进）二下，自古以来便是用于神事之字吧。小盂鼎上有“即大廷”“进宝”，矍卣上有“进事奔走”。如果从字形来看，或许是表示以鸟的飞行为向导，来进行鸟占的字。日本武尊有白鸟陵的故事，白鸟便导其进路。鸟占在古代罗马就曾经有过，作为占卜，实则非常普遍，与之相应的，鸟形灵的观念也比较普遍。在诗歌的创作过程中，歌吟鸟的时候，多为起兴神灵的暗示。倘若以此为背景来考量，那么——

> 三吉野中望，象山树木高，树梢群鸟集，几许鸟声骚。 《万叶集》六·九二四
>
> 黑夜夜深矣，河原楸木生，清清河原上，千鸟数来鸣。[①] 《万叶集》六·九二五

之类的歌，倘若纯粹以写景诗来欣赏，其间未免存在一定的问题吧。

---

① 以上两首，见《万叶集》，杨烈译，湖南人民出版社，1984年版，页205。

万代纵相看，相看不满盈，滚流吉野水，河内大宫城。[①]　《万叶集》六·九二一

如其所唱，这是神汲水的圣地。倘若如此，这一系列的歌也是斋祭神灵时候的歌，其鸟只能是神灵的外化。

真和僊

古人相信，人终将化作游魂。变为游魂后，人便归于自然的生命。如此一来，一会儿是鸟，一会儿是鱼。此外，也有可能变为云，变为风，变为水，变为石。古人作寄物陈思之歌，便是认为一切事物均有可能是灵魂的媒介，灵遍布于这个世界之中。

游魂又称鬼。鬼会以似人的形象出现。鬼九上的上部，乃从由九上，表示鬼头。《说文》中认为这是会戕害人的阴气，故而从“厶”。然而鬼的古字形并没有加上“厶”这一部分。有些字形还从“示”，此外也有字形加上了一个㇗，还有些字形从“戈”或者“攴”，时人将鬼视为值得畏惧的事物，故而希望一劳永逸地祓除灾害。此外，似乎也曾经有女鬼。“畏”这个字，同样带有鬼头。鬼头被特意放大，从而表示魁伟、魁首之义。魁十四上，是特大的羹斗，北斗七星之中，前四星称为魁，后三星称为斗。異三上是鬼的正面之形。《说文》中训作“分也”，表示分异，也表示变异。卜辞中有：“丁丑贞。王有异。”（《文录》六〇五）如其所示，

① 《万叶集》，杨烈译，湖南人民出版社，1984年版，页204。

贞卜的内容是是否发生了令人畏惧之事。金文中有“异下”，表恭敬。字又作趩二上、趯。王孙遗者钟上有“畏忌趩趩”，《论语·乡党》有“趯如”之语，均表示恭敬之义。冀八上，可能也是属于同一系统的字。

据《礼记·礼运》记载，魂为阳气，魄为阴气。魂九上，《说文》中以“云”为声符；魄九上，《说文》中以“白”为声符。然而，“云”为“雲”的初文，表示云气；“白”则是失去了生气的头颅之象。《列子·仲尼》曰：“见南郭子（人名），果若魌魄焉。”其中的“魌魄”就等同于“魌面”。魂魄如同云一样。对人麻吕之死，其妻依罗娘子有歌曰：

> 逢君不可得，但望石川云，飞渡关山远，云来思我君。[①] 《万叶集》二·二二五

鬼是应当畏惧之物，据说会招致祸害。例如，有所谓魃九上，便是旱鬼。依《山海经·大荒北经》记载，系昆之山中有青衣鬼，名为女魃。黄帝与蚩尤交战，蚩尤召集风伯、雨师负隅顽抗，黄帝遂下天女魃，镇压蚩尤。之后，魃选择不登天，留在了地上。此魃秃发，然而身上毛发二三尺长，目在顶上，远行时可乘风。据说，魃所现身之处都遭受了赤地千里的大旱。

此外，死去的精灵会变为妖，称作彪九上。魅、彪同义，只不过魅是形声字，彪则意在表现其长发之姿。所谓的“螭魅罔两”，

---

①《万叶集》，杨烈译，湖南人民出版社，1984年版，页58。

都是栖息于山林之中的害人怪物，据说人面兽身，四足而立。这应当属于动物灵吧。之后，人们开始视其为人形，《楚辞·九歌》中所见的“山鬼”应当就是这类事物。还有说法认为这就是一足的神，称作夔。然而山鬼是女妖，如同云朵一样，昼晦之间出于山林，伴着风雨而来。尽管这是一个被认作山姥的怪神，但有着含睇脉脉的窈窕之姿，这恐怕是从蓬发虎齿的西母形象，演变为仙女西王母的过程中的产物。

疫疠也会使人变鬼。魃九上，据《说文》记载，这个字既被认为是鬼服之女，也被认为是小儿鬼。在过去，颛顼的三子据说就变为了疫鬼，这便是疫神起源的故事。疫七下，《说文》曰：“民皆疾也。”可见是一种国民尽染的病。自古希腊的传染病（epidemic）这个词以来，这一病名便多有这个意思。《急就篇》曰：“射魃辟邪，除群凶。”唐代颜师古注曰：“射魃、辟邪，皆神兽名也。魃，小儿鬼也。射魃，言能射去魃鬼……一曰射魃，谓大刚卯也。”大刚卯乃是刻上咒文的玉，抑或是桃木做成的御守，饰以丝带，贴附人身，可袚除精魅。

装鬼称傩。其本字作魌九上。傩八上，《说文》曰“行人节也”，经籍之中就表示魌的意思。《周礼·夏官》中的“方相氏”要行傩鬼之礼。据说，方相氏会披上熊皮，戴上黄金四目的面具，玄衣朱裳，执戈举盾，率众人行季节之傩，清洁室内，驱除病疫。方相氏的面具也称頬头，恐怕就和日本伎乐的面具一样，是一个硕大之物吧。《后汉书·礼仪志中》有大傩之仪，“十二兽有衣毛角”，可见邪鬼大概是被画作了兽形。《荆楚岁时记》中有十二月八日，“戴胡公头，及作金刚力士以逐疫”的习俗，这便是日后的傩鬼之法。古代，在城邑的四门，会季节性地举行祓除傩鬼的磔禳之礼。《礼记·月令》中也记载有九门磔禳之礼，这是将狗皮张贴于门上，祓除邪魔。之所以在城门之上举办，当是为了防备随风而来的风蛊。方相氏的仪礼，是以祓除室内妖邪为主；大丧之时则要在柩车的前方祓除妖邪，在墓圹中四隅埋下戈，以作护卫，从而驱逐地里的方良，也即罔两。罔两据说好吃死人的肝脑。在墓圹中举行的仪礼被称作道上祭，也被称作禓。禓这个字，在装鬼的时候，就读其本字音。

䫏九上，《说文》曰“醜也”；隶属于《说文·女部》的娸十二下，据杜林说，也训“醜也”。可见䫏头倛面当是扮丑恶状。《荀子·非相》曰“仲尼（孔子）之状，面如蒙倛”，便是这种异相。儒家之徒自古以来便是以道上祭等丧祭的仪礼为职业的，因此有这样的传承关系也不足为奇。

鬼头称为“甶”，《说文》将其判断为象形字。思十下的形体与之颇为相似，但“思”字所从的乃是“囟”，表示头骨的缝合处。甲骨文中，干支中的“子”字，便有用作此形的，也有人认为那个字当解作“尸”。畏九上，《说文》中训作“恶也”，并解释为“鬼头而虎爪，可畏也”。然而它其实应当是䫏头之人，甲骨文、金文中，往往会在其旁边附加一个卜形字样，这可能是祝咒时的拐杖。卜辞中，“畏梦多”（《后编》下·三·一八）之例很多，这可能是梦魇，即鬼现身了。金文中尚有“疾畏”“畏义”“畏娸”之类的词语。娸很像是“娸”的初文，畏义则等同于威仪。隈十四下，“水曲隩也”；隩十四下，“水隈崖也”，这两者都和圣地有关吧。室的奥，又称隅。禺九上，《说文》曰：“母猴属，头似鬼。”然而木偶又被称作偶人、木偶。而偶八上，《说文》中训“桐人也”，即木偶之义。恐怕这是因为在圣地宫庙等处，四隅乃邪气汇聚之地，故而需要特别的警备，须放置鬼形之物以起到镇邪的效果。殷陵的玄室呈亞字形，此外还有所谓鬼门的说法，这些事实颇能传递出这种信仰。

鬼门的说法，可见于《论衡·订鬼》中所引《山海经》：

> 沧海之中，有度朔之山，上有大桃木，其屈蟠三千里，其枝间东北曰鬼门，万鬼所出入也。上有二神人，一曰神荼，一曰郁垒，主阅领万鬼。恶害之鬼，执以苇索，而以食虎。

从中可见，民居中有两尊神人之像，为了祓除鬼怪而悬于门户之上。桃木被认为有祓除鬼怪之力，在日本的黄泉平坂的故事中，也能见到将桃木放在后手的情况。除了这两位神人之外，还有一位名叫女媧的神，据说吞食厉鬼，故而也有在门前贴上“媧”字的习俗。

人若死于非命，死后也将变为鬼。日本的古训中没有将鬼训为“おに”的例证，《万叶集》中乃是训作“もの”，论及鬼时，还可以使用“もののけ”“死靈”“生靈”等词。古代的中国人认为，灵魂一旦离开身体，就会变为游魂。《楚辞·招魂》就被一些人解释为替魂魄离散的屈原进行招魂时的歌谣，这便是所谓的镇魂歌。冤屈之人的魂魄也会变为生灵，游离在世间。针对这样的生灵便要镇魂，所谓“镇”，原本便是在镇压死灵、怨灵时所用的术语。

眞（真）八上，是“匕（化）”和“県（县）”组合成的会意字。匕八上，《说文》曰“变也，从倒人”。如其所示，这是一个人倒过来之形，乃“化”字的初文，“化”是其复数之形。《说文》中，化八上训为“教行也”，段注曰“上匕之而下从匕谓之化”，则不过是道学家的说法罢了。所谓化，是尸体混杂状。下面的县九上，是首九上倒过来的样子，换言之就是枭首。縣（县）九上，《说文》训作“繫（系）[①]也，从系持县”，可见只能是枭首，将头颅悬挂在木头之上的意思。所谓眞，指的便是这种倒悬起来的脑袋。倘若在地上的则称为颠。

顚（颠）九上，《说文》曰“顶也”，许慎将“真”判断为声符，然而该字必然承续了“真”的声和义。颠顶，倘若以象形字而言就是天。所谓颠，便是其颠倒之状。頁是表示人体的字，往往用作限定符。項（项）、�府（颀）、頸（颈）、領（领）、頬（颊）、題（题）、頗（颇）、頓（顿）等字，均属于这种构造法。顚也是如此，“頁”是这个字的限定符，然而这个字完全继承了表示颠死者的“真”字的音义，故而也可将其理解为亦声字。

埋葬颠死之人，称之为填。填十三下，《说文》训作“塞也”，以“真”为声符，然而这个字其实也是承继了真的音义，埋葬死者，和所谓道殣比较接近。塞，是一种用来填塞的咒具，有咒禁之义，故而有“塞神”之词。所谓填塞，便是将颠尸以这种方式进行咒禁的意思。所谓“寘”，应当也是这个意思。《说文·穴部七下》中也收录有从“真”的字，可以理解为塞，当与“填”字同声。宀部、

① “繫”今简化为“系”，《说文》另有“系”字。——编者

穴部中，有寣、寂、竅、邃等字，均是用来表示咒灵的字，可见这种咒禁之法由来已久。填，有训释作“久”，这个久乃是灵柩中的人，表示已经久远离去之义。已经死去之人，就不会再度化为人了，这便是真。随着死亡的降临，人将变为久远之物，进入真的世界。所谓真，势必是对现实的否定。这也真是令人悲哀的真实啊。

庄子屡屡用“真”和“僊（仙）”，来陈说超越于现实的实在世界。所谓真人，便是达成究极之道的人，其道之究极便是真宰。真人的世界，便是超越于时空的。超越了时空，便是所谓僊八上，《说文》中训为“长生僊去”，乃是䙴的亦声字。此外，䙴也训为“升高也”，以“囟”为声。《段注》中认为，囟和䙴字音相合，乃是因为䙴的上部和“票”的上部相同。《说文》将䙴的字形理解为舁，这是䙴下面的巳脱落之形。所谓䙴，乃是坐尸，象左右以手相加，将其迁移向其他地方的样子。为了将其收于葬屋，有时候也会以背相驮，跑着带走。

䙴当中，带走的必然不是活人。这从票、熛、漂等字便能够看出来。票十上，《说文》中训为“火飞也”。上面的字形被认为“与䙴同意”，下面乃是篆字字形的火。《段注》中认为“此与熛音义皆同”，如其所言，熛不过是其繁文罢了。票的下面部分倘若是火，那这就是在焚烧尸体，这个字表示的便是焚尸之义。人们往往认为中国古代没有实行火葬，然而最早的火葬遗址可见于甘肃半山的仰韶文化遗址。由此可知，火葬也当是中国的古俗。依《墨子·节葬》记载，楚之南有风化之俗，秦之西的仪渠之国有焚尸之俗，然而这些都非中原的习俗。不过，即便实行土葬，那些无力购买墓地的人，同样无力承办葬礼。唐末和五代时期，火葬随着佛教的影响而流行，但到了北宋，火葬又再度遭到禁止，但为了那些买不起墓地的人，各地均建有漏泽园，将其用作共同墓地。即便如此，一般贫民的需求仍旧无法满足，火葬依然盛行。

倘若不是死丧之法，而是以火来杀人，那就是为了求雨而进行的仪式，例如莫这个字表示的就是焚巫。古时候，王就是应当要焚杀的巫祝之王。焚烧尸体，其火称作熛，由此便有了轻熛、飘摇等义。

䙴义表“高升也”，然而从其相关的字形来看，表示的都是对尸体进行遷（迁）这一行为。《汉书·郊祀志上》曰：“汤伐桀，欲䙴夏社，不可。”从中可见，䙴是用作迁之义。从迁移社主，挪用作表示迁座之义。所谓迁，迁其社主才是原义，但和迁都这样的词一样，也可以专用来表示迁移祖灵等意思。

僊，原本是僊去之义，并不包含长生的意思。其古代的用例是《诗经·小雅·宾之初筵》“屡舞僊僊”，表示的是舞袖飞扬之姿。然而，笔者认为，适用于这种舞蹈之姿的字当为“选”。選（选）二下，《说文》训“遣也”，段注理解为遣迁之义。《诗经·齐风·猗嗟》曰“舞则选兮”，这是字的本义。巽，是舞台上两人相并而立之形，这和頭九上中的“选，具也”，丌部五上的“顨，巽也”“巽，具也”是同训，可见两人相舞之姿就当作选。奉献于神的东西称馔，而具三上，原本便表示供奉鼎食之义。僊用来表示舞姿，属于假借。然而，僊人被认为是可以羽衣翩翩，自在翔空的。《庄子·逍遥游》曰：“夫列子御风而行，泠然善也，旬有五日而后反。”这便是僊人之姿。

“僊”于后世作“仙”。汉碑中已经可见“群仙”“仙僮”诸语，然而《说文》并未收录“仙”字。最初，僊被用作表示神灵移动。僊人高去之义，在日本被称作“山人”。《神乐·采物·杖》当中有：

今朝越逢坂，山人千岁终，仙杖舍一旁。

便是仙杖之歌。正如《万叶集》(二十·四二九三)那样，也有一类诗歌将山杖作“山づと”，这虽是一时的戏咏，但也足以体现神仙思想，这在日本古代颇受欢迎。

所有人都渴望永生。想一想，从生下来开始，一直到死丧时的仪礼，所有的仪式都包含着人们对永生的祈求，和生命的思想是连在一起的。然而最终，这种永生是无法实现的。那么，这种对永生的希求，就会以对真实存在的超越，向永恒世界僊去的形式表现出来。然而“真”字的本义是颠死之人，而僊不过是对尸主的迁移罢了，由此看来，这种祈求全然不具备实现的可能性。

就这样，人类被命运所控制，在古代思维及习俗的背景下，汉字的世界忠实地呈现着人间百态。而这一特征即便发挥到极致，也不过是朴素的设计表征罢了。毋宁说，我们在这里，忠实于文字成立时代的意识，将人之所以为人最本原的东西，如实地表现了出来。借由这一点，我们可以无止境地探求古人的生活及民俗，挖掘其中的事实。笔者所列举的汉字，不过是基本字和派生字中有限的一部分罢了。然而，即便通过我们在这里尝试着列举出的部分，也足以一窥汉字世界的一端了。我衷心地希望，这本书对那些思索汉字的本质，想要承传其丰富内涵的人而言，能多多少少起到一些参考作用。

参考文献

一、文字资料

1. 甲骨文

参考《甲骨文的世界》(甲骨文の世界)(东洋文库第204号)的《甲骨著录表》和《参考文献》,该书收入《白川静著作集》第四卷。

重要的著录集有,刘鹗(铁云)的《铁云藏龟》(1903),罗振玉《殷墟书契前编》(1913)、《殷墟书契菁华》(1914)、《殷墟书契后编》(1916)、《殷墟书契续编》(1933),名义士《殷墟卜辞》(1917)及合刻本《殷墟卜辞后编》(艺文印书馆,1972),王国维《戬寿堂所藏殷墟文字》(1917)[①],林泰辅《龟甲兽骨文字》(1921),容庚《殷絜卜辞》(1933),郭沫若《卜辞通纂》(1933)、《殷契粹编》(1937),方法敛《库方二氏藏甲骨卜辞》(1938)、《金璋所藏甲骨卜辞》(1939)、董作宾《小屯、殷墟文字甲编》(1948)、《小屯、殷墟文字乙编》(1948)、《殷虚文字外编》(1956),曾毅公《甲骨缀合编》(1950),胡厚宣《战后宁沪新获甲骨集》(1951)、《战后南北所见甲骨录》(1951)、《战后京津新获甲骨集》(1954)、《甲骨续存》

① 白川静原书作“戬寿堂所藏殷墟文存”,疑有误,已改。——编者

（1955），郭若愚《殷契拾掇第一编》（1951）、《殷契拾掇第二编》（1953），贝冢茂树《京都大学人文科学研究所藏甲骨文字》（1961），白川静《甲骨文集》（1963），严一萍《甲骨缀合新编》（1975）等。本书在引用时，均用略称。将这些卜辞例以文字加以区分的成果是岛邦男的《殷墟卜辞综类》（1967），便于检索。

对文字进行汇集的有，孙海波《甲骨文编》（1934）、金祥恒《续甲骨文编》（1959）、中国科学院考古研究所编《甲骨文编》（1964），均按照《说文解字》的顺序对字形加以收录，然而其中在释字方面存在一定问题。对各字的考释，李孝定《甲骨文字集释》（1965）一书集录诸说，使用起来尤为便利。

2. 金文

参考《金文的世界》（金文の世界）（东洋文库第184号），该书收入《白川静著作集》第五卷。

重要的著录集有，郭沫若编著《两周金文辞大系图录》、《考释》（1935，此外有增订本），罗振玉《三代吉金文存》（1937，此外有影印本）。罗书最佳。前者在《图录》中有器影、铭文，《考释》中有释文，也尝试加以断代。后者按照器种别、字数的顺序对铭文加以收录，也收录了一些精拓本，鉴别上极为严正，收录资料最为丰富。陈梦家《两周铜器断代》（《考古学报》，1956～，此外有影印单行本），乃未完之作，在断代研究方面较之郭沫若更为精审。因“文化大革命”之故，续稿未见发表，殊为可惜。白川静《金文通释》，在《白鹤美术馆志》上自1962年开始连载。已经有《考释篇》四十辑、《通论篇》五辑得到刊行。1984年3月，合上《补篇》，共五十六辑，一并完结。在文字汇集方面，有清末吴大澂《说文古籀补》，依照《说文解字》顺序收录字形。吴氏又在《字说》中依照金文资料进行了新颖的解释。就字汇而言，容庚《金文编》（1959）最为完备，初编以来，数次增订，据其近来信件，新的增订本已在准备之中，只是未刊罢了。此外在集释方面，有周法高《金文诂林》十五册（1975）、《金文诂林补》八册（1982）。

二、说文解字

1. 校订本

仿宋小字本《说文解字》，三十卷，宋徐铉撰，清孙星衍校，嘉庆十四年（1809）刊，平津馆丛书丙集本，又有中华书局影印本（1963）。

《说文系传》，四十卷，南唐徐锴撰，道光十九年（1839）祁氏刊本，四库丛刊本。

《说文二徐笺异》，二十八卷，清田潜撰，宣统元年（1909）刊。

许慎《说文解字》仅存唐写本的口部断简及木部残卷，原本之体裁无人可知。唐人李阳冰作《刊定说文解字》（二十卷），将其正字篆文加以改动，对本文也有改定，由此导致许氏原文错乱。南唐末、北宋初的徐铉、徐锴兄弟对此再作校订本，徐锴《系传》（小徐本）先成，而后徐铉的校订本（大徐本）作成，现如今通行的乃是大徐本。大徐本有数种宋本，也有孙星衍的校订本。日本静嘉堂所藏本，为《古逸丛书》《四部丛刊》所收之善本。两徐本在体例上存在差异，有数种书对两者进行校异，除了田潜《笺异》一书之外，还有清王筠《说文系传校录》（三十卷）。

李阳冰的篆字中的部首字被唐人李腾的《说文字原》所收，刻录在西安碑林之中，由此流传后世，其字迹可以见到。

2. 说文注

《说文解字注》，三十卷，清段玉裁撰，嘉庆十三（1808）年刊，王念孙序，经韵楼丛书原刻本，皇清经解十五卷本。

段玉裁注，在说文注本中称为第一。王念孙在序言中以“盖千七百年来无此作矣”相推许，其后胜过此书者也未曾有过。该书在多处阐明了《说文》体例，以《说文》解《说文》的态度贯穿始终。然而也是出于此，附会之处犹未能免。尽管段玉裁未以小徐本为参考，但在《古今韵会举要》中，段氏引小徐本改订过大徐本。该书前后耗时三十余年，几乎是一生精力倾注于此，晚年才在弟子的合校之下付梓，然而，误刻处仍有。而后，此书收录于阮元《皇清经解》，该刻本被称为善本。

《说文解字注笺》，清徐灏撰，民国四年（1915）刊。

段注乃是《说文》注本中的代表之作，由此就有了众多为该书进行补正订误的作品，徐书乃是其中最出色的，对段注进行了严正的批判，富于新见。元人戴侗《六书故》，在文字构造方面新见颇多。《六书故》援引的唐本、蜀本中，有不少地方徐氏认为是必须加以参考的，并以此为根据，进行探求。《六书故》以及南宋郑樵《六书略》(收入《通志略》)乃是在《说文》体系以外，追求新的文字学体系的作品。

《说文解字义证》，五十卷，清桂馥撰，道光二十八年（1848）刊。

此书也为桂氏耗费三十余年时间所成，在字说以外，对事类相关部分征引极多，由此而成一部浩瀚之书。本书对金文资料也有所留意。与段注的简要相比，桂书以繁复著称，因为是原原本本的稿本，所以略乏剪裁之功。段、桂二书，堪称乾嘉时期说文学的代表之作。

《说文通训定声》，十八卷，清朱骏声撰，道光二十八年（1848）刊。

该书按照韵部改编《说文》，诸字依声韵贯穿连缀。对于形声字，作者因声求义，认为声符相同者理应义通，并博引书证阐明本义、引申义之例。在解释汉字的过程中，该书舍形重声，提出了很多崭新的见解。全书卷末处另附刻有《说雅》(即第十九卷)，该书以《尔雅》的体例为基准，重新对《说文》释义加以编纂。

《说文句读》(附补证)，三十卷，《说文释例》(附补证)，二十卷，清王筠撰，道光二十四年（1844）刊。

《说文句读》选录段玉裁《说文解字注》、桂馥《说文解字义证》及严可均所著之书，参照《经典释文》《玄应一切经音义》等书进行校勘，并参以己意。《说文释例》以“六书”观念阐述文字，此外，王筠还吸收了当时最负盛名的金石学家许瀚的金文研究成果。尽管《说文释例》频繁地运用金文材料推求文字学问题，然而该书很难称得上充分的研究成果。在编排体例上，《说文释例》并未依照《说文》，其说解内容被《说文解字诂林》分别编入各字头之下。在清朝道光年间的《说文》学界中，朱、王二家堪称领军。此外，严可均亦著有《说文校议》《说文订订》《说文解字翼》《说文声类》等著作。

《说文解字诂林》，十五卷，《说文解字诂林补遗》，十五卷，丁福保编，正编刊行于民国十七年（1928），补遗于民国二十一年（1932）与正编合刊重印。

该书采撷清朝、民国初年的文字学研究成果于一体，乃集《说文》研究之大成。作者将诸家的专著、札记、注释陈列于《说文》字头之下，其集诂对象除清朝《说文》学家段、桂、朱、王之外，亦包括其他拥有著作的数十名学者。该书汇集并影印编纂了众多不易入手的单行本，可谓查询相关资料时最为便利的捷径。近年有台湾重印本。

《说文新义》，十五卷（附别卷），白川静著，昭和四十四年至四十九年（1969—1974），五典书院。

该书着眼于《说文》中出现的一些形义问题，讨论诸家之所说，以卜辞、金文为文字材料，尝试对汉字进行全新的解读。第十五卷为《说文》学史，别卷中追加有参考文献、年表及索引等内容。全书共计三千七百页，作者期待该书能够成为今后文字学研究之津梁。如欲对各个汉字产生更为详细的认识，敬请参考本书。

3. 说文学

《说文学研究法》，一卷，马叙伦著，民国十八年（1929）刊，重印本。

本书为对《说文》条例进行分条阐释的入门书。马氏有《说文解字六书疏证》（三十卷，1957年刊）这样的大著，依照六书之义，对文字进行解释。字形解释方面问题颇多，此外限于音义联结而误认字形处也不少。此外，有《读金器刻词》（三卷，1962年），论及金文图像及金文形义。《马叙伦学术论文集》收录有其长篇论文，论及文字的形成与演变。

三、文字学和语言学

《中国文字学》，三编，孙海波著，昭和十六年（1941），东京文求堂。

该书结构简明扼要，上编为《叙论》，中编为《文字之发生及其演变》，下编为《文字之构成》。此外，孙海波亦著有《甲骨文录》以记述甲骨文；著《甲骨文编》以汇集卜辞；著《古文声系》，以韵部为纽带归纳甲骨文与金文的字形，兼以字说。

《汉字形体学》，一册，蒋善国撰，1959，北京文字改革出版社。

蒋善国早年曾著有《中国文字之原始及其构造》（共两卷，由商务印书馆刊行于民国十九年［1930］），该书讲述了文字的起源及汉字的构造，以其为基础，蒋善国立足唯物史观，加以改编，遂著《汉字形体学》。《汉字形体学》的末章为《简体字》，讲述了简化汉字的历史状况。

《中国语言学概论》，［瑞典］高本汉（Bernhard Karlgren）著，岩村忍、鱼返善雄译，昭和十五年（1940），文求堂。

全书共编译高本汉论著三篇，即《汉语文的声音与符号》《语言学与古代中国》及《汉语罗马字拼音论》。该书涉及汉语语言学领域的重要问题，探讨范围极其广泛。

《问学集》，上、下册，周祖谟著，1966，中华书局。

该书为论文集，收录有作者在文字学、音韵学领域的诸多论述。此外，该书也收录了若干篇《说文》学相关论文。

四、一般文字相关

《文字的历史》（*Writing and the Alphabet*），Moorhouse Alfred Charles

著，祢津正志译，昭和三十一年（1956），岩波新书。

《文字》（*L'ècriture*），Higounet Charles著，矢岛文夫译，昭和三十一年（1956），白水社文库。

《象形文字入门》，加藤一朗著，昭和三十七年（1962），中公新书。

《汉字的文化史》，藤枝晃著，昭和四十六年（1971），岩波书店。

前三本著作旨在广泛探究各类文字产生的历史。《汉字的文化史》则立足于汉字，从文化史的视角讲述其发展与演进的轨迹，全书短小精悍，颇具趣味。

五、字源研究

《古籀篇》，一百卷，高田忠周著，大正十四年（1925），《古籀篇》刊行会。

初稿为二十卷，至第三稿时增订三十五卷，最终定稿时遂为百卷巨著。该书建立部首的方法与《说文》有所不同，作者初创四十三部，细分可进一步系联六百二十四部。该书不仅收录了此前的相关研究成果，还提出了一些独到的见解。然而，由于当时尚处于古文字研究的早期阶段，尽管作者搜集了大量的卜辞、金文材料，该书并未获得非常充分的研究成果。此外，作者曾萃取《古籀篇》中的字释部分并将其改编为字书，遂作《汉字详解》（共三册）。中岛竦采取了与《古籀篇》相同的研究方法，著《书契渊源》（共五帙十七册，昭和九年至十二年（1934—1937），文求堂刊）以探求字源，该书亦不乏新颖见解。

《汉字语源辞典》，共一册，藤堂明保著，昭和四十年（1965），学镫社。

该书从语源学的角度出发，将汉字整理、归纳为二百二十三个族属，并从形义角度解释其中的相关字。采用语源研究法的著作还有章炳麟的《文始》《小学答问》等，然而，这种以语源研究汉字的方法终究有其局限性，故而其字形解释讹误颇多。

《汉字的起源》(漢字の起原), 一册, 加藤常贤著, 昭和四十五年(1970), 角川书店。

该书原名《漢字ノ起原》, 斯文会于昭和二十四年至四十三年(1949—1968)以油印本的形式刊行之, 共十九册, 作者之后将其改编为字书形式, 遂为《汉字的起源》。该书多从音义角度进行阐述, 在字形的解释上存在不确之处。

《汉字》, 一册, 白川静著, 昭和四十五年(1970), 岩波新书。

为了探讨古代汉字研究的方法论问题, 作者此前已发表有若干篇文字学论文, 均被收录于《甲骨金文学论丛》[共十册, 创作于昭和三十年至三十七年(1955—1962), 昭和四十九年(1974)出版的《甲骨金文学论集》为其节略本, 由朋友书店刊行]。《汉字》一书则是立足于古代的社会、生活, 概说汉字产生之背景。该书与其后由中央公论社出版的《汉字百话》(中公新书系列, 1978年刊行)一并被收入《白川静著作集》第一卷中。

后　记

先前，拙著《金文的世界》（1971年4月刊）和《甲骨文的世界》（1972年2月刊）已为本文库所收录。虽然金文和甲骨文都是研究中国古代文化极为重要的资料，然而，目前既缺乏整体性的、成体系的编述著作，同时也没有适合收录入该文库的作品，有鉴于此，我重新尝试对此进行系统的解说。

就文字资料而言，甲骨文和金文的历史无疑是最为古老的。因此，若想充分理解它们，与古文字相关的知识在很多方面便是必不可少的。与此同时，在古文字的研究过程中，与甲骨文和金文相关的知识同样不可或缺。二者辅车相依，密不可分。正是基于这样的理由，我在编写前述两本书的时候，就已经预定要编写这本书了。然而，为了《金文通释》和《说文新义》的刊行，当时的我全然没有余裕从事这一工作。现如今，《说文新义》刊行完毕，而包含《通论篇》在内的《金文通释》合四十五辑的发行工作也告一段落，终于到了我能够兑现原先约定的时候了。

出于上述理由，本书收录了绝大多数的甲骨文及金文材料。

附有解说的文字，共计一千四百六十个字。我的意图是让读者能够以这些汉字成立时的社会和文化为背景，在一种有机的联系中对其加以理解。汉字的全体，覆盖着生活的全部领域。当然，这样一来，我的工作就成了通过文字，考察那个时代和生活的全部。因此，我不能局限于甲骨卜辞和金文，而是必须引据多种文献，从而求得合理的解释。毋庸讳言，读者在阅读本书时多少会感到些困难。因此，作为图版插入的许多文字资料，或许能弥补这一缺失。此外，很多日后佚失的文字，例如行部和女部的资料，同样作为参考被本书所收录。读者也大可凭借着已知的知识，对缺失的文字的世界，进行自由的探索尝试。

回顾古文字的世界，就是在回顾其时代和生活，以及支撑那种生活的思维世界。我们可以从中探索中国文化的原点，而那同时也是东亚世界的原点。汉字通行于东亚圈之中，绝非偶然。东亚人在生活上基本类似，是东亚地区处于同一个汉字圈的先决条件。中日古代文化存在着共通的体验基础，因此，古代汉字的研究，无疑有助于我们发掘本民族的传统文化特质。

在本书中，我将中国古代歌谣的《诗经》诸篇和日本的《万叶集》进行了对比，并且多有引用。这是为了通过古代文学的世界，确证其联想和表现上的相似性，并且阐明其生活体验上的相似性。更进一步讲，在尝试复原古代东亚文化圈的文化时，也须从此入手。此外，这种带有本源性质的关联，为思索东亚的连带性提供了可能，当然，这一点绝不仅仅限于文字而已。

现如今，亚洲的汉字文化圈正在走向分歧的路口。仍在坚持使用汉字的国家仅剩中国和日本，然而，这两个国家却都没能将汉字视为一种文化遗产，从而对其进行积极的评价。简略字体的使用，古已有之。固然可以将此视为一个书法上的问题，然而，在日本政府所推行的新字体中，往往存在着一些全然没有任何意义的部分。“包”改为“包”，“急”改为“急”，“器”改为“器”其中可有任何道理可言？毋宁说，这些改动，既背离了造字之初的内涵，同时也使字形的阐释工作变得愈发艰难，不过是徒然添乱罢了。这种新字体能得到理解吗？从文字学习的角度出发，这种改动有百害而无一利。

本书得以付印，需要对大量的文字资料进行整理，我在此尤其要对为本书编制索引的编辑部表示感谢。在他们的努力下，即便是关于古文字的字书，也不会让读者感到艰涩。

昭和五十一年二月

（1976年2月）

白川静

平凡社文库版后记

在我看来，日本战后的日语教育着实不容乐观。今政府所推行的《当用汉字表》狭隘之至，其局限性已严重阻碍日语教育的正常发展。相比战前诸端，汉字学及古典文学等专业更是深受其害。日语在表现力及理解力等方面的弱化，会制约国民的思考与创造等能力。长此以往，日本国民的精神世界或将日趋荒芜。一国文化之存续不可脱离文字。唯有诉诸文字，语言才能在文化建设中发挥自己应有的功用。

我在行将退休之际，时常思考如何才能向世人展示汉字的文化内涵，遂著《汉字》（岩波新书，昭和四十五年，即1970年）、《汉字百话》（中公新书，昭和五十三年，即1978年），于东洋文库刊行《汉字的世界》（本书，平凡社，昭和五十一年，即1976年）。此前我也曾尝试解读甲骨文、金文等古文字材料，撰述《金文的世界》及《甲骨文的世界》，两部拙作分别于昭和四十六年（1971）、昭和四十七年（1972）为东洋文库所收录。若能还原造字之初的精神、文化背景，解读汉字构造蕴含的意义，诚我之所愿也。

是时，我便归纳甲骨文、金文等原始材料，尝试对汉字进行系统性讲解。至于其后所撰述的《字统》（昭和五十九年，即1984年）、《字训》（昭和六十二年，即1987年）、《字通》（平成八年，即1996年）三部曲，皆缘起于此。若以目的为依据，则《甲骨文的世界》《金文的世界》《汉字的世界》可并称为“前三部曲”。其中《汉字的世界》尤具代表性。该书采取问题史视角，将《字统》中逐一讲解的汉字分门别类，尝试以系列为依据，对汉字展开总论性的讲解。《汉字的世界》按照古代生活体系的不同，全书共分作十二章。本书以概述古代基本观念为主旨，为了便于读者产生同条共贯的认识，本书有意不对汉字作过分深入的探讨。

《汉字的世界》今为平凡社文库版所收录，值此良机，我才得以记述初衷，特此谨望诸贤可结合《字统》垂阅本书，如此则不胜感激矣。

平成十五年四月
（2003年4月）
白川静

译后记

汉字诞生于中华文明的晨曦之时。王宁先生在中国国家图书馆讲述汉字及其文化时指出，汉字的伟大之处不仅仅在于历史悠久，更在于其从产生至今从未断绝。随着中华文明的发展壮大，汉字也日益繁衍、成熟，并逐渐向周边文明辐射，“汉字文化圈”由此而生。自传入日本开始，汉字便对日本人有着重要的意义。日本的汉字学研究历史悠久，并在二十世纪达到相当高的水准。在诸多日本汉学家中，毕生致力于汉字及汉文学研究的白川静先生尤可谓独树一帜。其学问之淹博，治学之精深，著述之丰硕，并世罕见。单以汉字研究所折射出的学术理念而言，我们可以从三个角度去品味白川静先生汉字研究的特色，即巫术性、跨文化性以及国民性。

首先，白川静先生对于汉字系统的解读与其所构建的巫文化上古社会密不可分。白川静先生认为，在生产力低下的上古，先民的思想是被鬼神观念所统御的。在一支军队会因大自然的声响而陷入混乱的时代，巫职人员扮演着重要的社会角色，火被尊奉为可以祓除不祥的神圣之物，祭祀、祝咒等神事行为遍布于社会生活的方方面面，行军时需以蜃贝祭神，治愈疾病时需祛除邪灵。在种种神事行为中，古人将语言视为人神交流的媒介。作为语言的书面形式，彼时的汉字便不可避免地具有时代的烙印，具有浓郁的巫术性。

其次，白川静教授以中国古典文学的研究为起点，又吸纳了日本文学、古文字学、人类学、历史学、考古学等多学科的营养，并以跨文化研究的高度激活各个学科的资源，提出了诸多新颖的见解。在本书中最为明显的体现便是中日古代社会文化景观的横向参照。白川静先生认为，日本文明的萌芽起源于中国殷商先民的东渡，日本历史传承的文化特质及风俗礼仪可以被视为反映中国古文明的一面镜子。由此，与文化初曙期相伴的传世经典文献便具有了不可替代的意义。本书中频繁出现的《诗经》与《万叶集》的横向对比，正是白川静先生文字学研究跨文化性的集中体现。

最后，将汉字视作日文之骨架的白川静先生，目睹了汉字在日本国内日渐式微的趋势，认为汉字在日语体系中的动摇，将使日语在表现力和理解力等方面遭到削弱，进而减弱国民在语言方面的创造力。出于对日本国民及民族文化前景的担忧，白川静先生极力反对日本政府在第二次世界大战后推行的"去汉字化"运动。一方面，本书字里行间体现着对政府主导的《当用汉字表》及汉字简化运动的反对态度；另一方面，白川静先生非常重视汉字文化的大众推广。除本书以外，《汉字百话》《常用字解》《金文的世界》《甲骨文的世界》诸书均是面向一般读者的普及性读物。

可以说，白川静先生的汉字研究具有鲜明的时代特征，具有为国民奋斗的强烈使命性。时至今日，我们在研读、评价白川静先生的作品及理念时，须置于其所身处的时代大背景中去理解。

在今天，白川静先生一方面被誉为“最后的硕学”（最後の碩学），并于2004年，以九十六岁高龄获得日本政府颁发的“文化勋章”；但另一方面，白川静先生在汉字学领域——尤其是字源学领域——的成果，在中日学界也向来都是不乏争议的。有学者认为，白川静先生有时夸大了巫术在上古社会的影响，有时又为了给每个汉字都溯定字源，往往不无穿凿附会之言。相关争议，在日本学界至今未息。关于白川静先生的功过种种，今天恐怕还很难盖棺定论。但以中国学术发展的经验而论，晚近兴起的金石之学及甲骨之学，在对很多汉字的释读方面动摇了《说文解字》的绝对权威性，但并未有损于许慎当初建立的汉字形义系统；近代章太炎先生运用古音学成果，以变易、孳乳两大条例系联《说文解字》之正字，以求还原语言由简趋繁的脉络，始作《文始》一书，意义在于破除字形桎梏，开启系统探讨语源的先河，同样不应因一字考据之得失便全盘否定。白川静先生的文字学研究以巫术为枢纽，拓展了跨文化研究的路径，并且具有强烈的国民使命感，可谓自成一系，确实能在诸多方面带给我们启发，这就绝非一两处的得失能够涵盖的了。

准确理解，从来都是公正评判的基础，这便使得白川静先生著述的翻译工作十分重要。在后浪出版公司的不懈努力下，白川静先生的著作得以成系统地，跨越海峡，进入中国读者视野，获得与中国读者对话的机会。这是我们乐于见到的，也是我们参与其中时感到荣幸所在。倘若我们的翻译工作能够让一般读者品味到汉字及汉字文化的魅力，为学界同仁提供一种不同以往的汉字研究视角，从而全面地还原“白川学”所应有的模样，使其在学术史上得到更为公正的评价，对汉字学领域的发展有所裨益，夫复何求。

本书是我们两人合作翻译的第二部作品。正如我们在译介第一部作品《甲骨文小字典》（落合淳思 著）时所言，没有王宁先生、李国英、王立军、李运富、韩琳等多位教授的悉心教导，我们恐怕难登文字学之堂奥。在此，请允许我们对诸位教授致以最高的敬意。此外，白川静先生博学多识，非常擅长围绕某个汉字旁征博引，这使得本书牵涉了众多的研究领域，想必相关的编校工作也会因此变得异常繁重。后浪出版公司的石儒婧、林立扬编辑为之付出了艰辛的劳动，同时表现出了极高的专业水准，令我们感佩。最后，我们深知自身的识见难以望白川静先生之项背，倘若译文中出现任何纰漏之处，还望广大读者朋友不吝赐教。

张浩　刘幸

2019年5月20日

图书在版编目（CIP）数据

汉字的世界．下 /（日）白川静著；张浩，刘幸译．-- 成都：四川人民出版社，2020.4（2022.3重印）
ISBN 978-7-220-11696-4

Ⅰ．①汉… Ⅱ．①白… ②张… ③刘… Ⅲ．①汉字—通俗读物 Ⅳ．①H12-49

中国版本图书馆CIP数据核字(2019)第284284号

四川省版权局著作权合同登记号
图字：21-2019-463

HANZI DE SHIJIE . XIA

汉字的世界．下

著　　者	[日] 白川静
译　　者	张　浩　刘　幸
选题策划	后浪出版公司
出版统筹	吴兴元
特约编辑	石儒婧
责任编辑	李京京
装帧制造	墨白空间・张　萌
营销推广	ONEBOOK
出版发行	四川人民出版社（成都槐树街2号）
网　　址	http://www.scpph.com
E-mail	scrmcbs@sina.com
印　　刷	天津中印联印务有限公司
成品尺寸	143mm×210mm
印　　张	10.25
字　　数	220千
版　　次	2020年4月第1版
印　　次	2022年3月第2次印刷
书　　号	978-7-220-11696-4
定　　价	45.00元